"十二五"职业教育国家规划教材

经全国职业教育教材审定委员会审定

汽车机械制图

Qiche Jixie Zhitu

（第2版）

汽车类专业

陈　礁　主　编

叶丽珠　副主编

高等教育出版社·北京

内容简介

本书是"十二五"职业教育国家规划教材，依据《中等职业学校汽车制造与检修专业教学标准》，并参照汽修行业标准，采用最新技术制图和机械制图国家标准，结合中等职业学校学生的认知特点、汽车制造和汽车维修的岗位需求及近几年课改的成果与教学积累，在第 1 版基础上修订而成。

本书以任务引领，共分为 9 个项目，主要内容包括掌握国家标准的相关规定、平面图形的基本画法、图形识读、识读简单的汽车零件图、识读汽车常用标准件和常用件、识读汽车部件装配图、识读车身钣金件展开图与焊接图、Auto CAD 绘制汽车零件图、汽车电路识图等。

本书配有学习卡资源，请登录 Abook 网站 http://abook.hep.com.cn/sve 获取相关资源。详见本书"郑重声明"页。

本书可作为中等职业学校汽车类专业教材，也可作为相关行业岗位培训教材或自学用书。

图书在版编目（ＣＩＰ）数据

汽车机械制图 / 陈礁主编. -- 2版. --北京 : 高等教育出版社，2021.9
汽车类专业
ISBN 978-7-04-053154-1

Ⅰ. ①汽⋯ Ⅱ. ①陈⋯ Ⅲ. ①汽车–机械制图–中等专业学校–教材 Ⅳ. ①U462.1

中国版本图书馆CIP数据核字(2019)第275163号

策划编辑 贺 玲　　责任编辑 贺 玲　　封面设计 杨立新　　版式设计 杨 树
责任校对 陈 杨　　责任印制 朱 琦

出版发行	高等教育出版社	网　址	http://www.hep.edu.cn
社　址	北京市西城区德外大街4号		http://www.hep.com.cn
邮政编码	100120	网上订购	http://www.hepmall.com.cn
印　刷	河北新华第一印刷有限责任公司		http://www.hepmall.com
开　本	787mm×1092mm　1/16		http://www.hepmall.cn
印　张	18.25	版　次	2015年8月第1版
字　数	430 千字		2021年9月第2版
购书热线	010-58581118	印　次	2021年9月第1次印刷
咨询电话	400-810-0598	定　价	30.50元

本书如有缺页、倒页、脱页等质量问题，请到所购图书销售部门联系调换
版权所有　侵权必究
物 料 号　53154-00

出 版 说 明

　　教材是教学内容的重要载体，加强教材建设是深化职业教育教学改革的有效途径，是推进人才培养模式改革的重要条件，也是推动中高职协调发展的基础性工程，对促进现代职业教育体系建设，提高职业教育人才培养质量具有十分重要的作用。

　　为进一步加强职业教育教材建设，2012年，教育部制订了《关于"十二五"职业教育教材建设的若干意见》（教职成〔2012〕9号），并启动了"十二五"职业教育国家规划教材的选题立项工作。作为全国最大的职业教育教材出版基地，高等教育出版社整合优质出版资源，积极参与此项工作，"计算机应用"等110个专业的中等职业教育专业技能课教材选题通过立项，覆盖了《中等职业学校专业目录》中的全部大类专业，是涉及专业面最广、承担出版任务最多的出版单位，充分发挥了教材建设主力军和国家队的作用。2015年5月，经全国职业教育教材审定委员会审定，教育部公布了首批中职"十二五"职业教育国家规划教材，高等教育出版社有300余种中职教材通过审定，涉及中职10个专业大类的46个专业，占首批公布的中职"十二五"国家规划教材的30%以上。我社今后还将按照教育部的统一部署，继续完成后续专业国家规划教材的编写、审定和出版工作。

　　高等教育出版社中职"十二五"国家规划教材的编者，有参与制订中等职业学校专业教学标准的专家，有学科领域的领军人物，有行业企业的专业技术人员，以及教学一线的教学名师、教学骨干，他们为保证教材编写质量奠定了基础。教材编写力图突出以下五个特点：

　　1. 执行新标准。以《中等职业学校专业教学标准（试行）》为依据，服务经济社会发展和产业转型升级。教材内容体现产教融合，对接职业标准和企业用人要求，反映新知识、新技术、新工艺、新方法。

　　2. 构建新体系。教材整体规划、统筹安排，注重系统培养，兼顾多样成才。遵循技术技能人才培养规律，构建服务于中高职衔接、职业教育与普通教育相互沟通的现代职业教育教材体系。

　　3. 找准新起点。教材编写图文并茂，通顺易懂，遵循中职学生学习特点，贴近工作过程、技术流程，将技能训练、技术学习与理论知识有机结合，便于学生系统学习和掌握，符合职业教育的培养目标与学生认知规律。

　　4. 推进新模式。改革教材编写体例，创新内容呈现形式，适应项目教学、案例教学、情景教学、工作过程导向教学等多元化教学方式，突出"做中学、做中教"的职业教育特色。

　　5. 配套新资源。秉承高等教育出版社数字化教学资源建设的传统与优势，教材内容与数字化教学资源紧密结合，纸质教材配套多媒体、网络教学资源，形成数字化、立体化的教学资源体系,为促进职业教育教学信息化提供有力支持。

为更好地服务教学,高等教育出版社还将以国家规划教材为基础,广泛开展教师培训和教学研讨活动,为提高职业教育教学质量贡献更多力量。

高等教育出版社

2015 年 5 月

第2版前言

本书是"十二五"职业教育国家规划教材，依据《中等职业学校汽车制造与检修专业教学标准》，并参照汽修行业标准，在第1版基础上修订而成。

随着经济建设的发展与人民生活水平的日益提高，我国汽车保有量进入世界前列，汽车制造与汽车维修专业人才的需求与急缺突显。在汽车行业中，汽车机械图样是制造、检测、维修中的技术标准，是汽车专业领域的工程语言之一。在专业教学中，"汽车机械制图"是汽车类专业的核心课程，是必修的专业基础课之一。图样的绘制与识读是学生将来从事汽车制造、检测、维修等工作所必备的基础知识。

本书结合中职生源的认知规律，改变传统的课程章节模式，以项目情境引入，设置若干子任务来实施。全书分为9个项目32个学习子任务，主要内容包括掌握国家标准的相关规定、平面图形的基本画法、图形识读、识读简单的汽车零件图、识读汽车常用标准件和常用件、识读汽车部件装配图、识读车身钣金展开图与焊接图、Auto CAD绘制汽车零件图、汽车电路识图等。

本次修订在保留第1版特色的基础上，严格执行最新国家标准，以适应专业课程教学改革需要，主要特色有：

1. 全书采用项目引入，精讲多练，教学目标明确。

2. 内容上突出职业教育的特色，"做中学、学中做"，以汽车行业岗位需求为着眼点，强调实用性，培养学生识图能力。

3. 采用最新的机械制图和技术制图国家标准。

4. 符合汽车专业需求，图例较多地采用汽车零件图和装配图，为后续专业课的学习奠定基础。

5. 本书力求文字简练、图文并茂、通俗易懂，编写顺序遵循从易到难、从简到繁的学习规律，有利于中高职相关课程的衔接。

6. 注重学生的学习兴趣，各项目子任务后设置课堂互动习题和思考题，增强课堂的互动效果，引导学生主动学习，便于教师组织教学和学生自学验收。

本书适用于96学时的教学。教学过程中，任课教师可根据专业特点及学生、学校实际对讲授内容进行适当调整。学时分配建议如下：

项　　目	建议学时	项　　目	建议学时
项目一　掌握国家标准的相关规定	6	项目六　识读汽车部件装配图	8
项目二　平面图形的基本画法	6	项目七　识读车身钣金件展开图与焊接图	4
项目三　图形识读	20	项目八　AutoCAD绘制汽车零件图	12
项目四　识读简单的汽车零件图	24	项目九　汽车电路识图	6
项目五　识读汽车常用标准件和常用件	10	总　　计	96

本书配有学习卡资源，请登录 Abook 网站 http://abook.hep.com.cn/sve 获取相关资源。详见本书"郑重声明"页。

本书由陈礁担任主编，并承担修订工作。

本书在编写和修订过程中得到了多家汽车维修企业的技术支持，在此表示感谢。

由于编者水平有限，书中难免有不足之处，恳请专家、广大读者不吝指正（读者意见反馈信箱：zz_dzyj@pub.hep.cn）。

编　者
2019 年 4 月

目　　录

项目一
掌握国家标准的相关规定

项目导入

图样是汽车机械和现代工业生产的重要技术文件，是人们表达设计思想、进行技术交流、组织生产的重要依据之一，是国际上通用的工程语言。机械图样是按照国家标准进行绘制的，绘图者只有熟练掌握机械制图国家标准的有关规定，才能绘制出正确、清晰的图样，以便组织生产。图1-1所示为依据国家标准绘制的汽车发动机活塞连杆总成的装配图，是该部件总成装配的重要依据。

本项目主要介绍国家标准《技术制图》《机械制图》中的图幅、比例、字体、图线及尺寸标注等的相关规定。

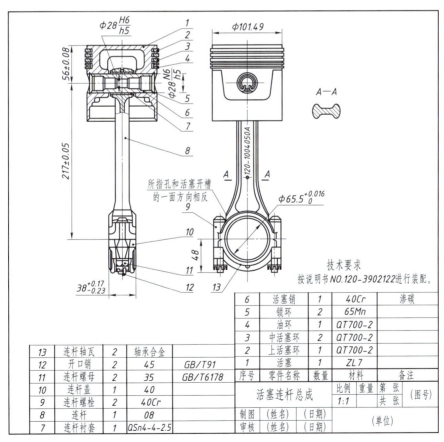

图1-1 汽车发动机活塞连杆总成装配图

任务一　图纸幅面、格式、比例和字体

任务目标

1. 熟悉图纸幅面与格式的规定。
2. 掌握比例的概念，能根据图纸幅面大小和零件的总体尺寸选择合适的绘图比例。
3. 学会长仿宋体的书写方法。

知识链接

一、图纸幅面和格式（GB/T 14689—2008）

为便于图样的绘制、使用和保管，图样均应画在规定幅面和格式的图纸中。

1. 图纸幅面

绘制技术图样时，应优先采用表1-1所规定的五种基本幅面尺寸，分别用A0、A1、A2、A3、A4表示。必要时，也允许加长图幅，加长幅面的尺寸由基本幅面的短边成整数倍增加后得出。绘图时，图纸可以横放或竖放。

表1-1　图纸基本幅面代号与尺寸　　　　　　　　　　　单位为毫米

幅面代号	A0	A1	A2	A3	A4
$B \times L$	841×1 189	594×841	420×594	297×420	210×297
e	20			10	
c	10			5	
a	25				

2. 图框格式

图纸上限定绘图区域的线框称为图框。图纸上必须用粗实线绘出图框，图框格式分为留装订边和不留装订边两种，如图1-2和图1-3所示，但同一产品的图样只能采用一种格式。

3. 标题栏（GB/T 10609.1—2008）

标题栏一般位于图框右下角，其外框线用粗实线绘制，右边和底边与图框线重合，标题栏框内的图线用细实线绘制，如图1-4和图1-5所示。

标题栏格式、内容和尺寸在GB/T 10609.1—2008中已作了规定，如图1-4所示。作业中可以采用图1-5所示简化后的标题栏。

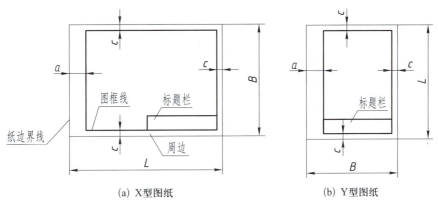

(a) X型图纸　　　　　　　　　(b) Y型图纸

图1-2　留装订边的图框格式

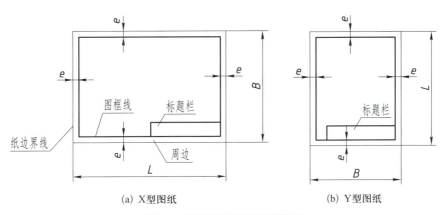

(a) X型图纸　　　　　　　　　(b) Y型图纸

图1-3　不留装订边的图框格式

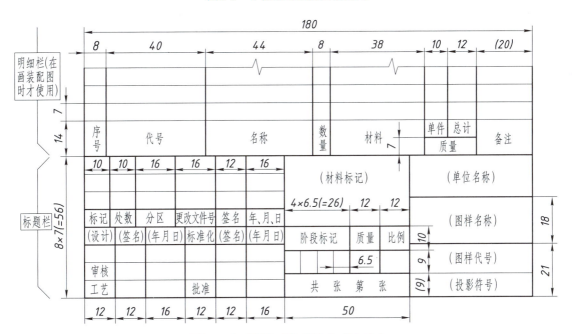

图1-4　标题栏与明细栏的格式及尺寸

3

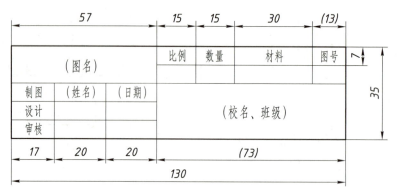

图1-5　简化标题栏

二、比例（GB/T 14690—1993）

比例是指图样中图形与其实物相应要素的线性尺寸之比。

1. 比例的类型

比例有下列三种类型：

（1）原值比例　比值为1的比例，即1:1的比例。

（2）放大比例　比值大于1的比例，如2:1等。

（3）缩小比例　比值小于1的比例，如1:2等。

需要按比例绘制图样时，应在表1-2规定的系列中选取适当的比例。

表1-2　绘　图　比　例

种　类	比　例
原值比例	1:1
放大比例	5:1　　2:1　　$5\times10^n:1$　　$2\times10^n:1$　　$1\times10^n:1$ （4:1）（2.5:1）（$4\times10^n:1$）（$2.5\times10^n:1$）
缩小比例	1:2　1:5　1:10　$1:2\times10^n$　$1:5\times10^n$　$1:1\times10^n$　（1:1.5）（1:2.5）（1:3）（1:4）（1:6） （$1:1.5\times10^n$）（$1:2.5\times10^n$）（$1:3\times10^n$）（$1:4\times10^n$）（$1:6\times10^n$）

注：① n 为正整数。

② 尽可能不采用括号内的比例。

2. 比例的标注方法

（1）比例符号用"："表示。

（2）比例一般应填写在标题栏中的比例栏内。必要时，可在视图名称的下方或右侧标注比例，如：$\dfrac{I}{2:1}$、$\dfrac{A}{1:10}$、$\dfrac{B-B}{5:1}$。

> **提示：**
>
> ① 图样无论放大还是缩小，图形上所注尺寸数字必须是实物的实际大小，而与比例无关。图1-6所示为同一物体采用不同比例画出的图形。

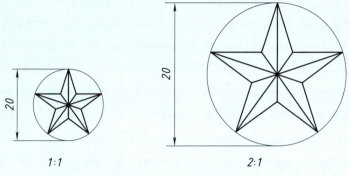

图1-6　不同比例画出的图形

　　② 比例是指线性尺寸之比，绘制角度时，无论该图形放大还是缩小，均应按物体实际角度绘出。

　　③ 画图时应尽量采用1:1的比例（即原值比例），以便直接从图样中看出物体的真实大小。

　　④ 绘制同一物体的各个视图应采用相同的比例，并在标题栏的比例栏中填写。

三、字体（GB/T 14691—1993）

图样上和技术文件中书写字体必须做到：字体工整、笔画清楚、间隔均匀、排列整齐。

1. 字高

字体高度用 h 表示，其公称尺寸系列为 1.8 mm、2.5 mm、3.5 mm、5 mm、7 mm、10 mm、14 mm、20 mm。需要书写更大的字时，其字体高度应按 $\sqrt{2}$ 的比率递增。字体的号数代表字体的高度，例如 10 号字代表字高为 10 mm。

2. 汉字

汉字应写成长仿宋体，并应用国家正式公布推行的简化字。汉字的高度 h 不应小于 3.5 mm，其字宽一般为 $h/\sqrt{2}$。

书写长仿宋体汉字的要领是：横平竖直、起落分明、结构均匀、粗细一致、填写满格。图 1-7 所示为长仿宋体汉字的示例。

3. 字母和数字

在图样中，字母和数字可写成斜体或直体，斜体字字头向右倾斜，与水平基准线成 75° 角。字母和数字分为 A 型和 B 型，A 型字体的笔画宽度为字高的 1/14，B 型字体的笔画宽度为字高的 1/10，但在同一图样上，只允许选用一种型式的字体。

技术图样中常用的字母有拉丁字母和希腊字母两种，常用的数字有阿拉伯数字和罗马数字两种，示例如图 1-8 所示。

10号

字体端正 笔画清楚 排列整齐 间隔均匀

7号

装配时作斜度输出锥度大小球直径网纹均布水平抛光
视图旋转属性数值范围符合等级热处理退火渗碳刀具

5号

装配时作斜度输出锥度大小球直径网纹均布水平抛光
视图旋转属性数值范围符合等级热处理退火渗碳刀具

图1-7　长仿宋体字

ABCDEFGHIJKLMN　abcdefghijklmn
OPQRSTUVWXYZ　　opqrstuvwxyz

(a) 拉丁字母

αβγδεζηθϑικλμνξοπρστ
υφψχψω

(b) 希腊字母

0123456789　　0123456789

(c) 阿拉伯数字

Ⅰ Ⅱ ⅢⅣ Ⅴ ⅥⅦⅧⅨⅩ

(d) 罗马数字

图1-8　字体示例

课堂互动

1. 图框线用_____线画出，不可见轮廓线用_____线画出。
2. 标题栏位于图纸的_____角。
3. 同一物体如用不同的比例画出，其图形大小_____，但图上标注的尺寸数值
_____。（选择：不同，相同）
4. 图纸的基本幅面有_____、_____、_____、_____和_____五种。

字体练习

0 1 2 3 4 5 6 7 8 9

字体端正 笔画清楚 排列整齐 间隔均匀

任务二 图 线

任务目标

1. 掌握技术制图中图线的类型、名称、代号及应用等。
2. 能正确使用三角尺、圆规等绘图工具画出各种线型。

知识链接

图是由图线构成的,不同类型的图线在图样中表达的含义各不相同。国家标准《机械制图》和《技术制图》对绘图的图线都作了统一的规定。

一、图线的概念

图线是指起点和终点之间以任何方式连接的一种几何图形,其形状可以是直线或曲线、连续线或不连续线。图线的起点和终点可以重合,例如一条图线形成圆时的情况。

二、图线的基本类型

国家标准《技术制图 图线》(GB/T 17450—1998)中规定了绘制各种技术图样的 15 种基本线型,其代号、线型、名称如图 1-9 所示。

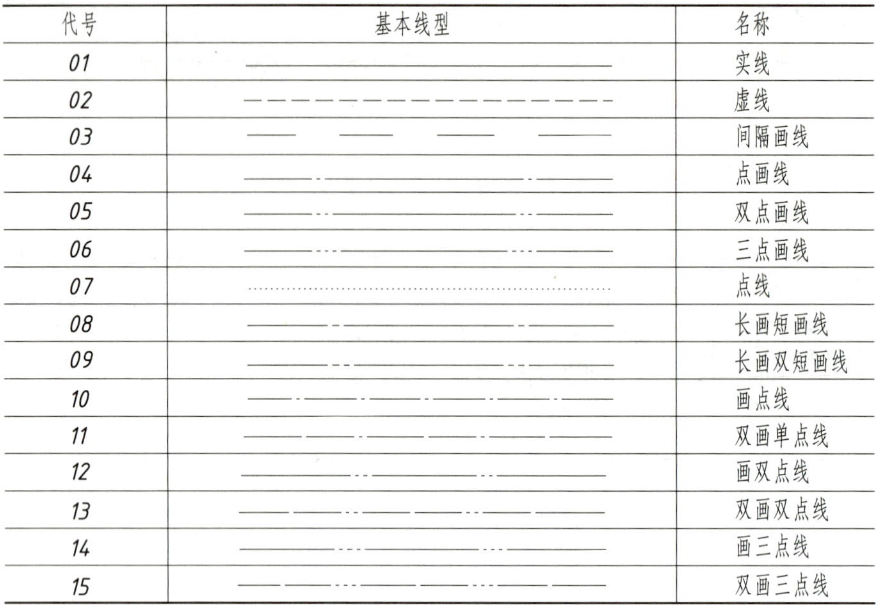

代号	基本线型	名称
01	——————————	实线
02	— — — — — — —	虚线
03	— — — — —	间隔画线
04	— · — · — · —	点画线
05	— ·· — ·· —	双点画线
06	— ··· — ··· —	三点画线
07	··········	点线
08	—— - —— - ——	长画短画线
09	—— -- —— -- ——	长画双短画线
10	— · — · — ·	画点线
11	—— ·· —— ··	双画单点线
12	— ·· — ·· —	画双点线
13	—— ·· —— ··	双画双点线
14	— ··· — ···	画三点线
15	—— ··· —— ···	双画三点线

图 1-9　图线的基本类型

三、线型及其应用

国家标准《机械制图　图样画法　图线》（GB/T 4457.4—2002）规定了机械制图中所用图线的一般规则（表 1-3），其应用示例如图 1-10 所示。

表 1-3　机械图样中常用的线型及其应用

图 线 名 称	图 线 型 式	图 线 宽 度	图线应用举例（见图 1-10）
粗实线	——————————	d	可见轮廓线
细实线	——————————	约 $d/2$	尺寸线、尺寸界线、剖面线、可见过渡线、重合断面的轮廓线及指引线等
波浪线	∿∿∿∿	约 $d/2$	断裂处的边界线、视图和剖视的分界线等
双折线	—�—	约 $d/2$	断裂处的边界线、视图和剖视的分界线
细虚线	— — — — — —	约 $d/2$	不可见轮廓线、不可见过渡线
粗虚线	▬ ▬ ▬ ▬ ▬	d	允许表面处理的表示线
细点画线	— · — · — · —	约 $d/2$	轴线、对称中心线等
粗点画线	▬ · ▬ · ▬ · ▬	d	有特殊要求的线或表面的表示线
细双点画线	— ·· — ·· —	约 $d/2$	极限位置的轮廓线、相邻辅助零件的轮廓线、轨迹线等

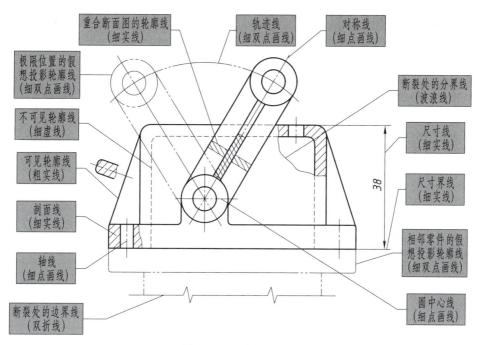

重合断面图的轮廓线
（细实线）

轨迹线
（细双点画线）

对称线
（细点画线）

极限位置的假想投影轮廓线
（细双点画线）

断裂处的分界线
（波浪线）

不可见轮廓线
（细虚线）

尺寸线
（细实线）

可见轮廓线
（粗实线）

尺寸界线
（细实线）

剖面线
（细实线）

相邻零件的假想投影轮廓线
（细双点画线）

轴线
（细点画线）

圆中心线
（细点画线）

断裂处的边界线
（双折线）

38

图 1-10　图线应用示例

四、图线的宽度

图线分为粗、细两种。粗线的宽度 d 应该按照图的大小及复杂程度，在 0.5 ～ 2 mm 范围内选择，细线的宽度约为 $d/2$。图线宽度的推荐系列为 0.18 mm、0.25 mm、0.35 mm、0.5 mm、0.7 mm、1 mm、1.4 mm、2 mm。制图作业中的图线一般选择 $d = 0.7$ mm。同一图样中，同类图线的宽度应基本一致。

五、图线的画法

（1）同一张图样中，同类型图线宽度基本保持一致，线段长度和间隔应大致相等。

（2）各种图线相交时，应以线段（画）相交，而不应该是点或间隔相交，如图 1-11 所示。

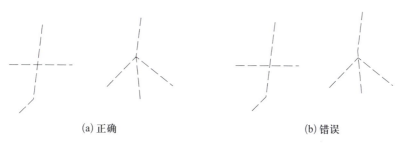

（a）正确

（b）错误

图 1-11　图线相交画法

（3）细虚线与粗实线对接时，细虚线端部应留出间隔，如图 1-12 所示；细虚线圆弧与粗实线圆弧相切时，细虚线端部应留出间隔。

（4）画圆的中心线时，圆心应是画的交点，细点画线的两端应超出轮廓线 2 ～ 5 mm；当圆的图形较小时，允许用细实线代替细点画线，如图 1-13 所示。

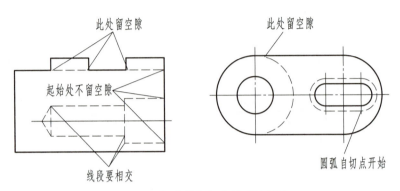

图 1-12　细虚线与粗实线对接画法

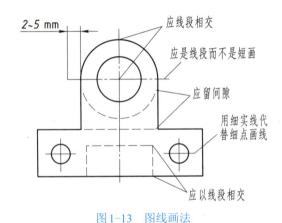

图 1-13　图线画法

（5）当粗实线与细虚线或细点画线重叠时，画粗实线。

课堂互动

在指定位置处画出各种图线。

粗实线

细实线

细虚线

细点画线

细双点画线

用 A4 图纸抄画下图。

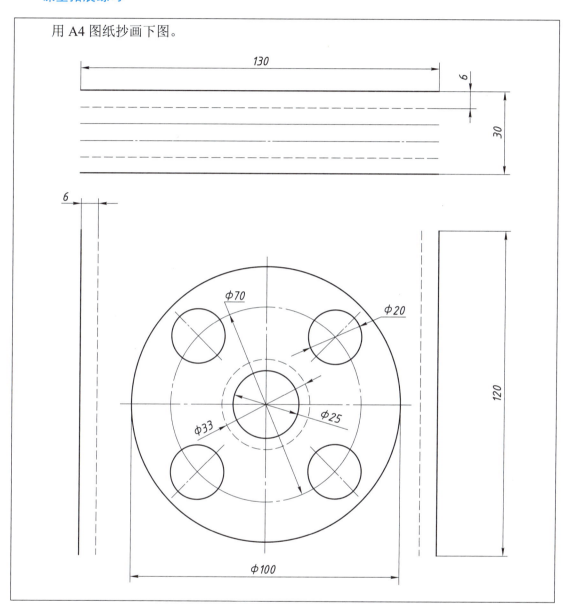

任 务 三　尺 寸 标 注

任务目标

1. 熟悉尺寸标注的基本规则。

2．掌握常用尺寸标注的方法。

3．掌握常见结构图形尺寸标注的方法。

知识链接

　　图形只能表达机件的形状、结构及其各组成部分间的相互位置关系，而机件的大小则由所标注的尺寸确定。图样上标注尺寸时，必须严格按照国家标准（GB/T 4458.4—2003）中有关尺寸注法的规定进行标注，见表1-4。

表1-4　标注尺寸的基本规则

项目	说　明	图　例
总则	1．完整的尺寸标注由下列内容组成： （1）尺寸线（细实线）和箭头； （2）尺寸界线（细实线）； （3）尺寸数字。 以上组成称为尺寸的三要素。 2．零件的真实大小应以图上所注尺寸数值为依据，与图形的比例及绘图的准确度无关。图样上所标注的尺寸应是机件最后完工的尺寸，否则应另加说明。 3．尺寸单位是毫米时不需要注明，采用其他单位时必须注明单位的代号或名称。 4．在同一图样中，每一尺寸一般只标注一次	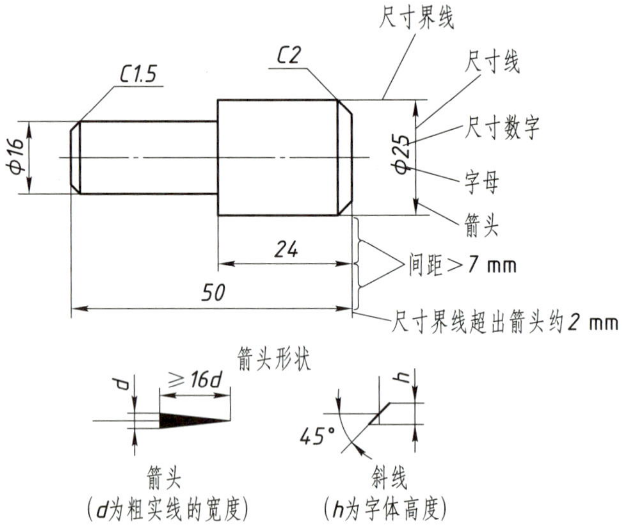
尺寸数字	1．尺寸数字一般注写在尺寸线的上方或中断处	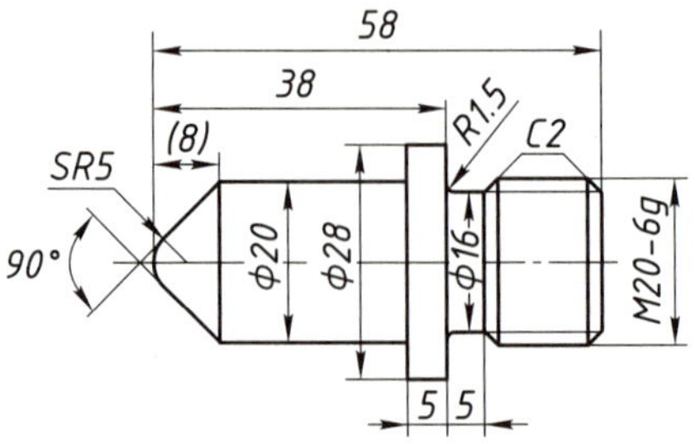

12

项目	说　　明	图　　例
尺寸数字	2. 直线尺寸的数字应按图 a 所示的方向填写，并尽可能避免在图示 30°范围内标注尺寸。当无法避免时可按图 b 形式标注，非水平方向的尺寸还可按图 c 的形式标注	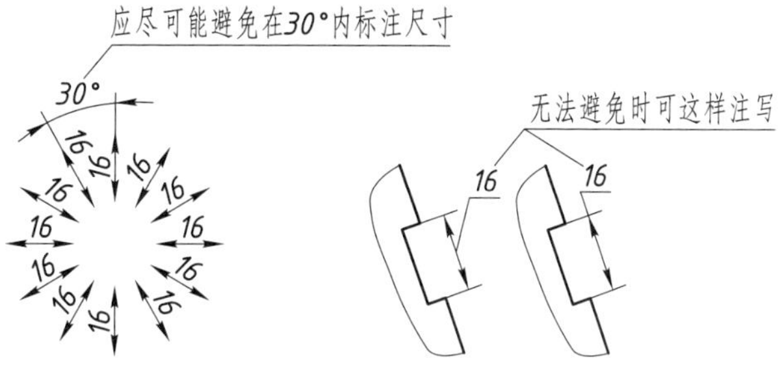 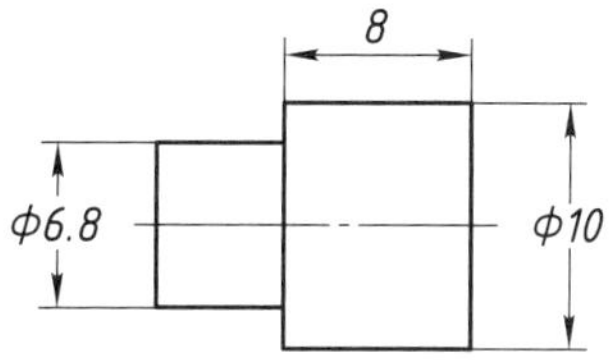 应尽可能避免在30°内标注尺寸　30°　16　16　16　16　16　16　16　16　16　16　16　16　(a)　无法避免时可这样注写　16　16　(b)　8　φ6.8　φ10　(c)
尺寸线	3. 数字不可被任何图形所通过。当不可避免时，必须把图线断开	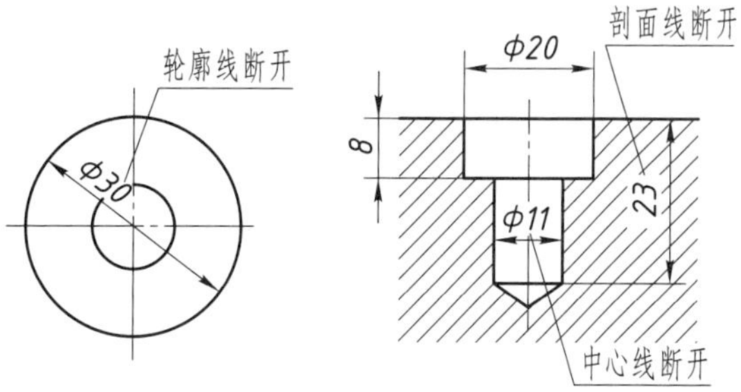 轮廓线断开　φ30　剖面线断开　φ20　8　23　φ11　中心线断开
尺寸线	1. 尺寸线必须用细实线单独画出。轮廓线、中心线或它们的延长线均不可作尺寸线使用。 2. 标注直线尺寸时，尺寸线必须与所标注的线段平行	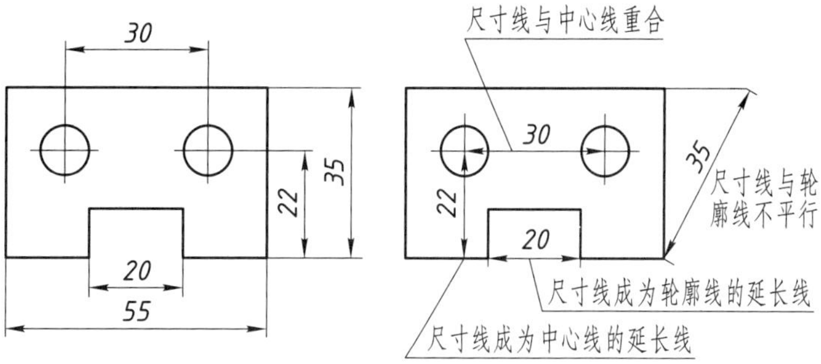 30　35　22　20　55　正确　尺寸线与中心线重合　30　35　尺寸线与轮廓线不平行　22　20　尺寸线成为轮廓线的延长线　尺寸线成为中心线的延长线　错误

项目	说　明	图　例
尺寸界线	1. 尺寸界线用细实线绘制，由图形的轮廓线、轴线或对称中心线引出，也可利用图形的轮廓线、轴线或对称中心线作尺寸界线（图a）。 2. 尺寸界线应与尺寸线垂直。当尺寸界线过于贴近轮廓线时，允许倾斜画出（图b）。 3. 在光滑过渡处标注尺寸时，必须用细实线将轮廓线延长，从它们的交点引出尺寸界线（图c）	 (a) (b)　(c)
直径与半径	1. 标注直径时，在尺寸数字前加注符号"ϕ"；标注半径时，在尺寸数字前加注符号"R"。 2. 半径尺寸必须注在投影为圆弧处，且图线应通过圆心	
狭小部位	1. 当没有足够位置画箭头或写数字时，可将其中之一布置在外面。 2. 位置更小时箭头和数字可以都布置在外面。 3. 标注一连串小尺寸时，可用小圆点或斜线代替箭头，但两端仍应画出箭头	

14

项目	说　明	图　例
角度	1．角度的尺寸界线必须沿径向引出。 2．尺寸线是以角的顶点为圆心画出的圆弧线。 3．角度的数字应水平书写，一般注写在尺寸线的中断处，必要时也可写在尺寸线的上方或外侧。 4．角度较小时也可以用指引线引出标注	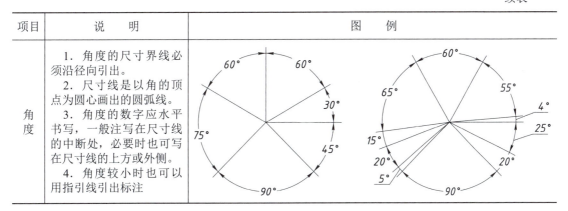

课堂互动

完成下图的尺寸标注（尺寸数值直接从图中量取，并取整数）。

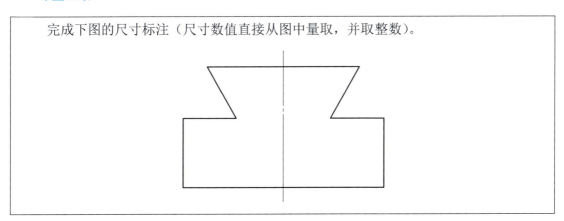

课堂拓展练习

完成下图的尺寸标注（尺寸数值直接从图中量取，并取整数）。

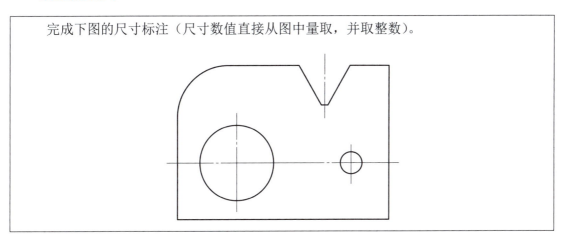

项目小结

本项目主要介绍国家标准《技术制图》《机械制图》中有关图幅、比例、字体、图线及尺寸的相关规定，主要内容如下：

1. 图纸幅面和格式

（1）国家标准规定图纸有五种基本幅面尺寸，分别是 A0、A1、A2、A3、A4。

（2）图纸格式分为留装订边和不留装订边两种。

（3）标题栏格式、内容和尺寸需按相关的标准进行绘制和填写。

2. 比例

（1）比例的概念。

（2）比例的类型：原值比例、放大比例、缩小比例。

（3）比例标注的注意事项：标注位置、标注数字的填写等。

3. 字体

汉字、字母和数字在制图中所采用的字体、字高。

4. 图线的类型、名称、代号及应用

5. 尺寸标注法的规则

项目二
平面图形的基本画法

项目导入

机械零件的轮廓形状虽然各不相同，但基本上都是由直线、圆、圆弧和其他曲线组成的几何图形，绘制几何图形称为几何作图。绘图时，需要利用绘图工具，按照图形的几何关系顺序完成。本项目主要介绍正确应用绘图工具和仪器进行线段等分、圆周等分、绘制斜度和锥度、绘制椭圆、圆弧连接等基本作图方法，以及平面图形的分析与绘制方法、草图的画法等内容。

任务一　绘制平面图形的基本方法与步骤

任务目标

1. 会使用常用的尺规绘图工具。
2. 掌握常用的圆周等分和正多边形的作法。
3. 理解斜度和锥度的概念，掌握其画法和标注。
4. 了解椭圆的画法。

知识链接

一、线段和圆弧等分

1. 等分直线段

通常采用平行线法将已知线段分成 n 等份，图 2-1 所示为将线段 AB 进行五等分。具体绘图步骤如下：

（1）过端点 A 作辅助射线 AC，与已知线段 AB 成任意锐角；

（2）用分规在 AC 上以任意相等长度截得 1、2、3、4、5 五个点；

（3）连接 $5B$，并过 4、3、2、1 各点作线段 $5B$ 的平行线，交 AB 得 $4'$、$3'$、$2'$、$1'$ 各等分点，即完成对线段 AB 的五等分。

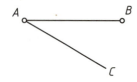 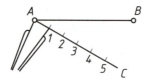 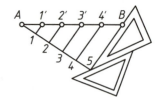

图 2-1   直线 *AB* 五等分

2．等分圆周

（1）绘制正五边形的方法

① 绘制一个直径为 50 mm 的圆；

② 以半径 *OB* 的端点 *B* 为圆心、*OB* 为半径作圆弧交圆周于 *P*、*Q* 两点，连接 *P*、*Q* 与 *OB* 相交于点 *M*，如图 2-2a 所示；

③ 以点 *M* 为圆心、*MA* 为半径作圆弧与 *OB* 的反向延长线交于点 *N*，连接 *AN*，线段 *AN* 的长度即为该圆内接正五边形的边长，如图 2-2b 所示；

④ 以 *AN* 为边长、点 *A* 为起点等分圆周，并依次连接各等分点，即完成该圆内接正五边形的绘制，如图 2-2c 所示。

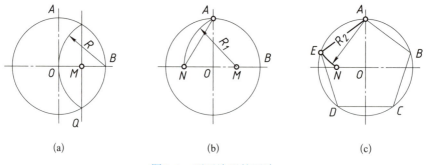

| (a) | (b) | (c) |

图 2-2   正五边形的画法

（2）绘制正六边形的方法

方法一：用圆规作图

分别以已知圆在水平直径上的两处交点 *A*、*D* 为圆心，以圆的半径 *R* 为半径作圆弧，与圆交于点 *B*、*F*、*C*、*E*，依次连接点 *A*、*B*、*C*、*D*、*E*、*F*、*A* 即得圆内接正六边形，如图 2-3a 所示。

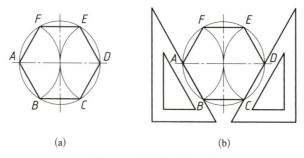

| (a) | (b) |

图 2-3   正六边形的画法

方法二：用三角板作图

以 60°三角板配合丁字尺作平行线，画出四条斜边，再以丁字尺作上、下水平边，即得圆内接正六边形，如图 2-3b 所示。

二、斜度和锥度的画法

1．斜度的画法

（1）斜度的概念

斜度是指一直线或平面对另一直线或平面的倾斜程度，一般以直角三角形的两直角边的比例表示，并把前一项化成 1，写成 1:n 的形式，如图 2-4 所示。

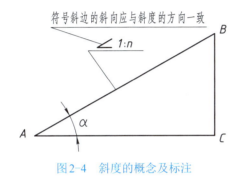

图2-4　斜度的概念及标注　　　　图2-5　斜度符号

（2）斜度的符号

斜度的符号如图 2-5 所示。

（3）斜度的画法

求作图 2-6a 所示的斜楔，作图步骤如下：

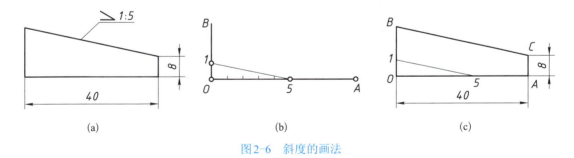

图2-6　斜度的画法

① 作 $OB \perp OA$，且 OA=40 mm，在 OA 上取 5 个单位长度，在 OB 上取 1 个单位长度，连接点 5 和点 1，即为 1:5 的斜度，如图 2-6b 所示。

② 取 AC=8 mm，过点 C 作线 51 的平行线，即完成作图，如图 2-6c 所示。

2．锥度的画法

（1）锥度的概念

锥度是指正圆锥底圆直径与其高度之比，或正圆台的两底圆直径差与其高度之比。它的特点是双向对称分布，如图 2-7a 所示。

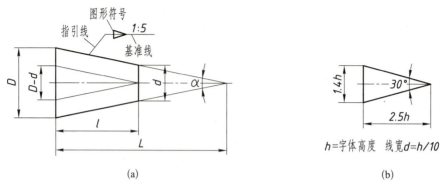

图2-7 锥度符号及其标注

锥度（C）$=D/L=(D-d)/l=2\tan(\alpha/2)$

（2）锥度符号及其标注

锥度符号如图 2-7b 所示。标注时，通常以 1:n 的形式表示，锥度符号应配置在基准线上，基准线与圆锥的轴线平行，并通过引出线与圆锥轮廓素线相连。

> 提示：
> 　锥度符号的方向应与圆锥方向一致。

（3）锥度的画法

求作图 2-8a 所示的图形，作图步骤如下：

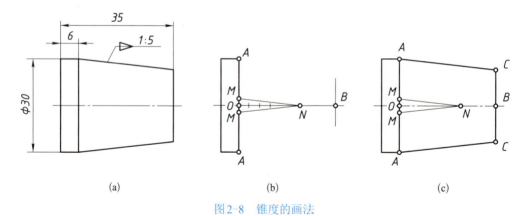

图2-8 锥度的画法

① 从点 O 开始任取 5 个单位长度，得点 N，在左端面上取 OM=0.5 个单位长度，得点 M，连接 MN，即得 1:5 的锥度线，如图 2-8b 所示。

② 过点 A 作 $AC//MN$，即完成作图，如图 2-8c 所示。

三、椭圆的画法

椭圆为常见的平面曲线，常采用"四心法"近似地画出（即用四段圆弧连接而成），椭圆的作图步骤如下：

（1）画出长轴 AB 和短轴 CD，连接 AC，以 C 为圆心，长、短半轴之差为半径画弧交 AC 于点 E，如图 2-9a 所示。

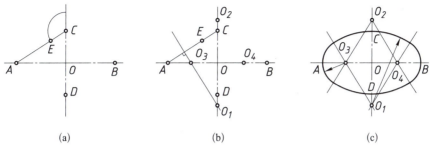

图2-9　椭圆的画法

（2）作 AE 的中垂线分别交长轴、短轴于点 O_3、O_1，并作出其对称点 O_4、O_2，如图 2-9b 所示。

（3）分别以 O_1、O_2 为圆心，以 O_1C 为半径画大弧，再以 O_3、O_4 为圆心，O_3A 为半径画小弧，即得椭圆，如图 2-9c 所示。

任务二　绘制圆弧连接的平面图形

任务目标

1. 建立圆弧连接的概念
2. 掌握各种形式圆弧连接方法的画法

知识链接

一、圆弧连接的概念

用一段圆弧光滑地连接另外两条已知线段（直线或圆弧）的作图方法称为圆弧连接。

以图 2-10 所示拨叉为例，在图 2-11 中，用圆弧 R16 mm 连接两直线、用圆弧 R12 mm 连接一直线和一圆弧、用圆弧 R35 mm 连接两圆弧等是三种常见的圆弧连接形式。

> **提示：**
>
> 　　要保证圆弧连接光滑，作图时必须先求作连接圆弧的圆心以及连接圆弧与已知线段的连接点，以保证连接圆弧与已知线段在连接处相切。

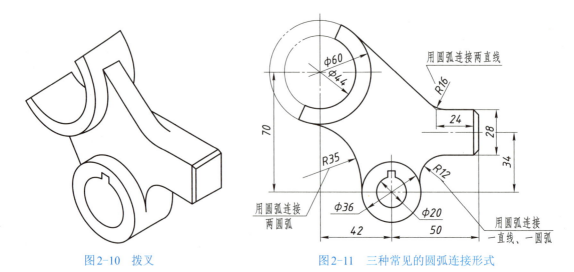

图 2-10　拨叉　　　　　　　　　　　图 2-11　三种常见的圆弧连接形式

二、圆弧连接的作图步骤

任何形式的圆弧连接，其作图过程都分为以下三步：

（1）求连接弧的圆心。

（2）求连接点（圆弧与连接线段的分界点）。

（3）画连接弧（在两连接点之间画弧）。

三、圆弧连接的作图方法

（1）两直线间的圆弧连接的作图方法见表 2-1。

表 2-1　两直线间的圆弧连接

类　别	图　例			作图方法和步骤
用圆弧连接钝角的两边	(a)	(b)	(c)	1. 作与已知角两边分别相距 R 的平行线，两平行线相交于点 O，即为连接圆的圆心。 　2. 自 O 向两夹角边引垂线，其垂足 M、N 即为连接点。 　3. 以 O 为圆心、以 R 为半径，在 M、N 之间画弧，即完成作图
用圆弧连接锐角的两边	(a)	(b)	(c)	1. 作与已知角两边分别相距为 R 的平行线，连线相交于点 O，即为连接圆弧的圆心。 　2. 自 O 向两个夹角边引垂线，其垂足 M、N 即为连接点。 　3. 以 O 为圆心，以 R 为半径在 M、N 之间画弧，即完成作图

类　别	图　例	作图方法和步骤
用圆弧连接直角两边	(a)　(b)　(c)	1. 以直角顶点为圆心，以 R 为半径画弧，交两直角边于 M、N，即为连接点。 2. 分别以 M、N 为圆心，R 为半径画弧，两弧交于点 O，即为连接弧圆心。 3. 以 O 为圆心，以 R 为半径在 M、N 之间画弧，即完成作图

（2）两圆弧间的圆弧连接的作图方法见表 2-2。

表 2-2　两圆弧间的圆弧连接

类　别	图　例	作图方法和步骤
用圆弧外连接两已知圆弧	(a)　(b)　(c)	1. 分别以 O_1、O_2 为圆心，以 $R+R_1$、$R+R_2$ 为半径画弧，两弧相交于点 O，即为连接弧的圆心。 2. 连接 OO_1 和 OO_2，分别交已知圆弧于 N、M，即为连接点。 3. 以 O 为圆心，以 R 为半径在 N、M 之间画弧，即完成作图
用圆弧内连接两已知圆弧	(a)　(b)　(c)	1. 分别以 O_1、O_2 为圆心，以 $R-R_1$、$R-R_2$ 为半径画弧，两弧相交于点 O，即为连接弧的圆心。 2. 连接 OO_1 和 OO_2 并延长，分别交已知圆弧于 M、N，即为连接点。 3. 以 O 为圆心，以 R 为半径在 N、M 之间画弧，即完成作图

类　别	图　例	作图方法和步骤
用圆弧分别内外连接两已知圆弧	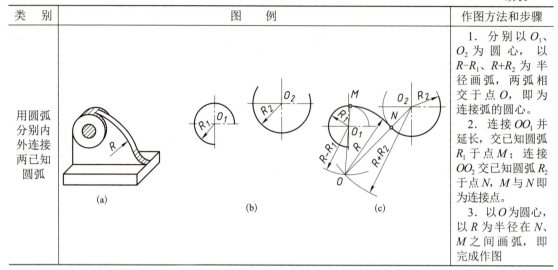 (a)　　　(b)　　　(c)	1. 分别以 O_1、O_2 为圆心，以 $R-R_1$、$R+R_2$ 为半径画弧，两弧相交于点 O，即为连接弧的圆心。 2. 连接 OO_1 并延长，交已知圆弧 R_1 于点 M；连接 OO_2 交已知圆弧 R_2 于点 N，M 与 N 即为连接点。 3. 以 O 为圆心，以 R 为半径在 N、M 之间画弧，即完成作图

任务三　绘制简单的平面图形

任务目标

1. 能正确使用常用绘图工具和仪器。
2. 掌握作图的基本方法与技巧。
3. 掌握平面图形的尺寸分析、线段分析及作图方法。
4. 掌握简单平面图形的分析方法和作图步骤。
5. 掌握徒手画图的基本方法与技巧。

知识链接

　　平面图形是由直线和曲线按照一定的几何关系绘制而成的，这些线段必须根据给定的尺寸关系画出，平面图形的尺寸基准和尺寸的分析则是画出平面图形的核心。

一、平面图形的尺寸分析

　　1. 定形尺寸

　　定形尺寸是指确定平面图形上几何元素形状大小的尺寸，如图 2-12 所示的 $\phi12$ mm、$R13$ mm、$R26$ mm、$R7$ mm、$R8$ mm、48 mm 和 10 mm。

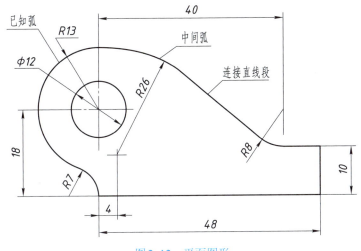

图 2-12 平面图形

2．定位尺寸

定位尺寸是指确定各几何元素相对位置的尺寸，如图 2-12 中的 18 mm、40 mm。确定平面图形位置需要两个方向的定位尺寸，即水平方向和垂直方向，也可以极坐标的形式定位，即半径加角度。

3．尺寸基准

任意两个平面图形之间必然存在着相对位置，也就是说必有一个是参照的。标注尺寸的起点称为尺寸基准，简称基准。平面图形尺寸有水平和垂直两个方向（相当于坐标轴 X 方向和 Y 方向），因此基准也必须从水平和垂直两个方向考虑，平面图形中尺寸基准是点或线。常用的点基准有圆心、球心、多边形中心点、角点等，线基准往往是图形的对称中心线或图形中的边线。

二、线段分析

根据定形、定位尺寸是否齐全，可以将平面图形中的线段分为以下三大类：

1．已知线段

定形、定位尺寸均齐全的线段称为已知线段。绘图时，该类线段可以直接根据尺寸绘制，如图 2-12 所示的 $\phi12$ mm 圆、$R13$ mm 圆弧、48 mm 和 10 mm 的直线均属已知线段。

2．中间线段

定形尺寸齐全，而定位尺寸不齐全的线段称为中间线段。绘图时必须根据该线段与相邻已知线段的几何关系，通过几何绘图的方法求出，如图 2-11 所示的 $R26$ mm 和 $R8$ mm 两段圆弧。

3．连接线段

有定形尺寸、没有定位尺寸的线段称为连接线段。只有圆弧半径或直径、没有圆心定位尺寸的圆弧称为连接圆弧，其定位尺寸需根据与线段相邻的两线段的几何关系，通过几何绘图的方法求出，如图 2-12 中的 $R7$ mm 圆弧段、$R26$ mm 和 $R8$ mm 之间的连接直线段。

三、绘图方法和步骤

图 2-13 所示为手柄图，根据平面图形的知识，绘制该手柄平面图。

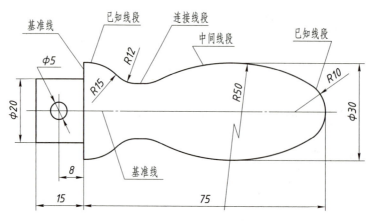

图 2-13　手柄

1．绘图前准备工作

（1）根据图形大小选择比例及图纸幅面。

（2）分析图纸中已知线段、连接线段以及所给点的连接条件，拟定绘图步骤。

（3）确定比例，选取图幅，固定图纸，画出图框和标题栏，如图 2-14 所示。

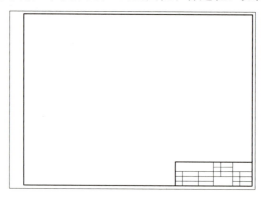

图 2-14　画出图框和标题栏

2．绘制手柄的方法和步骤

绘制手柄的方法和步骤见表 2-3。

表 2-3　绘制手柄的方法和步骤

步　骤	图　示
1．绘制作图基准线、定位线、确定图形的位置	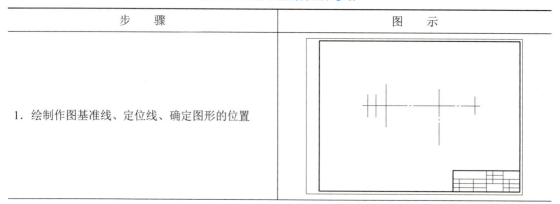

步 骤	图 示
2. 画出已知线段	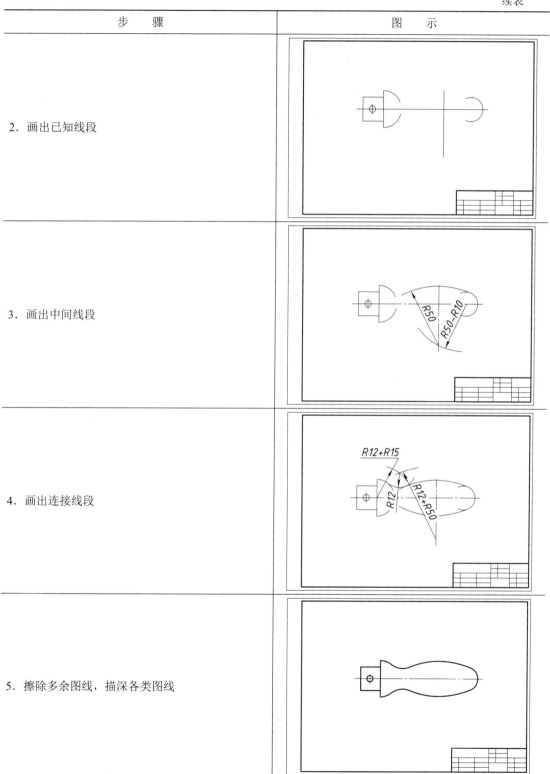
3. 画出中间线段	
4. 画出连接线段	
5. 擦除多余图线，描深各类图线	

步　骤	图　示
6. 标注尺寸，填写标题栏	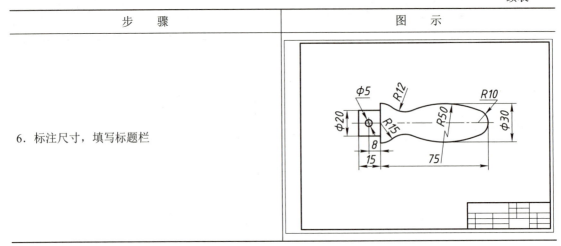

四、课堂练习

根据平面图形的知识，绘制图2-15所示平面图形。

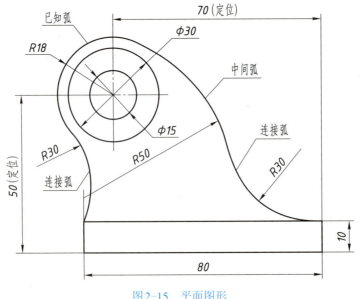

图2-15　平面图形

![项目小结图标] **项目小结**

本项目主要讲解了常用几何图形的作图方法，要点如下：

1. 常用等分作图方法，斜度、锥度、椭圆画法

讲解利用绘图工具等分线段和圆周的基本方法，以及建立斜度和锥度的概念及画法。

2. 圆弧连接

建立圆弧连接的概念，讲解直线间的圆弧连接、直线和圆弧间的圆弧连接、圆弧间的圆弧连接的作图方法。

3. 平面图形画法

讲解尺寸分析和线段分析的基本方法、平面图形的作图方法和步骤。

项目三
图形识读

项目导入

在日常生活中，经常可以看到物体经灯光或阳光的照射，在地面或墙面上产生影子的现象，这就是投影现象。使物体在投影面上产生图像的方法称为投影法。机械零件图就是运用投影的原理绘制出来的。

本项目主要介绍投影法中的正投影，使学生了解投影规律，进而学会识读物体的三视图，如图3-1所示。

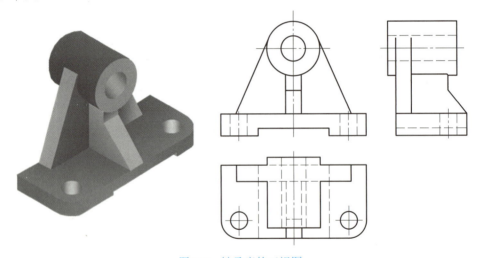

图3-1　轴承座的三视图

任务一　投影法概述

任务目标

1. 正确理解投影法的概念及投影原理。
2. 熟悉投影法的分类，了解中心投影法和平行投影法的概念及特点。

3．掌握正投影法的基本性质。

知识链接

一、投影法的概念

投影法是投射线通过物体向选定的面投射，并在该面上得到图形的方法，如图 3-2 所示。根据投影法所得到的图形称为投影（投影图），得到投影的平面称为投影面。

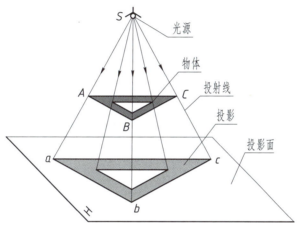

图3-2　投影的基本概念

> **想一想：**
> 　　当你站在阳光或灯光下，是否会看见自己的影子？不同的位置得到的影子大小是否一样？

二、投射原理

投影法是画法几何学的基本方法。如图 3-3 所示，S 为投射中心，A 为空间一点，P 为投影面，SA 连线为投射线。投射线均由投射中心 S 射出，射过空间点 A 的投射线与投影面 P 相交于一点 a，点 a 称作空间点 A 在投影面 P 上的投影。同样，点 b 和 c 是空间点 B 和 C 在投影面 P 上的投影。

> **提示：**
> 　　在投影面和投射中心确定的条件下，空间点在投影面上的投影是唯一确定的。

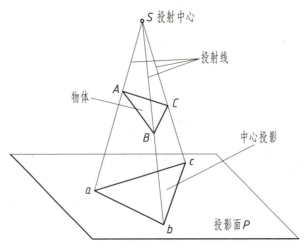

图 3-3　投影法投射原理

三、投影法分类

根据投射线的类型（平行或汇交），投影法可分为中心投影法和平行投影法两类。

1．中心投影法

如图 3-4 所示，投射线都是从投射中心光源点发出的，投射线互不平行，所得的投影大小总是随着物体的位置不同而改变。这种投射线互不平行且汇交于一点的投射法称为中心投影法。

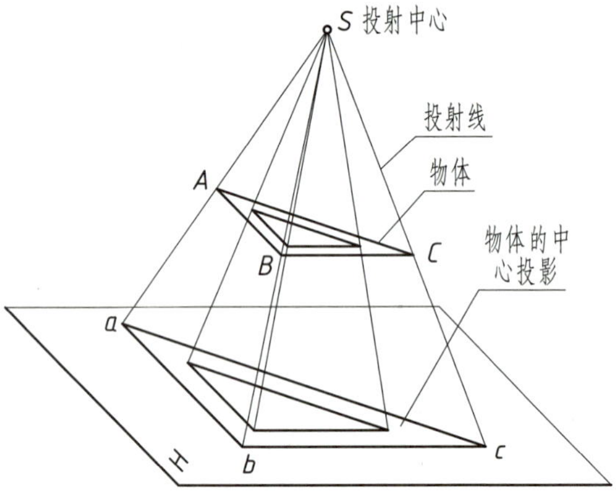

2．平行投影法

假设将投射中心 S 移到离投影面无穷远处，则所有的投射线都相互平行，投影面上的投影就有可能与空间物体大小相等，所得的投影就可反映物体的实际形状。这种投射线相互平行的投影方法，称为平行投影法。

图 3-4　中心投影法

平行投影法中，按投射线与投影面的相对位置（倾斜或垂直）不同，又分为斜投影法和正投影法两种。

（1）斜投影法

斜投影法是指投射线倾斜于投影面，根据斜投影法所得到的图形，称为斜投影（斜投影图），如图 3-5 所示。

（2）正投影法

正投影法是投射线与投影面相垂直的平行投影法，根据正投影法所得到的图形，称为正投影或正投影图，如图 3-6 所示。

正投影法的基本性质

正投影法中，根据物体上的直线段或平面图形与投影面位置关系的不同，其投影具有真实性、积聚性、类似性等特性，详见表 3-1。

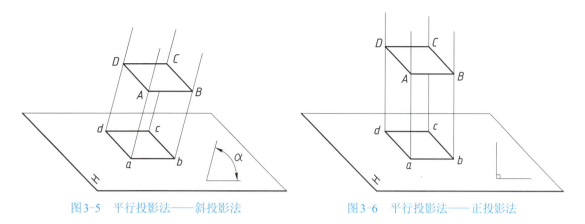

图3-5　平行投影法——斜投影法　　　　　图3-6　平行投影法——正投影法

表 3-1　正投影法的基本特性

性　　质	真　实　性	积　聚　性	类　似　性
图例			
投影特性	直线平行于投影面，其投影反映直线的实长；平面图形平行于投影面，其投影反映平面图形的实形	直线、平面垂直于投影面，其投影分别积聚为点和直线	当直线、平面倾斜于投影面时，直线的投影仍为直线，平面的投影为平面图形的类似形

四、两大投影法的应用

中心投影法所得的图形立体感较强，所以它适用于绘制建筑物的外观图以及美术画。

正投影法所得的图形能够表达物体的真实形状和大小，具有较好的度量性，绘制也较简便，故在工程上得到广泛的应用。

任务二　三视图的形成和投影规律

任务目标

1. 掌握三投影面体系与三视图的形成。

33

2．掌握点、直线、平面的投影特性。

3．理解重影点的表示方法。

一、三投影面体系与三视图的形成

1．视图的基本概念

用正投影法绘制物体的图形时，可把人的视线假想成相互平行且垂直于投影面的一组射线，此时将物体在投影面上的投影称为视图。

从图3-7中可看出，几个形状不同的物体在同一投影面上却得到了相同的视图。因此，物体的一个视图一般不能确定其形状和大小，必须再从其他方向作其视图才能将物体表达清楚，一般采用三面视图。

2．三投影面体系的建立

三个互相垂直的投影面构成三投影面体系，如图3-8所示。

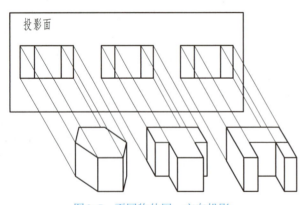

图3-7　不同物体同一方向投影

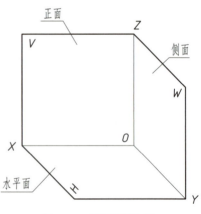

图3-8　三投影面体系

在三投影面体系中，三个投影面分别如下：

正立投影面：简称正面，用 V 表示；

水平投影面：简称水平面，用 H 表示；

侧立投影面：简称侧面，用 W 表示。

三个投影面之间的交线称为投影轴，分别用 OX、OY、OZ 表示，简称 X 轴、Y 轴、Z 轴。X 轴是 V 面与 H 面的交线，Y 轴是 H 面与 W 面的交线，Z 轴是 V 面与 W 面的交线。X、Y、Z 轴两两垂直，它们的交点称为原点，用 O 表示。

3．三视图的形成

将物体置于三投影面体系中，利用正投影法将物体分别向三个投影面投射，即得物体的三视图，如图3-9a所示。

三个视图分别为：

主视图——由前向后投射，在 V 面上得到的视图；

俯视图——由上向下投射，在 H 面上得到的视图；

左视图——由左向右投射，在 W 面上得到的视图。

为了绘图和识读方便，需将三个互相垂直的投影面展开、摊平在同一个平面上。其展开方法是正面（V 面）不动，水平面（H 面）绕 X 轴向下旋转 90°，侧面（W 面）绕 Z 轴向右旋转 90°，分别旋转到与正面在同一平面上，如图 3-9b 所示。

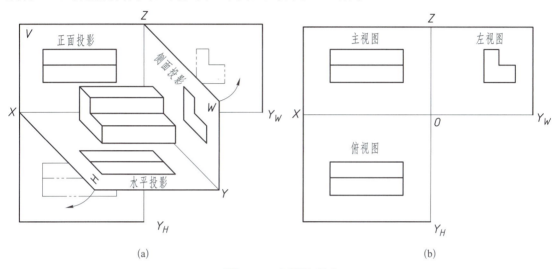

(a)   (b)

图 3-9　三视图的形成

4. 三视图的投影规律

如图 3-10 所示，一个视图只能反映两个方向的尺寸，主视图反映物体的长度和高度，俯视图反映了物体的长度和宽度，左视图反映物体的宽度和高度。因此，可以归纳出三视图的投影规律：

主、俯视图"长对正"；

主、左视图"高平齐"；

俯、左视图"宽相等"。

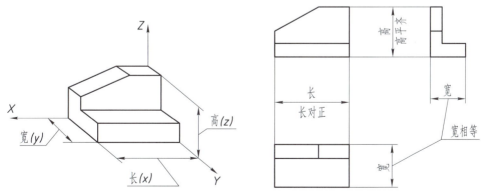

图 3-10　三视图的投影对应关系

5．三视图与物体方位的对应关系

物体有长、宽、高三个方向的尺寸，有上下、左右、前后六个方位的关系，六个方位在三视图中的对应关系如图3-11所示。

主视图反映了物体上下、左右四个方位的关系；

俯视图反映了物体前后、左右四个方位的关系；

左视图反映了物体的上下、前后四个方位的关系。

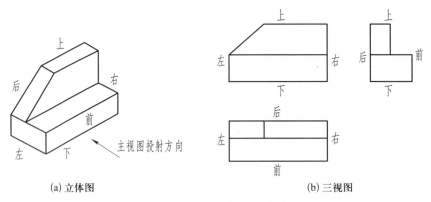

(a) 立体图　　　　　　　　　　　　　　　(b) 三视图

图3-11　三视图的方位关系

提示：

以主视图为中心，俯视图、左视图靠近主视图的一侧为物体的后面，远离主视图的一侧为物体的前面。

二、点的投影

1．点在一个投影面上的投影

点是最基本、最简单的几何元素，点的投影永远是点。用一面投影不能清楚地表达点在空间的位置，一般用三面投影来表达。

2．点的三面投影

当投影面和投射方向确定时，空间一点只有唯一的一个投影。假设空间有一点A，过点A分别向H面、V面和W面作垂线，得到三个垂足a、a'、a''，便是点A在三个投影面上的投影，如图3-12所示。

将图3-12投影体系中的H面绕OX轴向下旋转$90°$、W面绕OZ轴向右旋转$90°$，如图3-13所示，即为点A的三面投影。

3．点的投影规律

（1）点A的正面投影和水平投影的连线垂直于OX轴（$a'a \perp OX$）；

（2）点A的正面投影和侧面投影的连线垂直于OZ轴（$a'a'' \perp OZ$）；

（3）点A的水平投影到OX轴的距离等于点A的侧面投影到OZ轴的距离（$aa_X = a''a_Z$）。

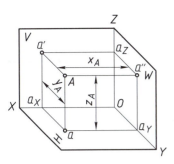

图3-12　点的投影面三体系

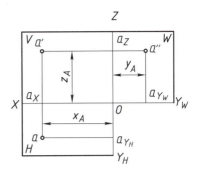

图3-13　点的三面投影

> **提示：**
>
> 　　空间点用大写字母表示，例如 A；投影用相应的小写字母表示，例如水平投影 a；正面投影用相应的小写字母带"'"表示，例如 a'；侧面投影用相应的小写字母带""""表示，例如 a''。

4. 两点的相对位置

两点的相对位置由两点的同名坐标值来确定，如图3-14所示。

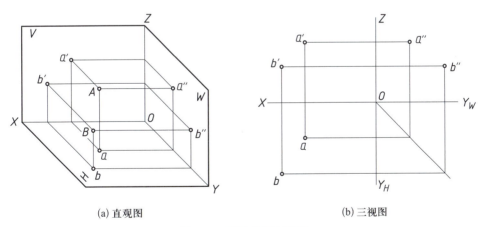

(a) 直观图　　　　　　　　　(b) 三视图

图3-14　两点的相对位置

两点左右相对位置由 x 值确定，x 坐标大的点在左方；

两点前后相对位置由 y 值确定，y 坐标大的点在前方；

两点上下相对位置由 z 值确定，z 坐标大的点在上方。

图3-14中点 A 在点 B 的上、后、右方。

5. 重影点及可见性

当空间两点在某一投影面上的投影重合为一点时，称此两点为该投影面的重影点。如果沿其投射方向观察这两个点，则一个点可见，另一个点不可见（用括号表示）。判断重影点的可见性，由两点同面投影不重合的坐标大小来确定。

如图 3-15 所示的 A、B 两点在水平面上的投影重合，所以点 A 和点 B 的水平面投影为重影点 a（b），即两点的 x、y 坐标相等（两点没有左右、前后之分，只有上下差别），因为 $z_A > z_B$，所以点 A 可见，点 B 不可见。同理，C、D 两点在正面上的投影重合，所以点 C 和点 D 的正面投影为重影点 c'（d'）。

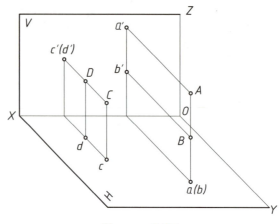

图3-15　重影点

三、直线的投影

1. 直线的三面投影

直线的投影一般仍为直线，特殊情况下为一点，故直线的投影一般只需作出直线上任意两点（一般为线段两端点）的投影，连接两点的同面投影即可，如图 3-16 所示。

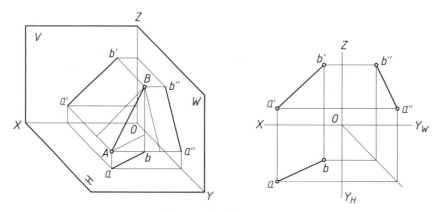

图3-16　直线投影示例

2. 各种位置直线的投影特性

在三投影面体系中，根据直线相对于投影面的位置不同，可将直线分为三类：投影面平行线、投影面垂直线、一般位置直线。

（1）投影面平行线

平行于一个投影面、与另两个投影面倾斜的直线称为投影面平行线。在所平行的投影面上的投影反映实长，并反映直线与另两个投影面倾角的大小。另外两个投影面上的投影平行于相应的投影轴，到相应投影轴的距离反映直线与它所平行的投影面的距离，具体投影面平行线的投影特性见表 3-2。

表 3-2　投影面平行线的投影特性（一斜两平）

种类	立 体 图	投 影 图	投 影 特 性
水平线	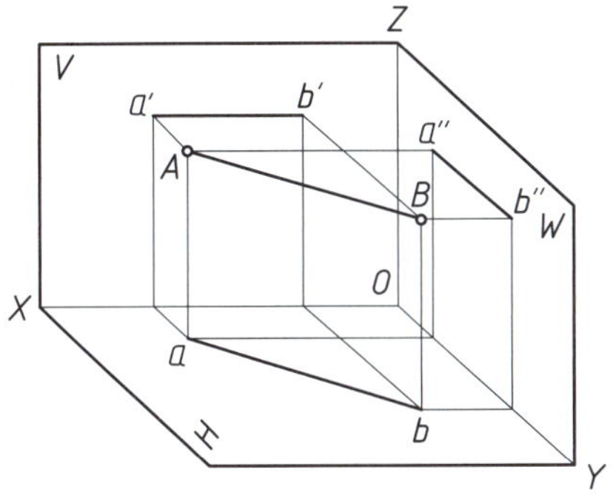	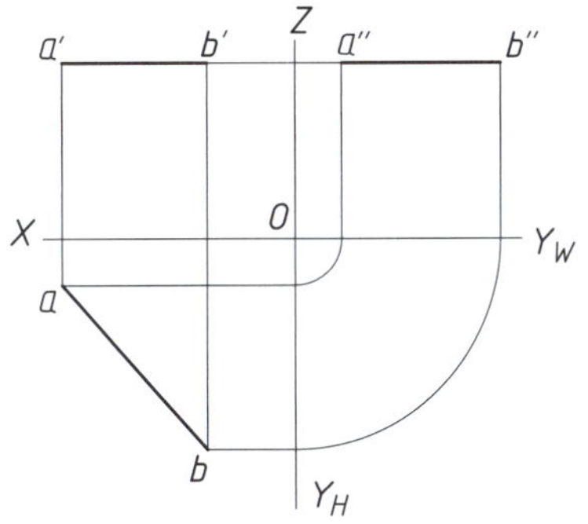	1. 水平投影反映实长，水平投影和投影轴的夹角反映直线对 V 面和 W 面的真实倾角。 2. 正面投影平行于 OX 轴。 3. 侧面投影平行于 OY_W 轴
正平线	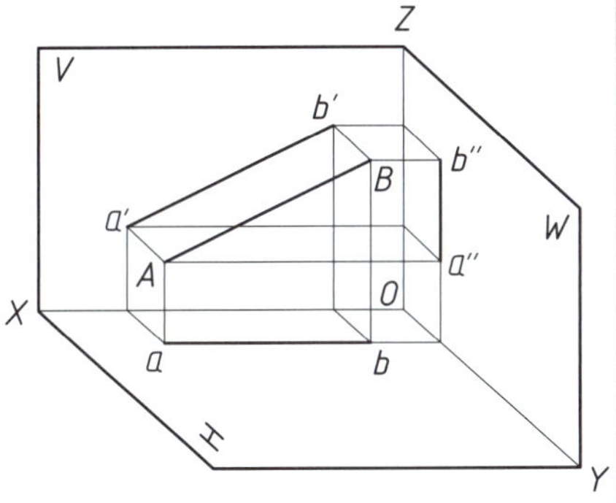	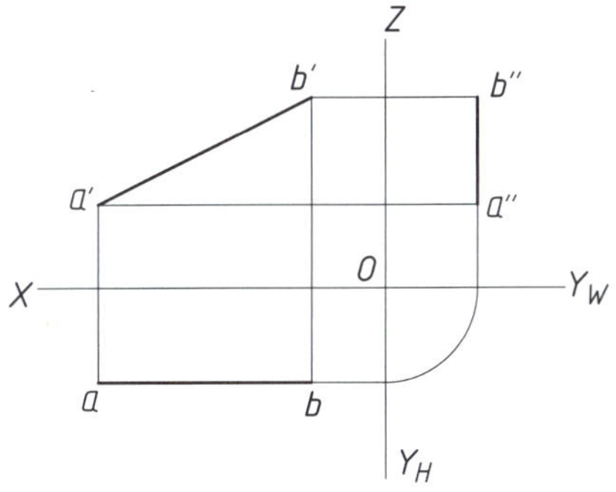	1. 正面投影反映实长，正面投影和投影轴的夹角反映直线对 H 面和 W 面的真实夹角。 2. 水平投影平行于 OX 轴。 3. 侧面投影平行于 OZ 轴
侧平线	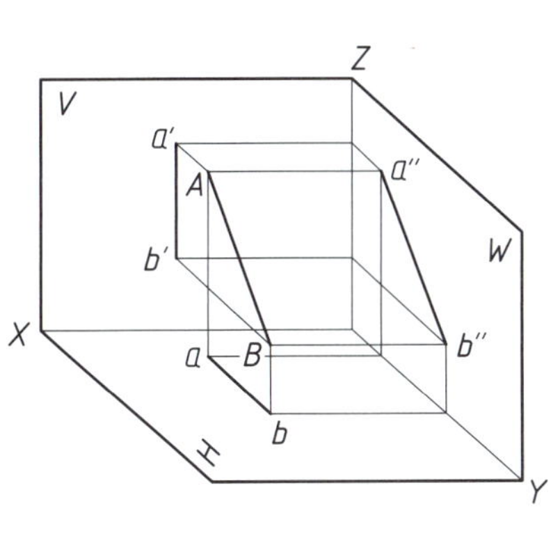	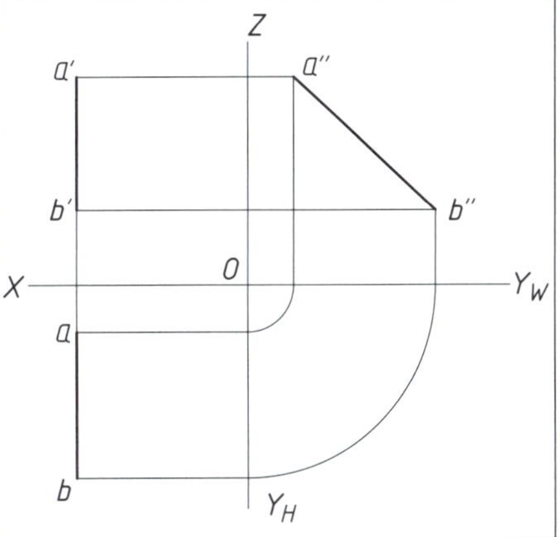	1. 侧面投影反映实长，侧面投影和投影轴的夹角反映直线对 H 面和 V 面的真实夹角。 2. 正面投影平行于 OZ 轴。 3. 水平投影平行于 OY_W 轴

（2）投影面垂直线

垂直于一个投影面、与另两个投影面平行的直线称为投影面垂直线。

在其垂直的投影面上，投影具有积聚性，另外两个投影反映线段实长，且垂直于相应的投影轴，如图 3-17 所示。

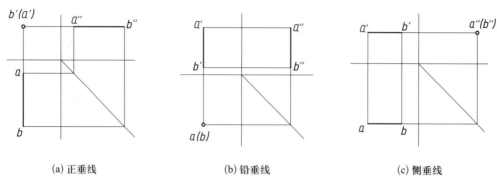

| (a) 正垂线 | (b) 铅垂线 | (c) 侧垂线 |

图3-17　投影面垂直线的投影特性

（3）一般位置直线

与三个投影面都倾斜的直线称为一般位置直线。

三个投影都倾斜于投影轴，其与投影轴的夹角并不反映空间线段与三个投影面夹角的大小。三个投影的长度均比空间线段短，即都不反映空间线段的实长，如图3-18所示。

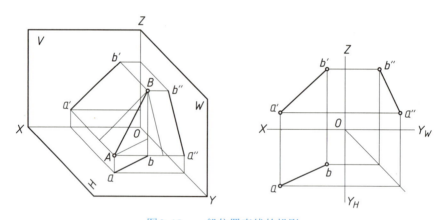

图3-18　一般位置直线的投影

四、平面的投影

1. 平面的三面投影

在求作多边形平面的投影时，可先求出它的各直线端点的投影；然后连接各直线端点的同面投影，即可得到多边形平面的三面投影。

2. 各种位置平面的投影特性

在三投影面体系中，根据平面相对于投影面位置的不同，可将平面分为投影面垂直面、投影面平行面、一般位置平面三种。

（1）投影面垂直面

垂直于一个投影面、与其他两投影面倾斜的平面称为投影面垂直面。垂直于 V 面的平面称为正垂面，垂直于 H 面的平面称为铅垂面，垂直于 W 面的平面称为侧垂面。它们的投影特性见表3-3。

表 3-3　投影面垂直面的投影特性

种类	立 体 图	立体的投影图	投影面垂直面的投影图	投 影 特 性
正垂面	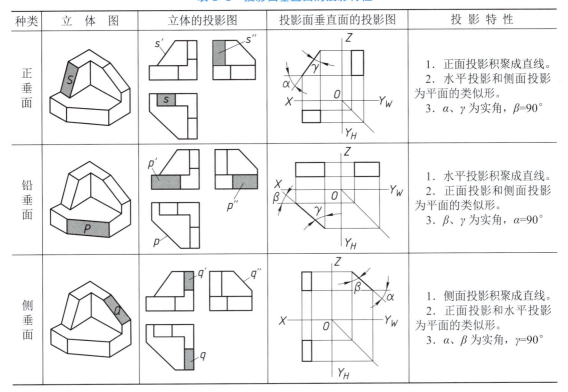			1．正面投影积聚成直线。 2．水平投影和侧面投影为平面的类似形。 3．α、γ 为实角，$\beta=90°$
铅垂面				1．水平投影积聚成直线。 2．正面投影和侧面投影为平面的类似形。 3．β、γ 为实角，$\alpha=90°$
侧垂面				1．侧面投影积聚成直线。 2．正面投影和水平投影为平面的类似形。 3．α、β 为实角，$\gamma=90°$

小结：

1．在所垂直的投影面上的投影积聚为斜线，它与投影轴的夹角反映平面对其他两投影面的倾角；

2．其他两个投影缩小，为原形的类似形。

（2）投影面平行面

平行于一个投影面，同时垂直于另两个投影面的平面称为投影面平行面。平行于 V 面的平面称为正平面，平行于 H 面的平面称为水平面，平行于 W 面的平面称为侧平面。它们的投影特性见表 3-4。

表 3-4　投影面平行面的投影特性

种类	立 体 图	立体的投影图	投影面平行面的投影图	投 影 特 性
正平面			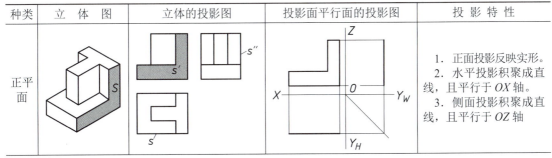	1．正面投影反映实形。 2．水平投影积聚成直线，且平行于 OX 轴。 3．侧面投影积聚成直线，且平行于 OZ 轴

种类	立 体 图	立体的投影图	投影面平行面的投影图	投 影 特 性
水平面				1. 水平投影反映实形。 2. 正面投影积聚成直线，且平行于OX轴。 3. 侧面投影积聚成直线，且平行于OY_W轴
侧平面				1. 侧面投影反映实形。 2. 正面投影积聚成直线，且平行于OZ轴。 3. 水平投影积聚成直线，且平行于OY_H轴

小结：

1. 在所平行的投影面上的投影反映实形；
2. 另外两个投影面上的投影分别积聚成与相应的投影轴平行的直线。

（3）一般位置平面

与三个投影面都倾斜的平面称为一般位置平面。其三面投影都是比原形小的类似图形，具有类似性，如图3-19所示。

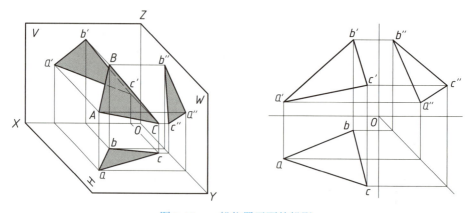

图3-19　一般位置平面的投影

任务三 基本体的投影作图

任务目标

1．掌握棱柱、棱锥等平面基本体的三面投影规律。

2．掌握圆柱体、圆锥体、球体等曲面基本体的三面投影规律。

3．掌握截交线和相贯线的作图思路。

知识链接

在工程制图中，通常把棱柱、棱锥、圆柱、球、圆环等立体称为基本几何体（简称基本体），如图3-20所示。常见的基本体分为平面体和曲面体。平面基本体包括棱柱和棱锥，曲面基本体包括圆柱、圆锥、球和圆环。汽车上的零件就是基本体经过切割、叠加组合而成的。

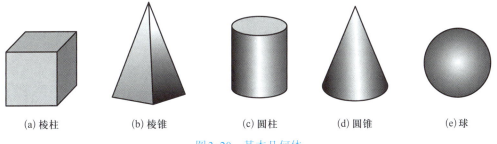

(a) 棱柱　　　　(b) 棱锥　　　　(c) 圆柱　　　　(d) 圆锥　　　　(e) 球

图3-20　基本几何体

一、平面基本体

1．棱柱

六棱柱由上、下两个平行的六边形平面和六个长方形侧面组成，有六条互相平行的侧棱，如图3-21a所示。

正六棱柱在三投影面体系中的投影关系为：

（1）顶面和底面与水平投影面平行，水平投影反映实形，为正六边形；正面投影、侧面投影各积聚成水平直线。

（2）前棱面和后棱面与正投影面平行，正面投影反映实形，为长方形；水平投影、侧面投影都积聚成直线。

（3）其他四个侧棱面与水平投影面垂直，因此它们的水平投影都积聚成直线，正面投影、侧面投影为类似形，如图3-21b所示。

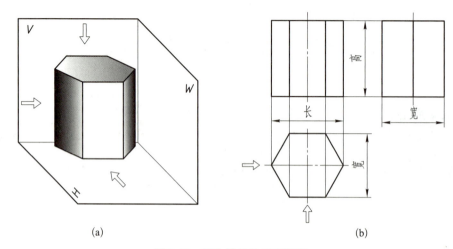

(a)   (b)

图3-21   正六棱柱的三面投影

2. 棱锥

棱锥底面为多边形，各侧面均为过顶点的三角形，各侧面的交线为棱线。图 3-22a 所示为正三棱锥，底面为等边三角形，三个侧面均为过锥顶的等腰三角形。

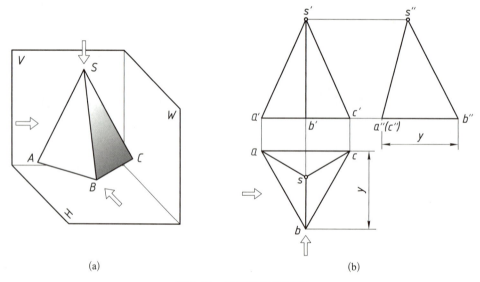

(a)   (b)

图3-22   正三棱锥的投影

正三棱锥的三视图如图 3-22b 所示。

（1）底面△ABC 为水平面，其水平投影△abc 为等边三角形，反映实形，正面投影和侧面投影都积聚为一水平直线。

（2）棱面△SAC 垂直于 W 面，与 H 面、V 面倾斜，是侧垂面，所以侧面投影积聚为一直线，水平面和正面投影都是类似形。

（3）棱面△SBA 和△SBC 与各侧面投影都倾斜，是一般位置平面，三面投影均为类似形。

二、曲面基本体

1．圆柱体

（1）圆柱体的形体特征

圆柱体由两个互相平行且相等的圆平面和一个圆柱面组成。

圆柱面的形成：圆柱面可看成是由一条直线（母线）绕与它平行的轴线回转一周而成的，如图 3-23a 所示。OO_1 称为轴线，直线 AB 称为母线，母线回转的任一位置称为素线。

（2）圆柱的投影（图 3-23b、c）

① 顶面和底面投影　由于圆柱的轴线垂直于 H 面，所以圆柱顶面和底面为水平面，其水平投影反映实形，正面和侧面投影分别积聚成一条水平线段。

② 圆柱面的投影　由于圆柱的轴线垂直于水平投影面，所以圆柱面的水平投影积聚为一个圆（重合在上下底面圆的实形投影上）。圆柱的正面投影和侧面投影分别用决定其投影范围的临界素线表示，如正面投影为最左、最右两条素线的投影，其侧面投影与圆柱轴线投影重合（因圆柱面是光滑曲面，故图中不需绘出其投影）；侧面上投影为最前、最后两条素线的投影。主视图、左视图都是矩形。

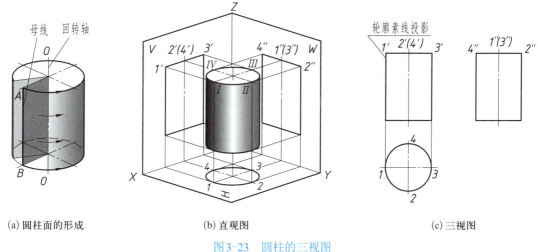

| (a) 圆柱面的形成 | (b) 直观图 | (c) 三视图 |

图 3-23　圆柱的三视图

2．圆锥体

（1）圆锥体的形体特征

圆锥面可以看成一条直线绕与它相交的轴线回转一周而成，如图 3-24a 所示。

（2）圆锥的投影（图 3-24b、c）

① 底面投影　圆锥底面与水平面平行，其水平投影反映实形（圆平面），正面投影和侧面投影分别积聚成一水平直线段。

② 圆锥面投影　圆锥面在三投影面体系中都没有积聚性，水平投影与底面圆的水平投影（圆平面）重合。正面投影和侧面投影用临界素线表示。在正面投影上为最左、最右两条素线的投影，在侧面投影上为最前、最后两条素线的投影。这两个视图都是等腰三角形。

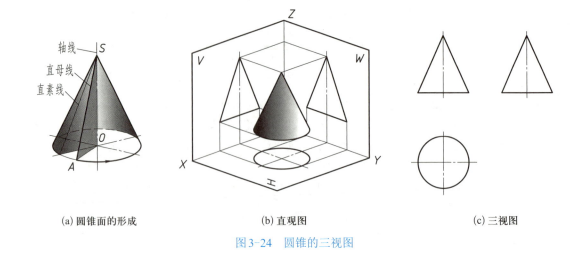

| (a)圆锥面的形成 | (b)直观图 | (c)三视图 |

图 3-24　圆锥的三视图

3．球

（1）球面的形成

球面可看成一条圆母线绕其直径回转一周而成，如图 3-25a 所示。如果将圆周的轮廓线看成是一母线，则形成的回转面称为球面。

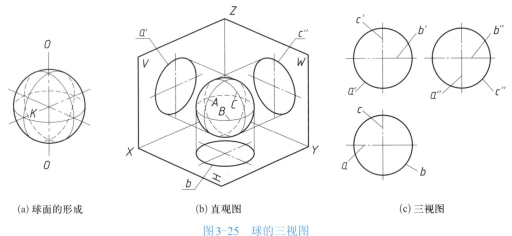

| (a)球面的形成 | (b)直观图 | (c)三视图 |

图 3-25　球的三视图

（2）球的投影（图 3-25b、c）

球的三个投影都是一样大小的圆，但这三个圆并不是球上某一个圆的三个投影，而是球上三个不同方向的轮廓线圆的投影。

① 正面投影的轮廓素线平行于正立投影面，它的水平投影、侧面投影各积聚成直线。

② 水平投影的轮廓素线平行于水平投影面，它的正面投影、侧面投影各积聚成直线。

③ 侧面投影的轮廓素线平行于侧立投影面，它的正面投影、水平投影各积聚成直线。

课堂互动

根据两视图补画第三视图。

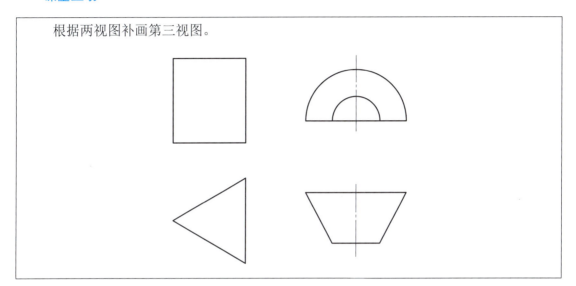

课堂拓展练习

根据两视图补画第三视图。

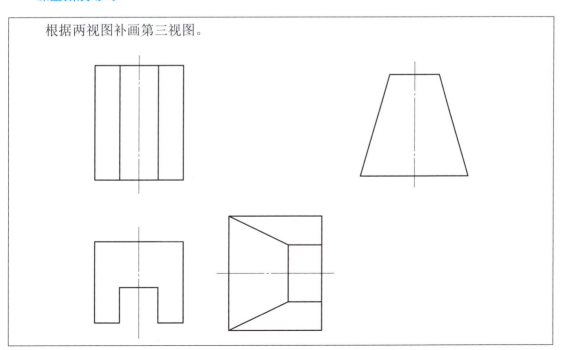

任务四 截交线和相贯线的投影作图方法简介

1. 了解截交线的概念和性质，掌握求作截交线的基本方法。
2. 了解相贯线的概念和性质，掌握求作相贯线的基本方法。
3. 了解过渡线及其画法。

汽车上常见的零件一般不是简单的基本体，都是由几个基本体组合而成或将基本体进行切割而成的。平面与立体表面相交而产生的交线称为截交线；两个基本体相交，表面产生的交线称为相贯线。

一、截交线

1. 截交线的概念

如图 3-26 所示，锥体被平面 P 截为两部分，其中截断立体的平面称为截平面，截平面与立体表面的交线称为截交线。

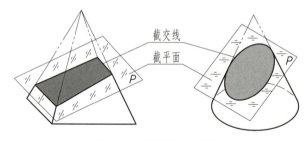

图3-26 截平面与截交线

截交线的基本性质：

（1）共有性 截交线是截平面与立体表面的共有线，截交线上的点也都是它们的共有点。

（2）封闭性 由于立体表面是有范围的，所以截交线一般是封闭的平面图形。

2. 截交线的画法

根据截交线性质求截交线，就是求出截平面与立体表面的一系列共有点，然后依次连接即可。求截交线的方法，既可利用投影的积聚性直接作图，也可通过作辅助线的方法求出。

（1）平面立体的截交线

平面立体的表面均为平面，因此，截交线是封闭的多边形。

例 3-1 正三棱锥被正垂面 P 切割，求作切割后四棱锥的三视图，如图 3-27 所示。

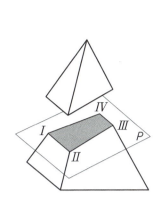
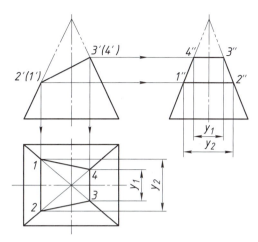

图 3-27　正棱锥的切割

作图分析：

1. 四棱锥被正垂面 P 切割，截交线为四边形，其四个顶点分别是四条侧棱线与截平面的交点。

2. 截交线的正面投影积聚成直线，可直接求出各交点的正面投影（$1'$）$2'$、$3'$（$4'$）。利用直线上交点的投影特性，可由交线的正面投影作出水平投影和侧面投影。

（2）曲面立体的截交线

① 平面与圆柱相交

由于截平面与圆柱轴线的相对位置不同，所以圆柱的截交线有三种不同的形状，如表 3-5 所示。

表 3-5　平面与圆柱的截交线

截平面位置	与轴线平行	与轴线垂直	与轴线倾斜
截交线形状	矩　形	圆	椭　圆
轴测图			
投影图			

② 平面与圆锥相交

根据截平面与圆锥轴线的相对位置不同，其截交线有五种不同的形状，见表3-6。

表3-6　平面与圆锥的截交线

截平面的位置	与轴线垂直	过圆锥顶点	平行于任一素线	与轴线倾斜（不平行于任一素线）	与轴线平行
轴测图	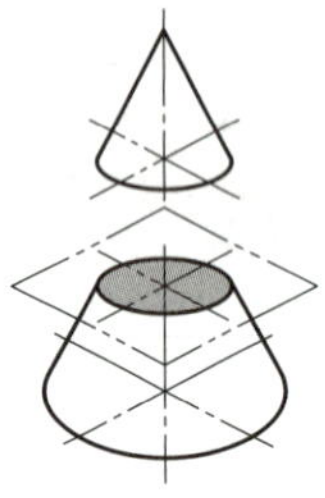	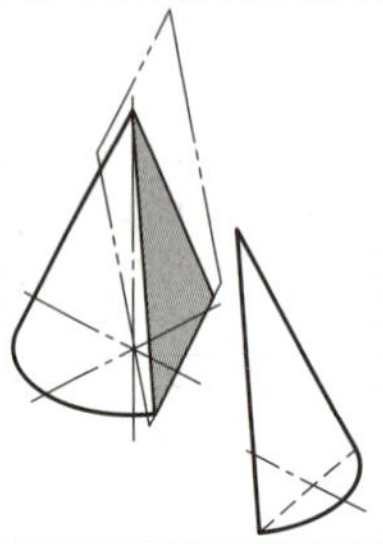	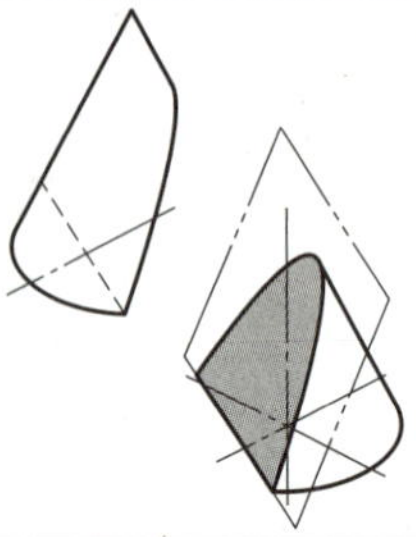	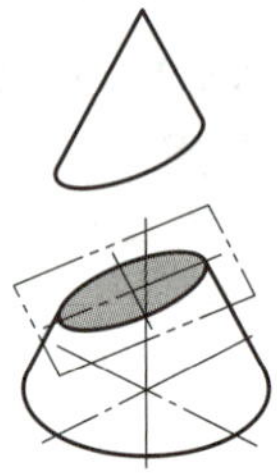	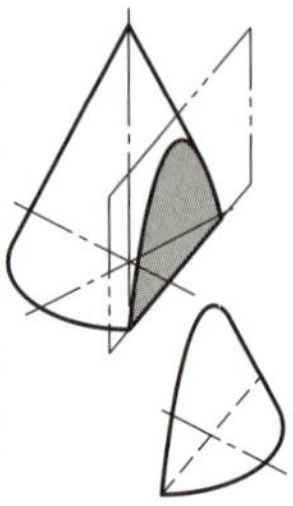
投影图	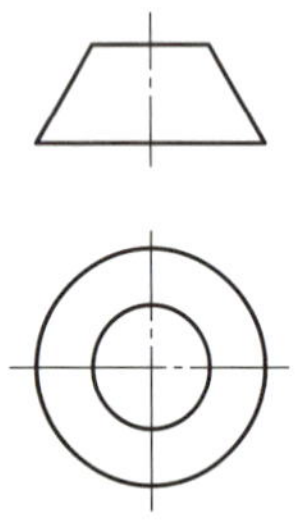	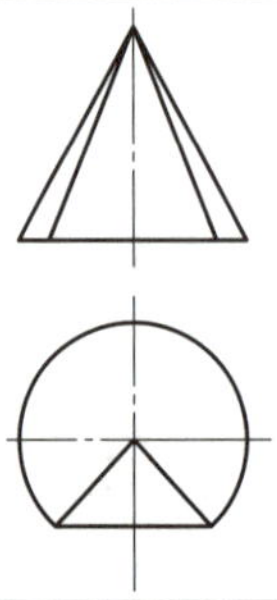	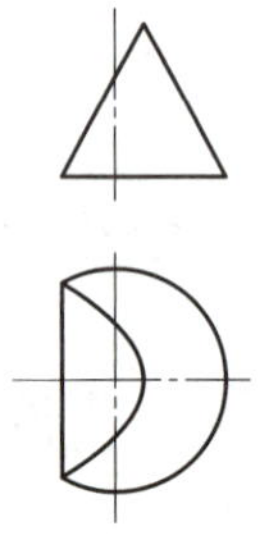	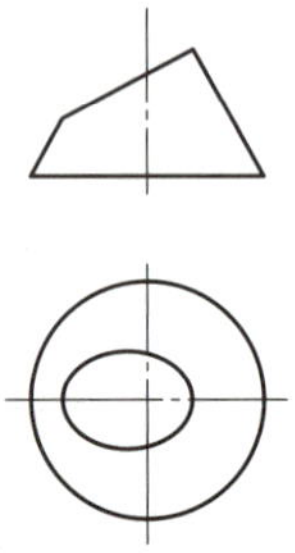	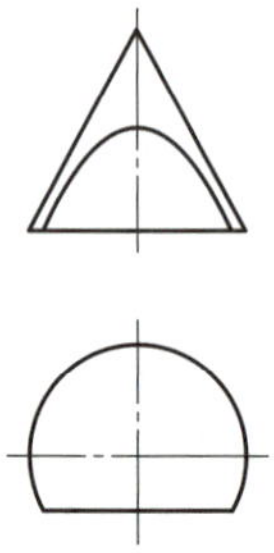

③ 平面与球体相交

任何位置的截平面截球体时，其截交线都是圆。当截平面平行于某一投影面时，截交线在该投影面上的投影为圆的实形，其他两面投影都积聚成直线，见表3-7。

表3-7　平面与球体的交线

截平面位置	与 V 面平行	与 H 面平行	与 V 面垂直
轴测图	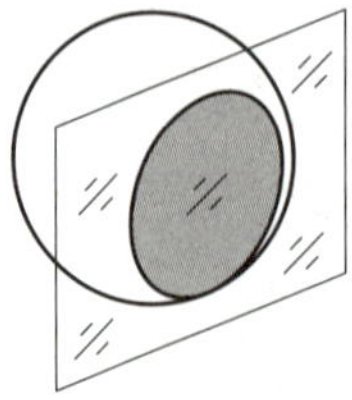	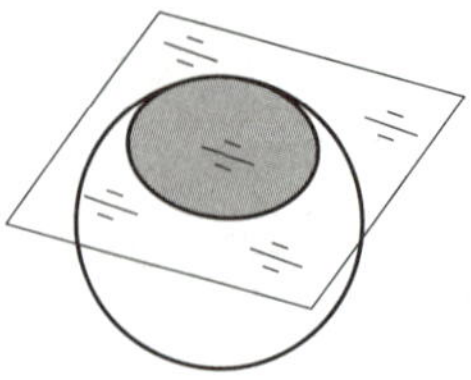	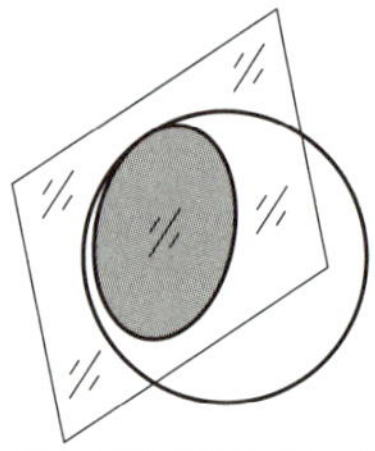
投影图	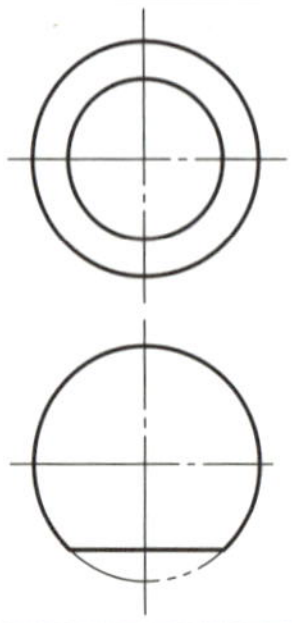	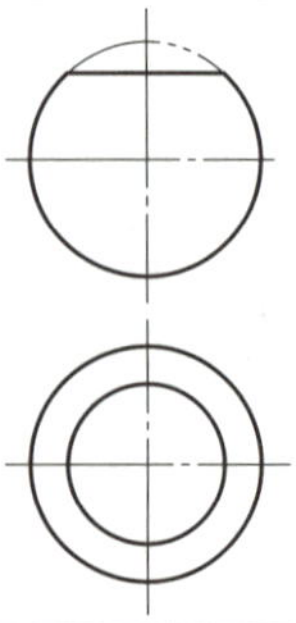	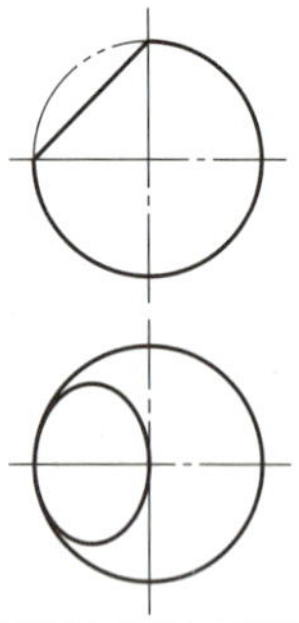

例 3-2　求作图 3-28b 所示圆柱体被平面切割后的三视图。

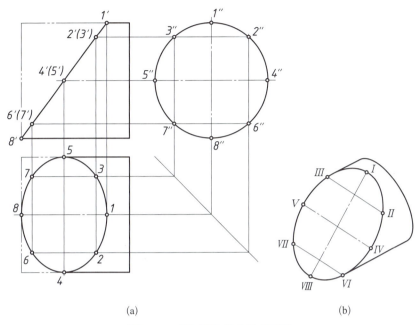

(a)　　　　　　　　　　(b)

图3-28　斜切圆柱截交线的画法

作图分析：
　　截平面为正垂面且倾斜于圆柱轴线，截交线是一个椭圆，其正面投影积聚为一斜线。椭圆的侧面投影与圆柱面的投影重合为圆，截交线的水平投影是一个椭圆，根据正面投影和侧面投影，求一系列共有点，作出侧面投影。

作图步骤：
　　① 求特殊点。特殊点是指临界素线上的点（Ⅰ、Ⅳ、Ⅴ、Ⅷ）或最左、最右、最前、最后、最高、最低等极限位置点及椭圆长、短轴的端点等。根据截交线上特殊点的正面投影点 1′、4′、5′、8′，可求得侧面投影 1″、4″、5″、8″。其中 1″、8″ 分别为椭圆的最高点（最右点）和最低点（最左点）的投影；4″、5″ 分别为椭圆的最前点和最后点的投影，1″、8″ 和 4″、5″ 分别是椭圆的长、短轴端点的投影。

提示：
　　特殊点对确定截交线的范围、趋势、判别可见性以及准确地求作截交线有着重要的作用，作图时必须首先求出。

　　② 求作一般点。为作图更为准确，还需作出一定数量的一般点 Ⅱ、Ⅲ、Ⅵ、Ⅶ 的投影。

③ 依次光滑连接各点的侧面投影，完成三视图，如图 3-28a 所示。

例 3-3　已知螺钉头部切槽后的主视图，补画俯视图和左视图，如图 3-29 所示。

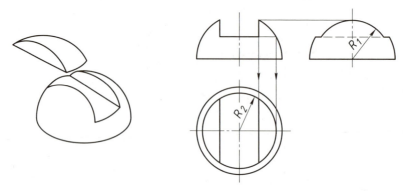

图3-29　切槽螺钉头部

作图分析：
　　该槽由一个水平面和两个侧平面构成，两个侧平面与球面的交线为平行于侧面的弧线，水平面与球面的交线为平行于水平面的圆弧。

作图步骤：

① 作开槽的水平投影。槽的水平投影由两段圆弧和两条积聚性直线构成，圆弧的半径为 R_2。

② 作开槽的侧面投影。槽的两侧面投影为圆弧，圆弧半径为 R_1，槽底面的侧面投影积聚为一直线，中间部分不可见。

二、相贯线

1. 相贯线的概念

两立体表面相交，产生的交线称为相贯线，如图 3-30 所示。两立体的形状、大小和相对位置不同，相贯线的形状也不同，但所有的相贯线都具有下列性质：

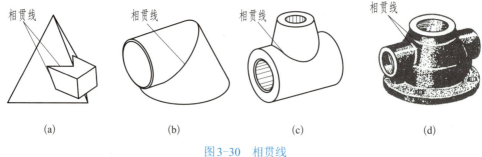

| (a) | (b) | (c) | (d) |

图3-30　相贯线

（1）相贯线是相交两立体表面的共有线，相贯线上的点是相交两立体表面的共有点。

（2）由于立体具有一定的空间范围，所以相贯线一般是封闭的空间曲线，特殊情况下是平面曲线或直线。

2．相贯线的投影作图

求相贯线的投影就是求相贯线上的共有点的投影，然后用光滑曲线顺序连接。下面重点介绍圆柱与圆柱正交时的相贯线求法。

（1）用表面取点法求交线

例3-4　求作图3-31a所示正交圆柱体的相贯线。

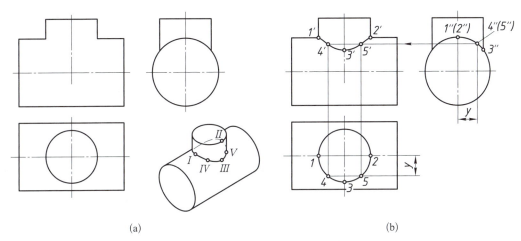

(a)　　　　　　　　　　　　　　　　　(b)

图3-31　圆柱正交相贯线的投影作图

作图步骤：

① 求特殊点。最高点 *1*、*2* 也是最左、最右点，其正面投影可直接定出；最低点 *3* 也是最前点，其正面投影可根据侧面投影求出。

② 求一般位置点。利用积聚性和投影关系，根据水平投影 *4*、*5* 和侧面投影 *4″*、*5″* 求出正面投影 *4′*、*5′*。

③ 顺序连接正面投影中的 *1′*、*4′*、*3′*、*5′*、*2′*，即为所求相贯线。

（2）简化画法

当两圆柱正交且直径相差较大时，其相贯线的投影可采用近似（简化）画法，即以两圆柱中较大圆柱的半径为半径画弧即可，如图3-32所示。

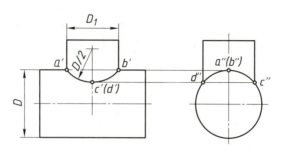

图3-32 相贯线的简化画法

提示:

当两圆柱的直径相近时,不宜采用这种方法。

3. 常见基本体的相贯线

(1)两内圆孔表面正交相贯

两圆柱相交,除了两外表面相交之外,还有两内表面相交和外表面与内表面相交,其交线的形状和作图方法是相同的,如表3-8所示。

表3-8 两内圆孔表面正交相贯

形　式	轴上圆柱孔		不等径圆柱孔		等径圆柱孔	
投影图						
相贯线投影形状	向圆柱轴线弯曲		向较大孔轴线弯曲		过两轴线交点的相交直线	

(2)常见基本体的相贯线

常见基本体的相贯线见表3-9。

表3-9 常见基本体的相贯线

形　式	轴　测　图	投　影　图	相贯线的形状
相同直径圆柱正交相贯			在V面上投影为直线,在H面和W面上的投影为圆

54

形 式	轴 测 图	投 影 图	相贯线的形状
平面立体与圆柱正交相贯			在 V 面和 H 面上的投影为直线，在 W 面上的投影与圆柱部分轮廓重合
圆柱与球体正交相贯			在 V 面和 W 面上的投影均积聚成直线，在 H 面上的投影与圆柱的投影重合，为圆的实形

三、过渡线

在锻件和铸件中，由于工艺上的要求，在零件的表面相交处常用一个曲面光滑地过渡，这个过渡曲面称为圆角。由于圆角的存在，使得零件表面的相贯线不很明显，但为了区分不同形体的表面，仍需画出这些交线，这种线称为过渡线，如图 3-33 所示。

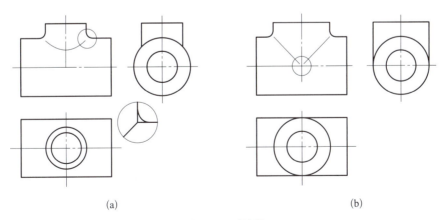

(a)   (b)

图 3-33　过渡线

1. 分析下列各基本体的截交线，补画完整的三视图。

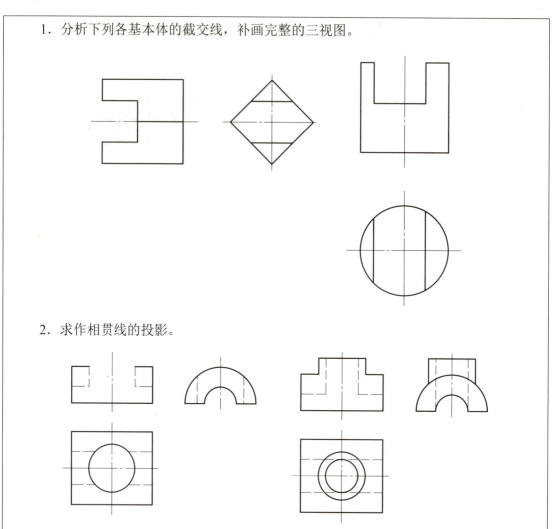

2. 求作相贯线的投影。

任务五　轴测图的画法

任务目标

1. 了解轴测图的形成及常用术语。
2. 掌握轴测图的特性。
3. 了解正等轴测图和斜二轴测图的不同。
4. 根据立体的三视图画出其正等轴测图和斜二等轴测图。

根据正投影法绘制的三视图，能够准确、完整地表达物体的结构形状，且度量性好、作图简便，是汽车机械广泛应用的图样，但缺乏立体感，如图 3-34a 所示。轴测图是用平行投影的原理绘制的一种单面投影图，能同时反映物体的长、宽、高三个方向的形状，具有立体感强、形象直观的优点，如图 3-34b 所示。

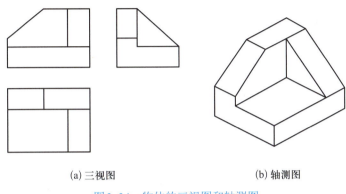

(a) 三视图   (b) 轴测图

图 3-34   物体的三视图和轴测图

提示：
　　学习轴测图，可以帮助初学者提高空间想象能力，建立立体构思。但是，轴测图不能准确地表达物体的实际形状和大小，且作图较复杂，因此在工程上仅用作辅助图样。

一、轴测图的形成及常用术语

轴测图是将物体连同其直角坐标系，沿不平行于任一坐标平面的方向，用平行投影的方法，投射在单一投影面上所得到的具有立体感的图形，如图 3-35 所示。

二、轴测图的特性

由于轴测图是用平行投影法得到的，因此具有平行投影特性。此外还具有下列特性：
（1）平行性：空间平行的直线段，其轴测投影仍互相平行。
（2）定比性：物体上的轴向线段（平行于坐标轴的线段），其轴测投影与相应的轴测轴有着相同的轴向伸缩系数。

三、常用轴测图的种类（GB/T 14692—2008）

绘制轴测图时常用下列三种方法：
（1）正等轴测投影（正等轴测图）；
（2）正二轴测投影（正二轴测图）；

（3）斜二轴测投影（斜二轴测图）。

以下重点介绍工程上用得较多的正等轴测图和斜二轴测图。

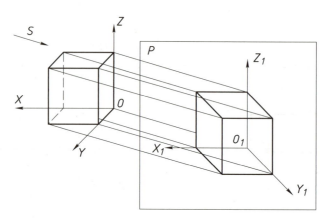

图3-35　轴测图的形成

P—轴测投影面；S—轴测投射方向；OX、OY、OZ—直角坐标轴；O_1X_1、O_1Y_1、O_1Z_1—轴测轴；
$\angle X_1O_1Y_1$、$\angle Y_1O_1Z_1$、$\angle Z_1O_1X_1$—轴间角；p_1、q_1、r_1—轴向伸缩系数（各轴测轴上的
单位长度与相应直角坐标上的对应单位长度的比值）

四、轴测图的画法

1．正等轴测图

当物体的空间直角坐标轴与轴测投影面的夹角均相等时，采用正投影法所得到的轴测图称为正等轴测图，简称正等测。

（1）正等轴测图的主要参数

正等轴测图的参数如图 3-36a 所示。

① 轴间角：三个轴间角均为 120°，即：$\angle X_1O_1Y_1 = \angle Y_1O_1Z_1 = \angle X_1O_1Z_1 = 120°$。

② 轴向伸缩系数：三个轴向伸缩系数均相等。经计算可知：$p_1 = q_1 = r_1 = 0.82$，如图 3-36a 所示。

> **提示：**
>
> 为了作图简便，实际画正等轴测图时采用 $p = q = r = 1$ 的简化系数，即沿各轴向的所有尺寸都按物体的实际长度量取。这样画出的轴测图比实际物体放大了约 1.22 倍，但形状没有改变，如图 3-36b 所示。

（2）平面立体的正等轴测图画法

画轴测图的基本方法是坐标法。作图时，先将坐标轴建立在物体合适的位置并画出轴测轴，再按立体表面上各点的坐标画出轴测投影，最后分别连线完成轴测图。

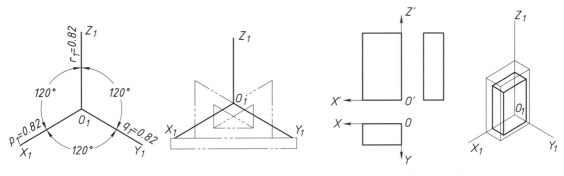

(a) 正等轴测图的参数及轴测轴的画法　　　　　　(b) 轴向伸缩系数不同时画出的轴测图比较

图3-36　正等轴测图的参数及轴测轴的画法

例 3-5　根据图 3-37a 所示正六棱柱的主视图、俯视图，作出其正等轴测图。

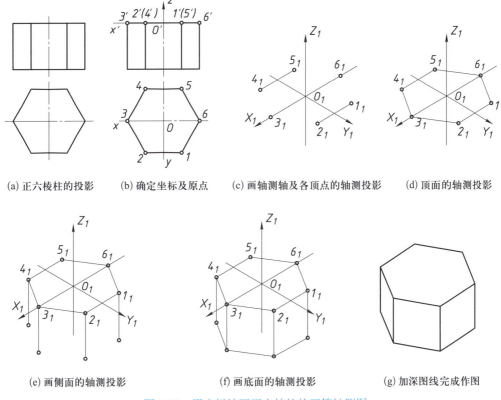

(a) 正六棱柱的投影　　(b) 确定坐标及原点　　(c) 画轴测轴及各顶点的轴测投影　　(d) 顶面的轴测投影

(e) 画侧面的轴测投影　　　　(f) 画底面的轴测投影　　　　(g) 加深图线完成作图

图3-37　用坐标法画正六棱柱的正等轴测图

（3）曲面立体的正等轴测图的画法

① 圆的正等轴测图的画法

曲面立体都含有圆，而圆在正等轴测图中的投影为椭圆，所以应掌握如何画立体表面上圆的投影。对正等轴测图来说，无论圆所在的平面平行于哪个坐标面，其轴测投影都为椭圆，如图 3-38 所示，除了长短轴的方向不同外，画法都是相同的。下面重点介绍正等轴测图椭圆的近似画法。

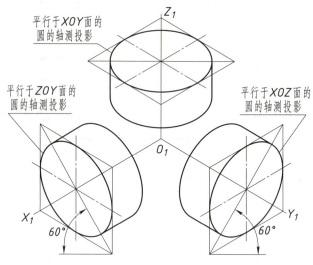

图3-38 三种不同位置圆柱的正等轴测图

② 正等轴测圆的近似画法

正等轴测图椭圆的近似画法通常采用外切菱形作椭圆的方法，方法及步骤见表 3-10。

表 3-10 圆的正等轴测图的近似画法

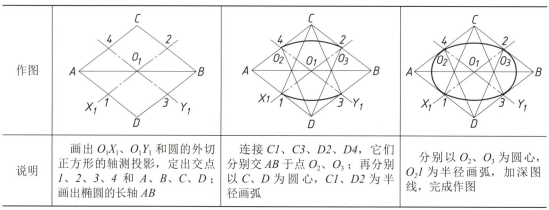

作图			
说明	画出 O_1X_1、O_1Y_1 和圆的外切正方形的轴测投影，定出交点 1、2、3、4 和 A、B、C、D；画出椭圆的长轴 AB	连接 C1、C3、D2、D4，它们分别交 AB 于点 O_2、O_3；再分别以 C、D 为圆心，C1、D2 为半径画弧	分别以 O_2、O_3 为圆心，$O_2 1$ 为半径画弧，加深图线，完成作图

例 3-6 作出图 3-39a 所示带有圆角的平板的正等轴测图。

> **提示：**
>
> 如图 3-39 所示，画圆角的正等轴测图时，通常采用简化画法。平行于坐标面的圆角可看成是平行于坐标面的圆的1/4，因此，其正等轴测图是椭圆的1/4。

2. 斜二轴测图

如果使物体的 XOZ 坐标面相对轴测投影面处于平行的位置，采用平行斜投影法也能得到具有立体感的轴测图，这样所得到的轴测投影是斜二测轴测图，简称斜二测，如图 3-40 所示。

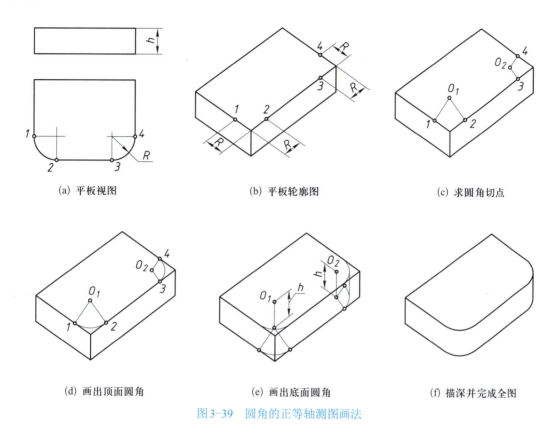

(a) 平板视图　　　　　　　　　　(b) 平板轮廓图　　　　　　　　　　(c) 求圆角切点

(d) 画出顶面圆角　　　　　　　　(e) 画出底面圆角　　　　　　　　(f) 描深并完成全图

图 3-39　圆角的正等轴测图画法

（1）斜二测的参数

① 轴间角：$\angle X_1O_1Z_1=90°$，$\angle Y_1O_1Z_1=135°$，$\angle X_1O_1Y_1=135°$。

② 轴向伸缩系数：$p_1=r_1=1$，$q_1=0.5$，图 3-40c 所示为按轴向伸缩系数投影作图。

（2）斜二测的画法

斜二测画法及步骤与正等测的画法相同。

提示：
　　平行于正面的圆的斜二测仍然是圆，而平行于水平面和侧面的圆的斜二测为长、短轴大小相同的椭圆。因此，当物体上具有较多平行于一个方向的圆时，画斜二测比画正等测更为简便。

例 3-7　已知图 3-41 所示正四棱台的两视图，求作其斜二测。

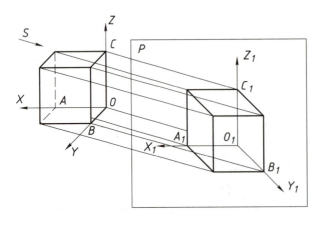

(a) 斜二测的形成

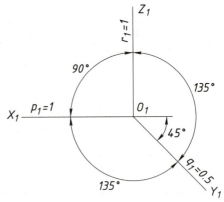

(b) 斜二测的参数及轴测轴的画法

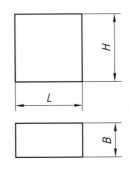

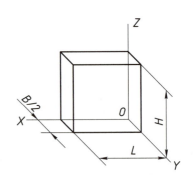

(c) 按斜二测轴向伸缩系数投影作图

图3-40　斜二测形成及参数

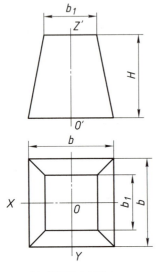

(a) 视图及坐标选定

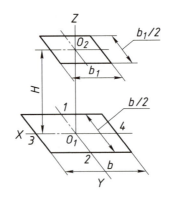

(b) 画轴测轴及作上下底面轴测图

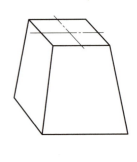

(c) 连线完成

图3-41　正四棱台斜二测画法

例 3-8　已知图 3-42a 所示支架主视图、俯视图，求作其斜二测。

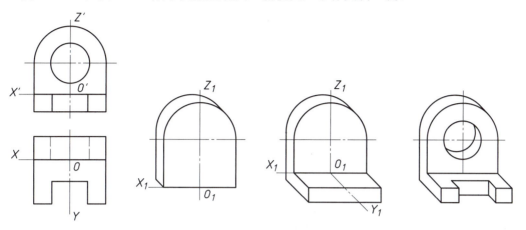

(a) 视图及坐标轴选定　(b) 画出轴测轴及前后两端面　(c) 绘制底座　(d) 绘制圆孔并加深图线

图 3-42　支架的斜二测画法

课堂互动

1. 根据两面视图画正等轴测图，并将不完整的视图补充完整。

2. 根据两视图画斜二轴测图。

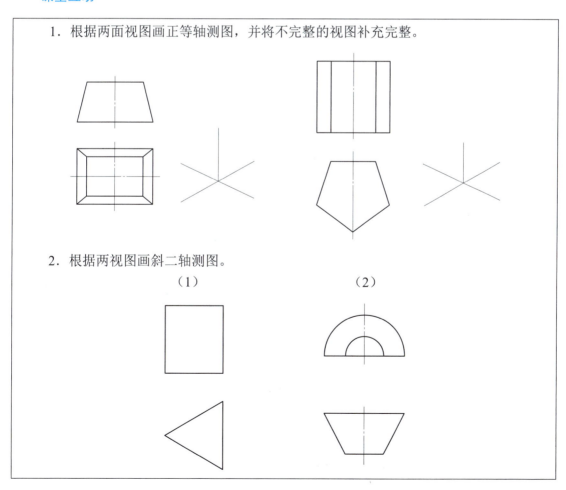

任务六　组合体三视图

任务目标

1. 明确组合体的概念，掌握组合体的分类。
2. 掌握组合体的组合方式及组合体表面各种连接方式。
3. 掌握运用形体分析法绘制组合体三视图的方法和步骤。
4. 学会应用形体分析法识读叠加类组合体三视图。
5. 学会应用线面分析法识读切割类组合体三视图。

知识链接

任何机器零件，从形体角度分析，都可以看成由基本体按一定的连接方式组合或切割而成的，如图 3-43 所示的物体三视图。本任务就是在已学过的基本体相关知识基础上来识读组合体。

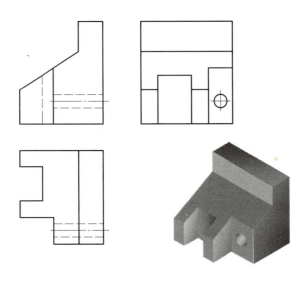

图 3-43　物体三视图

一、组合体视图分析

组合体是由若干基本体按照一定的形式组合而成的物体。组合体的组合形式有叠加、切割和综合三种基本形式，常见的是综合型组合形式，如图 3-44 所示。

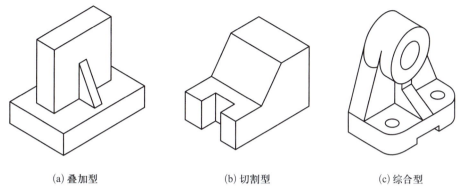

(a) 叠加型　　　　　　　　　(b) 切割型　　　　　　　　　(c) 综合型

图 3-44　组合体的组合形式

组合体的表面连接关系可分为平齐、不平齐、相交和相切四种情况，见表 3-11。

表 3-11　组合体表面连接关系及其视图特征

类　型	轴　测　图	视　图	视　图　特　征
平齐		(a) 正确画法　　　(b) 错误画法　多线	相邻两形体的表面平齐时，即两表面在同一平面上，它们之间不应有线隔开
不平齐		(a) 正确画法　　　(b) 错误画法　漏线	相邻两形体的表面不平齐，即两表面不在同一平面上时，它们之间应该有线隔开

类 型	轴 测 图	视 图	视 图 特 征
相交	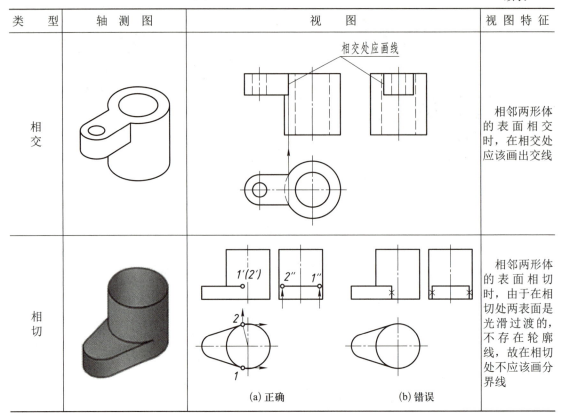	相交处应画线	相邻两形体的表面相交时，在相交处应该画出交线
相切		(a) 正确　　　(b) 错误	相邻两形体的表面相切时，由于在相切处两表面是光滑过渡的，不存在轮廓线，故在相切处不应该画分界线

二、组合体三视图的画法

画组合体视图时，首先应进行形体分析，分析它的组合形式、相对位置、表面连接关系，以及整体形状特征；接着选定视图方向，在三个视图中，主视图是主要视图，当主视图投射方向一经确定，俯视图、左视图投射方向随之确定，最后确定比例、选定图幅，开始画图。

> **提示：**
>
> 　　选择主视图应符合三条要求：
>
> 　　1. 反映组合体的结构特征。一般应把反映组合体各部分形状和相对位置较多一面作为主视图的投射方向。
>
> 　　2. 符合组合体的自然安放位置，主要面应平行于基本投影面。
>
> 　　3. 尽量减少其他视图中的细虚线。

　　例3-9　绘制如图3-45所示形体的三视图。

　　分析： 该组合体为综合组合体，可看成由一个长方体和一个四棱台组合，在长方体左、右下角各切掉一个梯形，再在四棱台中上部切去一个梯形而成，如图3-46所示，画图过程见表3-12。

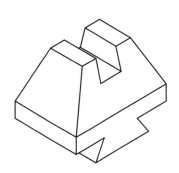

图3-45　立体图

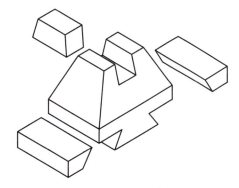

图3-46　形体分析

表 3-12　组合体画图过程

序　号	画　图　过　程	步　骤　说　明
1		选取主视图：选择如图所示箭头所指方向为主视图的投射方向
2		确定比例、选定图幅，开始画图。画出长方体和四棱台的三视图
3		从主视图开始，在长方体的左、右两下角各切去一个梯形块，随后在左视图、俯两视图中作出其投影

序　号	画　图　过　程	步　骤　说　明
4	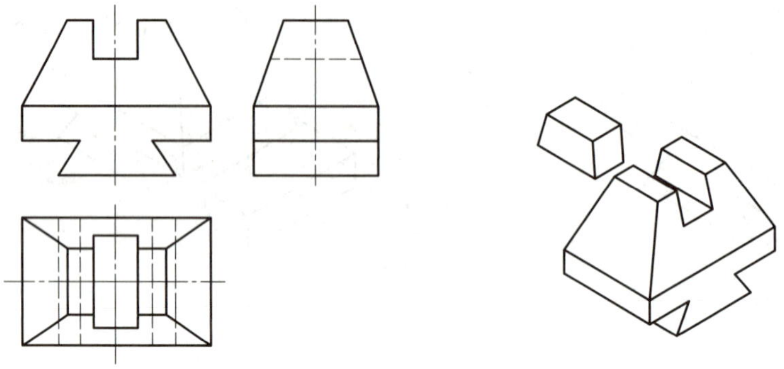	从主视图开始，在四棱台顶部中间切去一个梯形块，随后在左视图、俯两视图中作出其投影
5	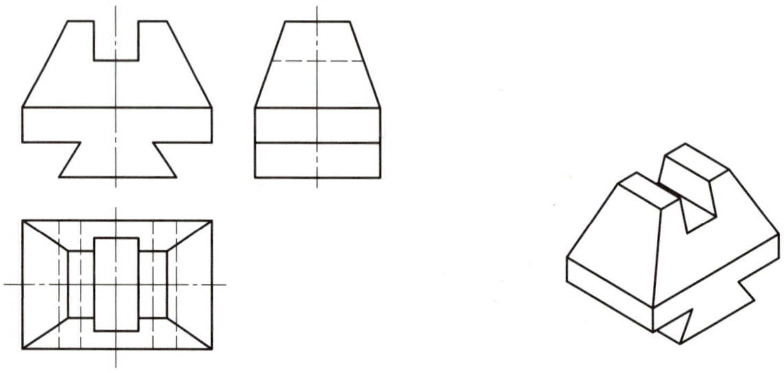	检查描深并完成全图

三、识读组合体三视图

1．形体分析法

形体分析法　把组合体的三视图中反映形状特征较明显的视图按线框分成几个部分，然后根据投影关系找到各线框在另外视图中对应的投影，最后综合起来想象出组合体的整体形状。叠加型的组合体主要运用形体分析法。

下面用形体分析法来说明图 3-47 所示的轴承座三视图读图步骤。

（1）抓住特征分析线框

通过分析可知，主视图较明显地反映了形体 I、II 的特征，左视图则较明显地反映了形体 III 的特征。据此，该轴承座大体可分为三部分，如图 3-47a 所示。

（2）分析线框想象形体形状

形体 I、II 从主视图出发、形体 III 从左视图出发，依据"三等"规律分别在其他视图上找出对应的投影，分别如图 3-47b、c、d 所示。然后即可想象出各组成部分的形状，如图 3-47e 所示。

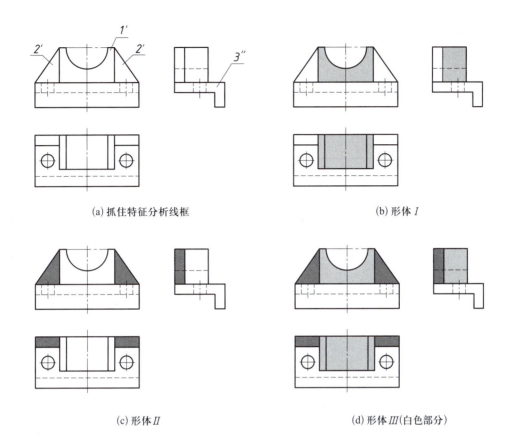

(a) 抓住特征分析线框　　　　　　　　　　(b) 形体 I

(c) 形体 II　　　　　　　　　　　　(d) 形体 III (白色部分)

 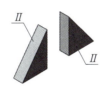 

图 3-47　轴承座三视图的看图方法

（3）综合起来想象整体

形体 I 在底版 III 上面，两形体的对称面重合且后面对齐；肋板 II 在形体 I 的左、右两侧，且与其相连，后面对齐。从而综合想象出物体的整体形状，如图 3-48 所示。

2. 线面分析法

在一般情况下，对于形体清晰的物体，用上述形体分析法识读三视图即可解决问题。然而有些物体，仅用形体分析法识读还不够，对于视图中一些局部投影复杂之处，有时需要用线面分析法识读。

线面分析法是运用投影规律，把物体表面分解为线、

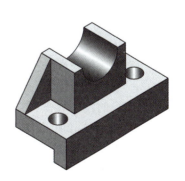

图 3-48　轴承座

面等几何要素，通过识别这些要素的空间位置、形状，想象出物体的形状。在识读切割体的视图时，主要运用线面分析法。下面以图3-49所示的压块为例说明读图的步骤。

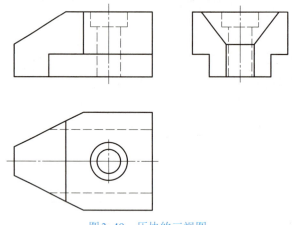

图3-49　压块的三视图

首先对压块作形体分析：由于压块三个视图的轮廓基本都是矩形（只是切掉了几个角），所以它的原始形体是长方体。

（1）抓住特征分清面

抓住特征是指看懂物体上各被切面的空间位置和几何形状。

从压块的外表面来看，主视图左上方的缺角是用正垂面切出的，俯视图左端的前、后缺角是分别用两个铅垂面切出的，左视图下方前、后的缺块是分别用正平面和水平面切出的。可见，压块的外形是一个长方体被几个特殊位置平面切割后形成的。由此可知，物体被特殊平面切割，因其平面的某些投影有积聚性，所以，在视图上都较明显地反映出切口的位置特征。

在搞清被切面的空间位置后，再根据平面的投影特性，分清各切面的几何形状：

① 当被切面为"垂直面"时，一般应从该平面投影积聚成的直线出发，在其他两视图上找出对应的线框——一对边数相等的类似形。

如图3-50a所示，应先从主视图中的斜线（正垂面的投影）出发，在俯视图中找出与它对应的梯形线框，则左视图中的对应投影也一定是一个梯形线框（如图3-50a灰色部分所示）。

如图3-50b所示，应先从俯视图中的斜线（铅垂面的投影）出发，在主视图、左视图上找出与它对应的投影——一对七边形（如图3-50b灰色部分所示）。

② 当被切面为"平行面"时，一般也应先从该平面积聚成的直线出发，在其他两视图上找出对应的投影——一直线和一反映该平面实形的平面图形。

如图3-50c、d所示，应先从左视图直线入手，找出它的正面投影（反映实形的矩形线框）和水平投影（一直线）。

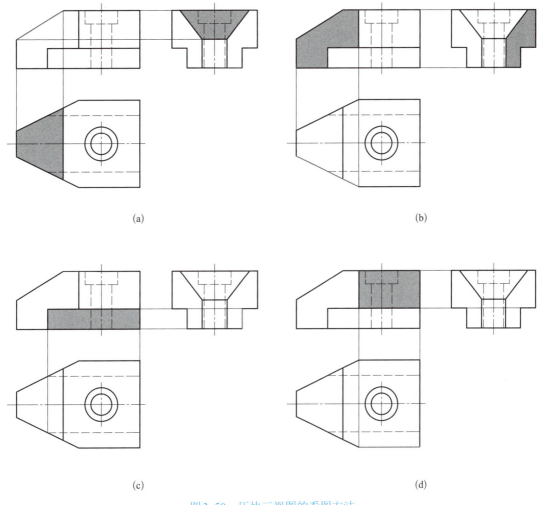

(a)

(b)

(c)

(d)

图3-50 压块三视图的看图方法

（2）综合起来想整体

在看懂压块各表面的空间位置与形状后，还必须根据视图搞清面与面间的相对位置，进而综合想象出压块整体形状，如图 3-51 所示。

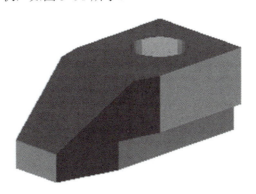

图3-51 压块立体图

课堂互动

1. 补全下列视图中所缺的图线。

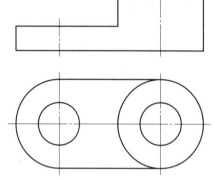 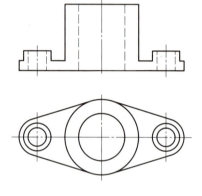

2. 根据轴测图按 1:1 的比例画三视图。

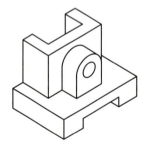 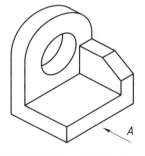

 项目小结

　　本项目主要介绍投影法中的正投影，使学生了解投影规律，学会识读物体的三视图，主要内容如下：

　　1. 投影法基础知识

　　（1）投影法的概念及投影原理。

（2）投影法的分类：投影法可分为中心投影法和平行投影法，平行投影法又可分为斜投影法和正投影法两大类，工程上广泛采用正投影法。

（3）正投影法的基本性质：正投影法形成的投影具有真实性、积聚性、类似性等特性。

2. 三视图的形成和投影规律

（1）三投影面体系：

① 三个投影面：正立投影面（V）、水平投影面（H）、侧立投影面（W）。

② 三个视图：主视图、俯视图、左视图。

③ 三视图的投影规律：主视图、俯视图"长对正"，主视图、左视图"高平齐"，俯视图、左视图"宽相等"。

④ 三视图与物体方位的对应关系。

（2）点、直线、平面的三面投影及投影规律。

3. 基本体的投影作图

平面基本体、曲面基本体的投影规律。

4. 截交线和相贯线的投影作图

（1）截交线的概念、性质及作图

① 截交线是截平面与立体表面的交线，其特性是共有性和封闭性，一般是封闭的平面图形。

② 平面基本体、曲面基本体截交线的特点和作图。

（2）相贯线的概念、性质及作图

① 相贯线是两立体表面相交产生的交线，具有共有性和封闭性，一般是封闭的空间曲线。

② 两圆柱正交相贯线的作图方法及近似画法。

5. 轴测图的画法

（1）轴测图的概念、类型及参数

工程常用的轴测图有两种，正等轴测图和斜二轴测图，主要参数是轴间角和轴向伸缩系数。

（2）正等轴测图和斜二轴测图的画法。

6. 组合体三视图的识读

（1）组合体的基础知识、概念；组合体的组合形式有叠加、切割和综合三种基本形式；组合体表面连接关系可分为平齐、不平齐、相交和相切四种情况。

（2）绘制组合体三视图的方法和步骤。

（3）识读组合体三视图的方法：形体分析法、线面分析法。

项目四
识读简单的汽车零件图

项目导入

小林从学校毕业后在某汽车制造厂从事品检工作。如果你是小林，对于给定的零件图（图4-1），你能从中了解多少相关的产品信息，能对各加工表面做出正确的检查验收吗？

本项目将从典型零件图的结构特点、表达方法、尺寸标注、技术要求等方面展开，通过学习，学生将具备识读汽车典型零件图的能力，有利于零件的加工、装配、维修和使用。

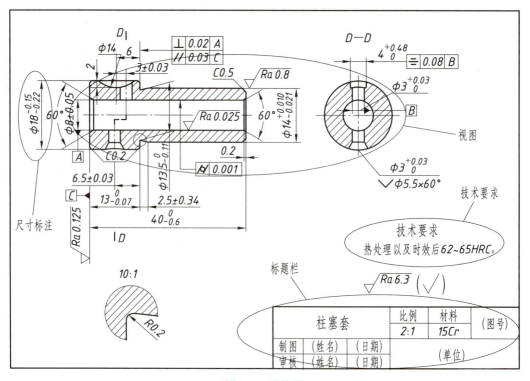

图4-1　零件图

任务一 机械图样的基本表达方法

1. 熟悉并掌握机件各种表达方法的画法及标注规定。
2. 能根据机件的结构特点，对具体机件选择适当的表达方案。
3. 了解常用简化表达方法的画法规定。
4. 能识读用综合方法表达的图样。

知识链接

汽车机械零件的结构形状多种多样，有些零件的内外结构都较为复杂，仅用三视图不能表达清楚。为此，国家标准规定了视图、剖视图、断面图等基本表达方法，本任务着重介绍各种表达方法的特点、画法及应用。

一、视图

1. 基本视图

国家标准规定，图样画法用正六面体的六个面作为基本投影面。机件向基本投影面投射所得的视图称为基本视图。六个基本视图展开方式如图 4-2a 所示，基本视图的名称及配置如图 4-2b 所示。

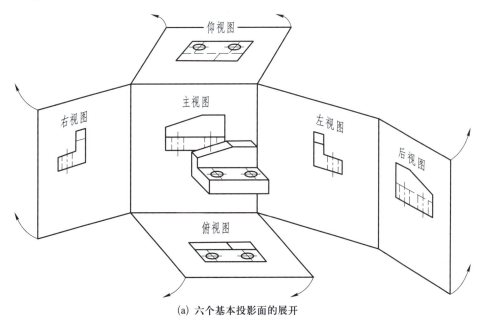

(a) 六个基本投影面的展开

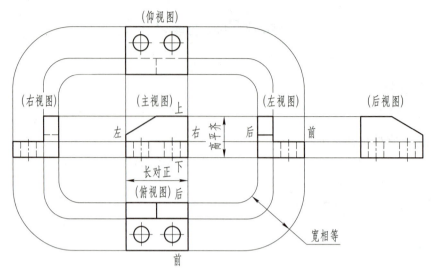

(b) 六个基本视图的名称及配置

图 4-2　基本视图

2．向视图

　　自由配置的视图称为向视图。当基本视图不能按规定位置配置时，可画成向视图。画成向视图时，应在向视图上方用拉丁字母标出视图的名称"×"（"×"为大写拉丁字母），在相应向视图的附近，用箭头指明投射方向，并注上相同的字母，如图 4-3 所示。

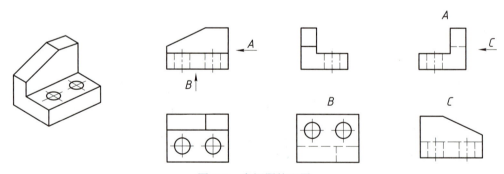

图 4-3　向视图的配置

3．局部视图

　　如仅需表达机件某一部分的结构形状，可将机件的某一部分（即局部）向基本投影面投射，所得的视图称为局部视图。局部视图的配置可选用以下方式：

　　（1）按基本视图的配置形式配置，如图 4-4c 所示。

（2）按向视图的配置形式配置，如图 4-4b 中 A 向视图所示。

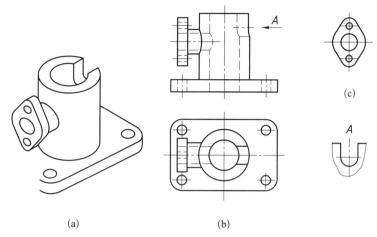

(a)   (b)   (c)

图 4-4　局部视图

提示：

　　1. 边界画法：局部视图的断裂边界一般应用波浪线或双折线表示，且不应超过断裂边界的轮廓线，如图 4-4b 中 A 向视图；当所表示的局部视图的外轮廓呈封闭时，则波浪线可省略不画，如图 4-4c 所示。

　　2. 标注：当局部视图按向视图的形式配置时，其标注规定同向视图，如图 4-4b 的 A 向视图所示；当局部视图按基本视图形式配置，中间又没有其他图形隔开时，可省略标注，如图 4-4c 所示。

4. 斜视图

机件向不平行于任何基本投影面（但垂直于某一基本投影面）的平面投射所得的视图，称为斜视图，如图 4-5a 所示。斜视图通常按向视图的配置形式配置并标注，如图 4-5b 所示。必要时，允许将斜视图旋转配置，表示该视图的大写拉丁字母应靠近旋转符号的箭头端，如图 4-5c 所示，也允许将旋转角度标注在箭头之后。

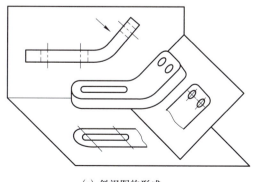

(a) 斜视图的形成

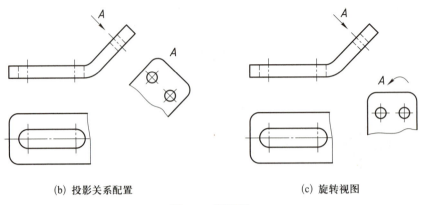

(b) 投影关系配置　　　　　　　　　　　(c) 旋转视图

图 4-5　斜视图

> **提示：**
> 　斜视图只需要表达机件倾斜结构的局部实形，其断裂边界用波浪线或双折线绘制。

二、剖视图

当机件内部结构比较复杂时，用视图表达会出现较多细虚线，既影响图形的清晰，又给读图、绘图及尺寸标注带来不便，如图 4-6a 所示。为了更清楚地表达机件的内部结构，常采用剖视图来表达。

1. 剖视图的形成

假想用剖切面剖开机件，将处在观察者和剖切面之间的部分移去，将其余部分全部向投影面投射所得的图形称为剖视图，简称剖视，如图 4-6b 所示。

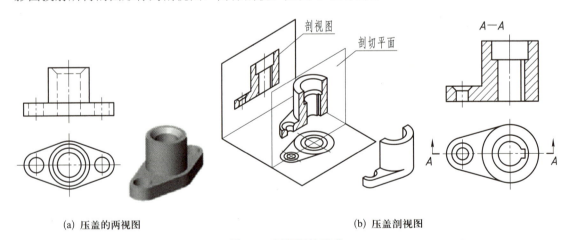

(a) 压盖的两视图　　　　　　　　　　　　　(b) 压盖剖视图

图 4-6　剖视图的形成

2. 剖视图的画法

（1）确定剖切平面

为准确表达机件的真实形状，所选剖切平面一般应与某投影面平行，并应通过机件内部孔、槽的轴线或对称面。

（2）画剖视图

剖切平面后的可见轮廓线一定要用粗实线绘制，不能漏画或多画，如图 4-6b 所示，其他未剖视图仍应完整画出。

（3）画剖面符号

剖切平面与物体的接触部分（断面）画剖面线，机件材料不同，剖面符号的画法也不相同。金属材料的剖面线用与水平方向成 45°、间隔均匀的细实线绘制。同一机件的各个视图中剖面线的方向与间距必须一致。

（4）剖视图的标注

剖视图的上方用大写的拉丁字母标出剖视图的名称"×—×"，在相应的视图上用剖切符号表示剖切位置（用粗短画表示）和投射方向（用箭头表示），并标注相同的字母，如图 4-6b 所示。

> **提示：**
>
> 1. 如剖视图按投影关系配置，中间又无其他图形隔开时，可省略箭头，如图 4-6b 中箭头可省略。
>
> 2. 当单一剖切平面为机件的对称平面或基本对称平面，剖视图按投影关系配置，中间又无其他图形隔开时，可不必标注，如图 4-6b 所示的标注也可全部省略。

3. 剖视图的种类

采用不同剖切面剖开机件时，得到的剖视图有全剖视图、半剖视图和局部剖视图三种，见表 4-1。

表 4-1　剖视图的种类

名　称	图　例
全剖视图	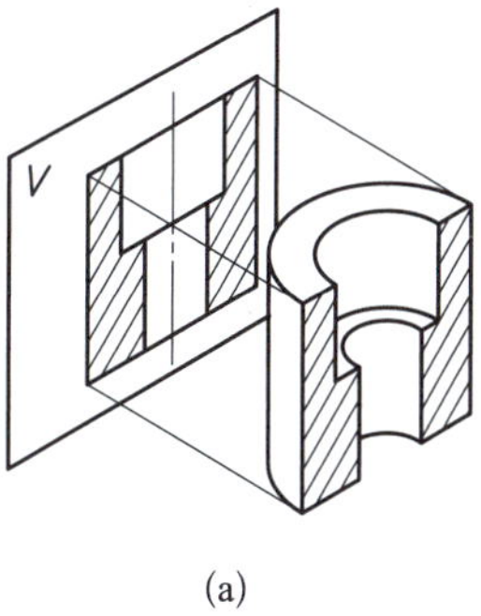 (a) 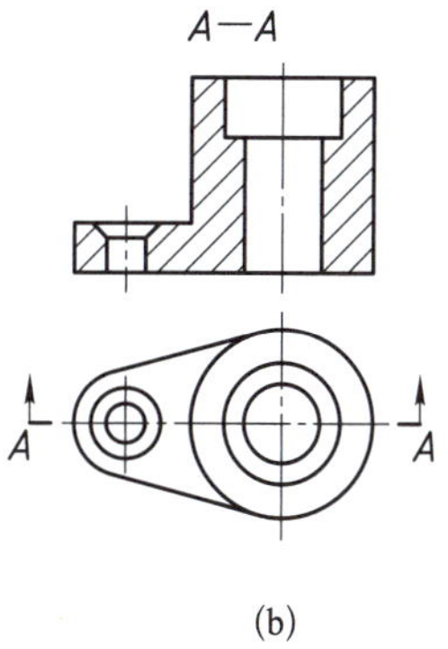　　　　　　　　(b)
规定和要求	（1）用剖切平面完全地剖开机件。 （2）适用于表达内形复杂、外形相对简单的机件

名　称	图　例
半剖视图	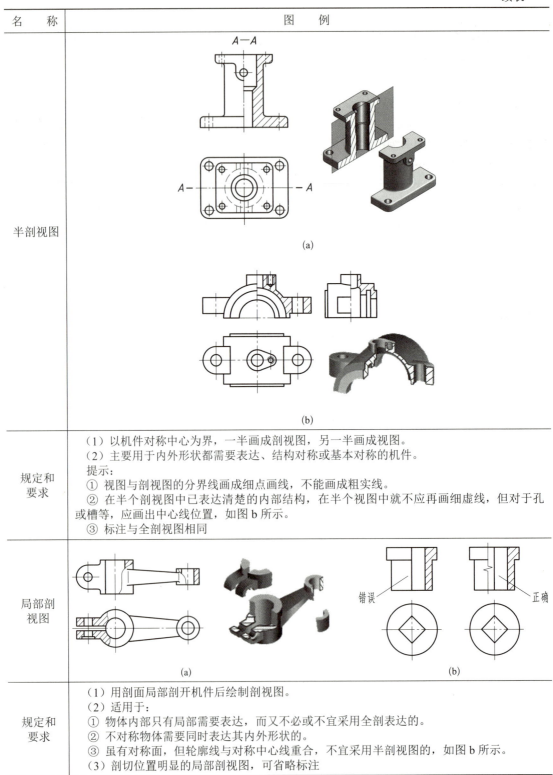

（1）以机件对称中心为界，一半画成剖视图，另一半画成视图。
（2）主要用于内外形状都需要表达、结构对称或基本对称的机件。
提示：
① 视图与剖视图的分界线画成细点画线，不能画成粗实线。
② 在半个剖视图中已表达清楚的内部结构，在半个视图中就不应再画细虚线，但对于孔或槽等，应画出中心线位置，如图 b 所示。
③ 标注与全剖视图相同

| 规定和要求 | （见上文） |

局部剖视图

（1）用剖面局部剖开机件后绘制剖视图。
（2）适用于：
① 物体内部只有局部需要表达，而又不必或不宜采用全剖表达的。
② 不对称物体需要同时表达其内外形状的。
③ 虽有对称面，但轮廓线与对称中心线重合，不宜采用半剖视图的，如图 b 所示。
（3）剖切位置明显的局部剖视图，可省略标注

4. 剖切平面的种类

根据机件的结构特点，可选择以下剖切平面剖切物体：单一剖切面、几个平行的剖切面、几个相交的剖切面（交线垂直于某一基本投影面），见表 4-2。

表 4-2　剖切面的种类

剖切面种类		图　例	规　定
单一剖切平面	平行于基本投影面	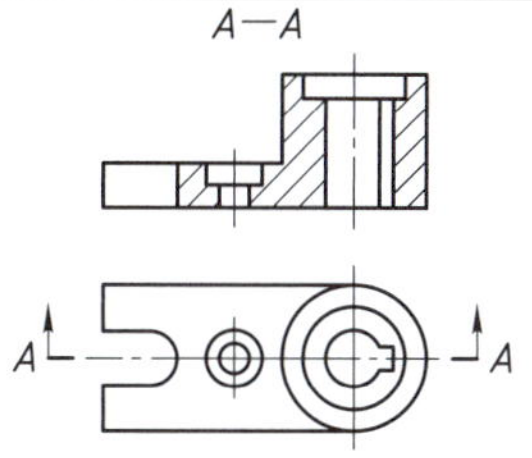	全剖、半剖、局部剖均属于此种类型的剖切平面
	不平行于基本投影面（垂直于某一基本投影面）	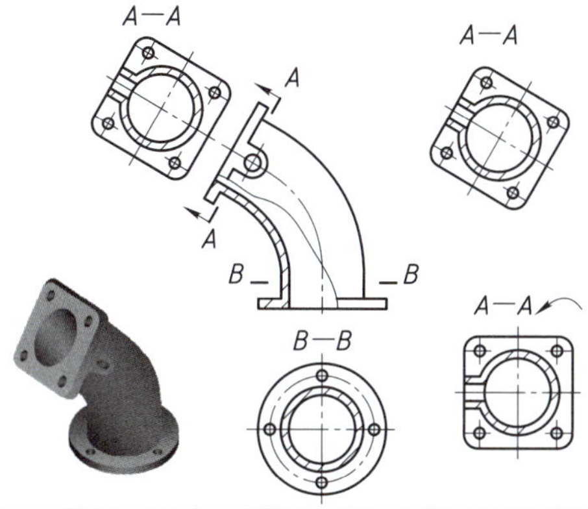	通常按向视图配置形式配置并标注，必要时也可将图形旋转画出
几个平行的剖切平面		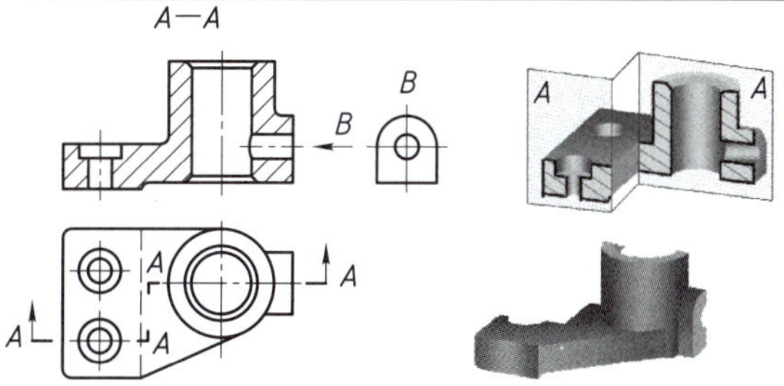 (a) 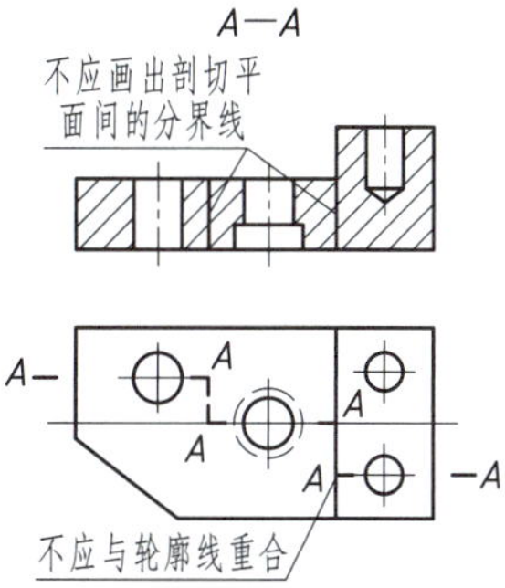 (b) 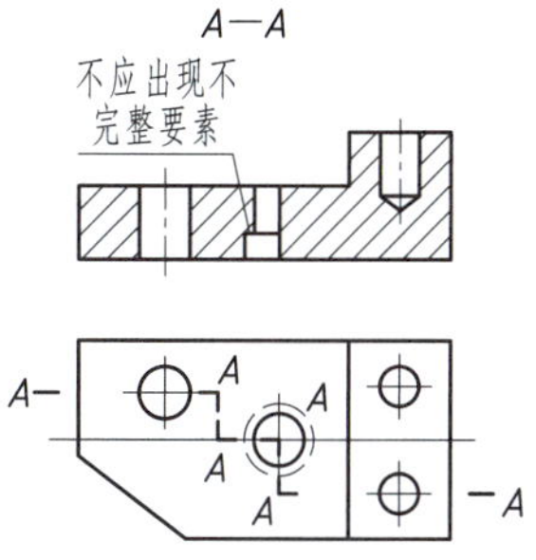　　　　(c)	这种剖视图必须进行标注。如剖视图按投影关系配置，中间又无其他图形隔开，可省略箭头。 提示： （1）图形内不应画出剖切平面转折处的界限，且转折处不应与轮廓线重合，如图 b 所示。 （2）不应出现不完整要素，如图 c 所示，仅当两个要素在图形上具有公共对称中心线或轴线时，可以各画一半，此时就以对称中心线或轴线为界，如图 d 所示

剖切面种类	图　例	规　定
几个平行的剖切平面	*A—A* (d)	
几个相交的剖切平面	*A* *A—A*	（1）用几个相交的剖切平面剖开机件获得的剖视图。 （2）应旋转到一个投影面上。 （3）必须进行标注

三、断面图

假想用剖切平面将机件的某处切断，仅画出断面的图形，称为断面图，简称断面，如图 4-7 所示。根据断面图不同的配置位置，可分为移出断面图和重合断面图两种。

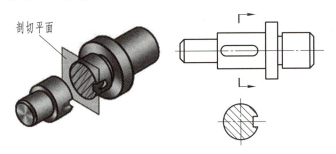

剖切平面

图 4-7　断面图

1. 移出断面图

断面图配置在视图轮廓线之外，称为移出断面图。

（1）移出断面图的画法（图 4-8）

① 移出断面图轮廓线用粗实线绘制。

② 移出断面图配置在剖切符号的延长线上或其他适当的位置。

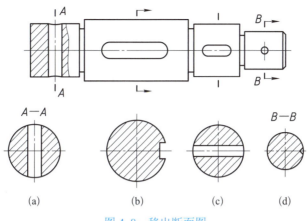

图 4-8　移出断面图

提示：

1. 当剖切平面通过由回转面形成的孔或凹坑的轴线时，断面图应画成封闭图形，如图 4-8 *A—A*、*B—B* 断面图所示。

2. 当剖切平面通过非圆孔，导致出现完全分离的两个断面时，这些结构应按剖视绘制，如图 4-9 所示。

3. 由两个或多个相交的剖切平面剖切得出的移出断面，中间一般应断开，如图 4-10 所示。

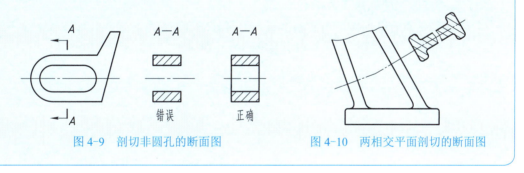

图 4-9　剖切非圆孔的断面图　　　　图 4-10　两相交平面剖切的断面图

（2）移出断面图的标注（图 4-11）

① 移出断面图标注内容与剖视图相同。

② 配置在剖切符号延长线上的不对称移出断面，或按投影关系配置的对称移出断面，可省略字母，如图 4-11 中 *C—C* 断面图可略标注。

③ 配置在其他位置的对称移出断面图，如图 4-11 中 *A—A* 断面图可省略箭头。

④ 配置在剖切符号延长线上的对称移出断面，可省略标注。

2．重合断面图

断面图形配置在剖切平面迹线处，并与原视图重合，称为重合断面图。

（1）重合断面图的画法

重合断面图的轮廓线用细实线绘制，当视图中的轮廓线与重合断面的图形重叠时，视图中的轮廓线仍需完整、连续地画出，不可间断，如图 4-12 所示。

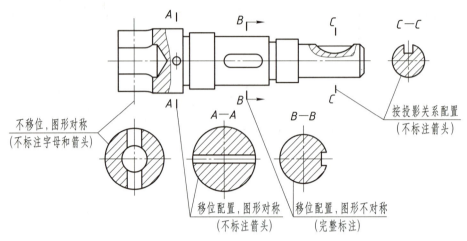

图 4-11　移出断面的标注

（2）重合断面图的标注（图 4-13）

① 不对称的重合断面图，可省略字母，不可省略剖切符号和箭头，如图 4-13a 所示。

② 对称的重合断面图，可不标注，如图 4-13b 所示。

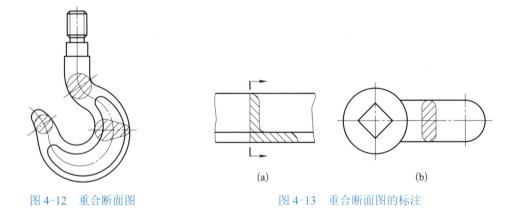

图 4-12　重合断面图　　　　　　　　图 4-13　重合断面图的标注

四、其他表示方法

1. 肋板、轮辐等结构的画法

对于机件的肋板、轮辐及薄壁等，如按纵向剖切，这些结构都不画剖面符号，而用粗实线将它与连接部分分开，如图 4-14 所示。

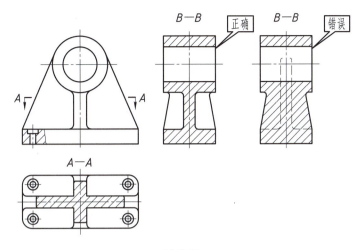

(a) 肋板

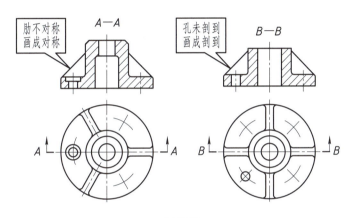

(b) 轮辐

图 4-14　肋板、轮辐的画法

> **提示：**
>
> 　　当零件回转体上均匀分布的肋板、轮辐、孔等结构不处于剖切平面上时，可将这些结构旋转到剖切平面上画出，如图 4-14 所示肋板、孔等。

2．相同结构的简化画法

当机件上有若干相同的结构要素并按一定的规律分布时，只需画出几个完整的结构要素，其余的用细实线连接或画出其中心位置，如图 4-15 所示。

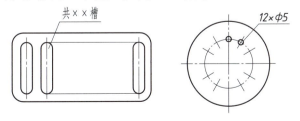

图 4-15　相同结构的简化画法

3．断开画法

轴、杆类较长的机件，当沿长度方向形状相同或按一定规律变化时，允许断开后缩短画出，如图 4-16 所示。

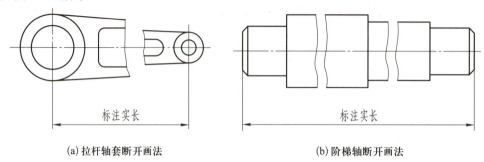

(a) 拉杆轴套断开画法　　　　　　　　(b) 阶梯轴断开画法

图 4-16　较长机件的断开画法

4．对称图形的画法

在不致引起误解时，对于对称机件可只画一半或四分之一，并在对称中心线的两端画出两条与其垂直的平行细实线，如图 4-17 所示。

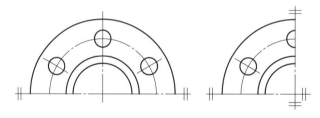

图 4-17　对称图形的画法

5．机件上小平面的画法

当回转体机件上的平面在图形中不能充分表达时，可用相交的两条细实线表示，如图 4-18 所示。

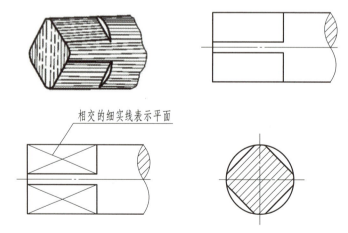

相交的细实线表示平面

图 4-18　机件上小平面的画法

6．局部放大图

当机件上部分结构的图形过小时，可以采用局部放大的比例画出，如图 4-19 所示。局部放大图应尽量配置在被放大部位的附近。

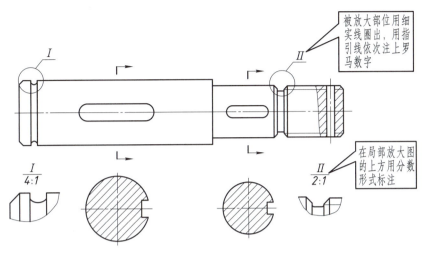

被放大部位用细实线圈出，用指引线依次注上罗马数字

在局部放大图的上方用分数形式标注

图 4-19　局部放大图

绘制局部放大图时应注意：

（1）局部放大图可画成视图、剖视图、断面图，它与被放大部分的表达方法无关。

（2）在绘制局部放大图时，应当用细实线圈出被放大的部位。

（3）当机件上被放大部分仅一处时，在局部放大图的上方只需注明所采用的比例。当同一机件上有几个被放大部分时，应用罗马数字依次标明被放大的部位，并在局部放大图的上方标出相应的罗马数字和所采用的比例。

7．网纹画法

滚花、槽沟等网状结构应用粗实线完全或部分地表示出来，如图 4-20 所示。也可用简化表示法，不画这些网状结构，只需按规定标注。

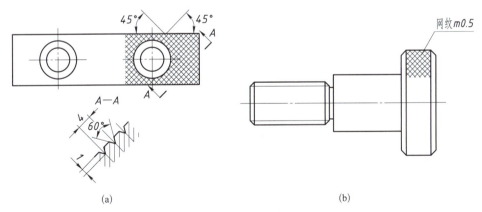

图 4-20　网纹画法

五、识读综合方法表达图样

识读综合方法表达图样是根据机件已有的视图、剖视图、断面图等，分析了解剖切关系及表达意图，应用形体分析法和线面分析法，从而想象机件内外结构形状的过程。

例 4-1　识读图 4-21 所示图样所表达机件的结构形状。

1. 分析表达方案

该图样用三个视图表达机件。

（1）左上角为主视图，采用半剖视，剖切面为形体的前后对称面，这样右侧剖视部分反映内部的阶梯孔，左侧视图部分反映机件前面的凸台外形；

（2）俯视图也采用半剖视——剖切面A—A（通过凸台小孔的轴线），这样前侧剖视部分反映内部的小孔，后侧视图部分反映顶板的形状；

（3）左视图采用全剖视，剖切面为形体的左右对称面，主要反映机件前后凸台外形的对称结构；

（4）为表示顶板和底板上的八个孔，在主视图上采用了两处局部剖视。

2. 形体分析

由方案分析可知，该机件由上、下两个方形板加中间一个圆柱体连接而成；上、下底板四角均加工有通孔；前后有对称的凸台，凸台内部钻通孔；整体内部自上而下贯穿有阶梯孔。

3. 综合想象

经综合想象，该机件被剖切后的轴测图如图4-22所示。

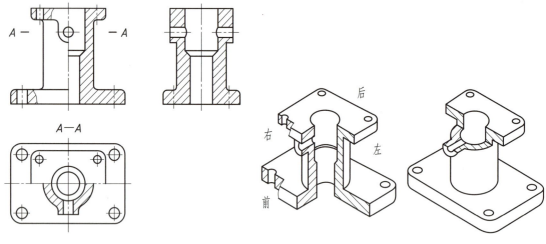

图4-21　识读综合方法表达图样　　　　　　　图4-22　剖切后的轴测图

课堂互动

读懂图（1），改正图（2）的错误。

（1）　　　　　　　　　　　　　　　　　　　（2）

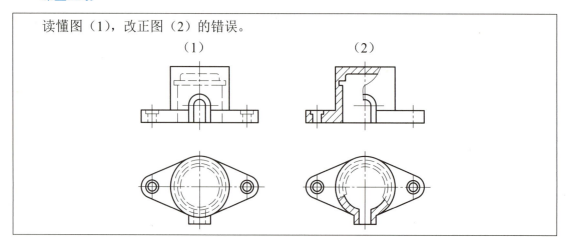

1. 补画下列剖视图中缺漏的图线。

（1）   （2）

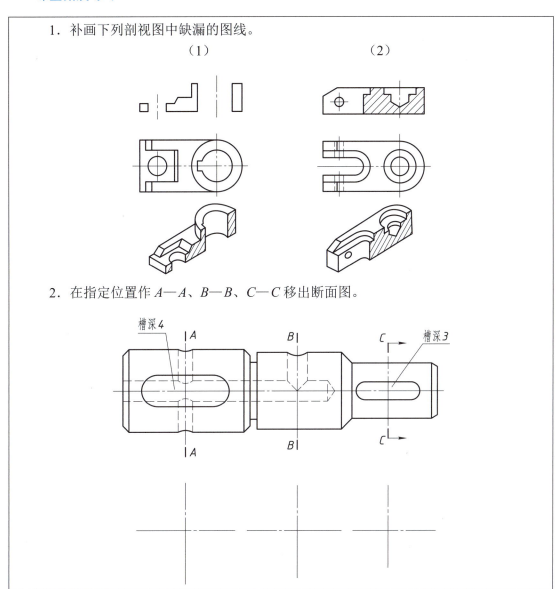

2. 在指定位置作 *A—A*、*B—B*、*C—C* 移出断面图。

任务二   认识零件图

任务目标

1. 了解零件图的作用和内容。
2. 了解零件图视图的选择原则。

3．掌握零件图的尺寸标注方法。

4．了解常见的零件工艺结构及其尺寸标注。

一、零件图的作用与内容

1．零件图的作用

任何机械或机器都是由各种零件按一定的要求装配而成的。表示零件的结构形状、尺寸大小和技术要求等内容的图样称为零件图。零件图是制造、检验零件的依据，是重要的技术文件之一。

2．零件图的内容

一张完整的零件图（图4-23）应该具有下列内容：

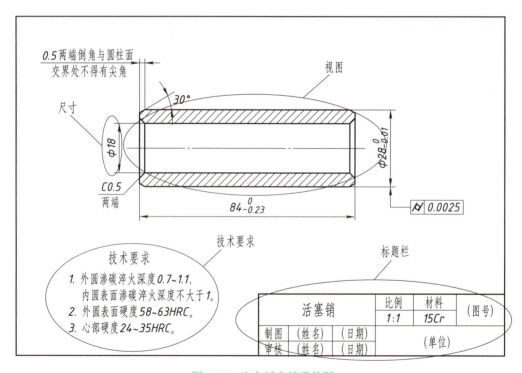

图4-23　汽车活塞销零件图

（1）一组图形：用必要的视图、剖视图、断面图及其他表示方法，正确、完整、清晰地表达零件的内外结构和形状。

（2）完整的尺寸：用以正确、完整、清晰、合理地表达零件各部分的大小和相对位置关系。

（3）技术要求：标注或说明零件在加工、检验、装配及调试过程中应达到的要求，如尺寸公差、几何公差、表面结构、材料、热处理、硬度及其他要求。

（4）标题栏：用于填写零件的名称、材料、数量及作图比例等项目。

二、零件图视图的选择

零件图的视图选择是指在分析零件的结构形状特点的基础上,选用适当的表达方法,完整、清晰地表达零件各部分的结构形状。视图选择的原则是:首先选好主视图,然后再选配其他视图。

1. 主视图的选择

主视图的选择应考虑以下几项原则:

(1)表达形状特征原则

主视图是一组图形的核心,应选择形状特征信息量最多的那个视图作为主视图。选择时,通常先确定零件的安放位置,再确定主视图的投射方向,如图 4-24 所示,按箭头 A 方向进行投射,所得的视图与按 B 方向进行投射所得到的视图相比,前者反映形状特征好,因此以 A 方向作为主视图的投射方向。

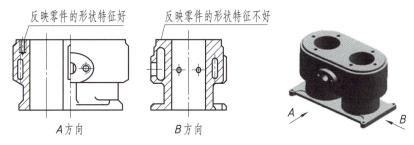

图 4-24 汽车空气压缩机的气缸体零件图主视图的选择

(2)符合零件的加工位置原则

轴、套、轮和圆盖等以回转体构形为主的零件,主要在车床或外圆磨床上加工,应尽量按照车削加工位置安放,即将轴线水平放置,此原则为加工原则。这样,在加工时方便图、物对照,便于看图,如图 4-25 所示。

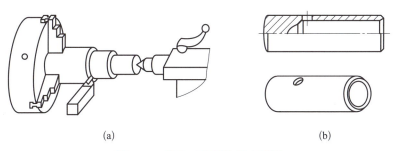

(a)   (b)

图 4-25 按加工位置选择主视图

(3)符合零件的工作位置原则

选择主视图时,应尽量考虑零件在机器中的工作位置,这样能比较容易地想象该零件的工作情况,便于画图与看图。图 4-26 中的吊钩和前拖钩的主视图就是根据它们的形状特征和工作位置选择的。

2. 其他视图的选择

一个零件需要多少视图才能表达清楚,只能根据零件的具体情况分析确定,考虑的一般原则如下：

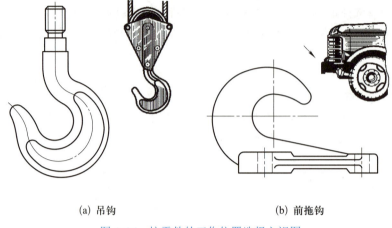

(a) 吊钩   (b) 前拖钩

图 4-26   按零件的工作位置选择主视图

（1）在保证充分表达零件结构形状的前提下，尽可能使零件的视图数目最少，如图 4-27 所示，结构简单的回转体零件用一个视图和必要的尺寸标注及文字说明，就可以表达完整的零件。

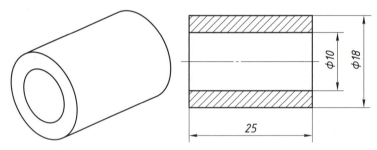

图 4-27   简单结构的轴类零件视图的选择

（2）应使每一个视图都有其表达的重点内容，具有独立存在的意义。

图 4-28 所示的支架，主视图确定后，为了表达中间部分的结构形状，选用左视图，并在主视图上作移出断面表示其断面形状。为了清楚地表达底板的形状，补充了 B 向局部视图（也可画成 B 向完整视图）。

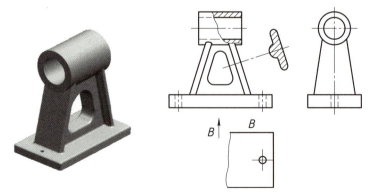

图 4-28   支架表达方案的选择

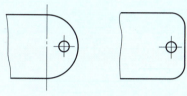
三、零件图的尺寸标注

零件图上的尺寸是零件加工、检验的依据。标注尺寸必须做到准确、完整和合理。所谓合理，即标注的尺寸既要满足设计要求，又要符合加工测量等工艺要求。

1. 尺寸基准

零件在设计、制造中确定其位置的几何元素称为尺寸基准。任何一个零件都有长、宽、高三个方向的尺寸，也应有三个方向的尺寸基准。在图样上标注尺寸时，都是从基准出发的。通常选择零件上一些重要的平面（如安装底面、对称平面、端面、零件与零件之间的结合面）及主要轴线作为尺寸基准。根据尺寸作用的不同，尺寸基准通常可分为设计基准和工艺基准。设计基准是主要基准，工艺基准是辅助基准。

（1）设计基准

根据设计要求，用以确定零件结构的位置所选定的基准，称为设计基准。设计基准一般是用来确定零件在机器中准确位置的接触面、对称面、回转面的轴线等。如图 4-30 所示的

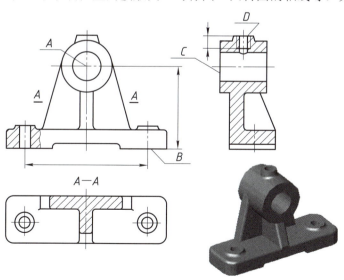

图 4-30　轴承座尺寸基准

轴承座，对称面A为长度方向的基准，底面B为高度方向的基准，C面为宽度方向的基准。

（2）工艺基准

从加工工艺的角度考虑，为便于零件的加工、测量和装配而选定的一些基准，称为工艺基准。图4-31所示为在车床上车削套筒的情况，左端的大圆柱面是装夹的定位基准，而测量轴向尺寸a、b、c时，则以右端面为起点，所以右端面就是工艺基准。

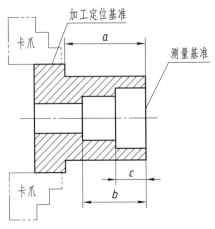

图4-31　套筒的设计基准与工艺基准

2. 合理标注尺寸的一般原则（表4-3）

表4-3　合理标注尺寸的一般原则

基 本 原 则	图　　例
1. 重要尺寸要从基准中直接标出。如图所示，轴承座尺寸B是装配尺寸，尺寸C是定位尺寸，它们的精度将直接影响零件的使用性能，因此必须直接标出	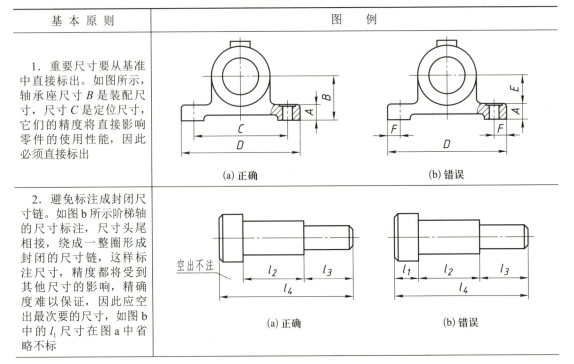
2. 避免标注成封闭尺寸链。如图b所示阶梯轴的尺寸标注，尺寸头尾相接，绕成一整圈形成封闭的尺寸链，这样标注尺寸，精度都将受到其他尺寸的影响，精确度难以保证，因此应空出最次要的尺寸，如图b中的l_1尺寸在图a中省略不标	

基 本 原 则	图 例

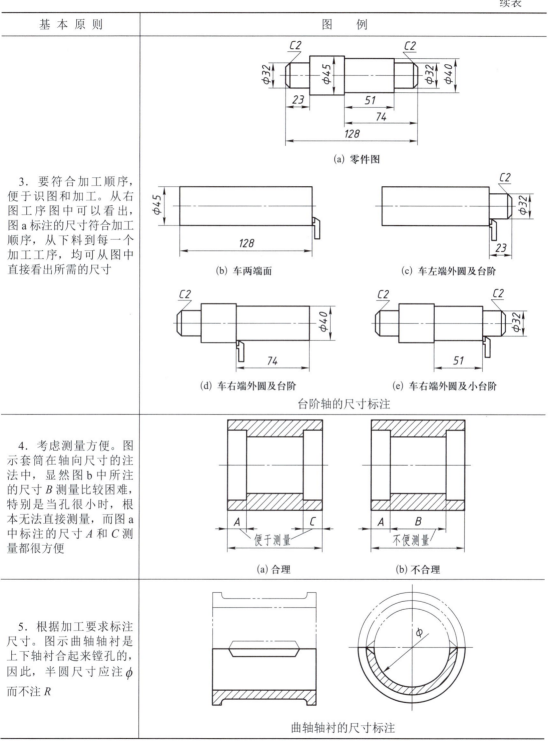

3．要符合加工顺序，便于识图和加工。从右图工序图中可以看出，图 a 标注的尺寸符合加工顺序，从下料到每一个加工工序，均可从图中直接看出所需的尺寸

(a) 零件图

(b) 车两端面

(c) 车左端外圆及台阶

(d) 车右端外圆及台阶

(e) 车右端外圆及小台阶

台阶轴的尺寸标注

4．考虑测量方便。图示套筒在轴向尺寸的注法中，显然图 b 中所注的尺寸 B 测量比较困难，特别是当孔很小时，根本无法直接测量，而图 a 中标注的尺寸 A 和 C 测量都很方便

(a) 合理

(b) 不合理

5．根据加工要求标注尺寸。图示曲轴轴衬是上下轴衬合起来镗孔的，因此，半圆尺寸应注 ϕ 而不注 R

曲轴轴衬的尺寸标注

3．零件上常见孔的尺寸标注

零件上的螺孔、光孔、沉孔等结构的尺寸注法见表 4-4。

表 4-4　常见孔的尺寸标注

零件结构类型		简化注法	一般注法	说明
光孔	一般孔	4×φ5▽10　　4×φ5▽10	4×φ5　10	▽深度符号 4×φ5 mm 表示直径为 5 mm 均布的四个光孔，孔深可与孔径连注，也可分注
	精加工孔	4×φ5⁺⁰·⁰¹²₀▽10　孔▽12　　4×φ5⁺⁰·⁰¹²₀▽10　孔▽12	4×φ5⁺⁰·⁰¹²₀　10　12	光孔深度为 12 mm，钻孔后需精加工至 φ5⁺⁰·⁰¹²₀ mm，深度为 10 mm
	锥孔	锥销孔φ5 配作　　锥销孔φ5 配作	锥销孔φ5 配作	φ5 mm 为与锥销孔相配的圆锥销小头直径（公称直径）。锥销孔通常是两零件装在一起后加工的
沉孔	锥形沉孔	4×φ7 ∨φ13×90°　　4×φ7 ∨φ13×90°	90° φ13 4×φ7	∨埋头孔符号 4×φ7 mm 表示直径为 7 mm 均匀分布的四个孔。锥形沉孔可以旁注，也可直接注出
	柱形沉孔	4×φ7 ⊔φ13▽3　　4×φ7 ⊔φ13▽3	φ13 3 4×φ7	⊔沉孔及锪平孔符号 柱形沉孔的直径为 φ13 mm，深度为 3 mm，均需标注
	锪平沉孔	4×φ7 ⊔φ13　　4×φ7 ⊔φ13	φ13 锪平 4×φ7	锪平面 φ13 mm 的深度不必标注，一般锪平到不出现毛面为止
螺孔	通孔	2×M8　　2×M8	2×M8-6H	2×M8 表示公称直径为 8 mm 的两螺孔（中径和顶径的公差带代号 6H 不注），可以旁注，也可直接注出
	不通孔	2×M8▽10 孔▽12　　2×M8▽10 孔▽12	2×M8-6H 10 12	一般应分别注出螺纹和钻孔的深度尺寸（中径和直径的公差带代号 6H 不注）

4．常见零件工艺结构及其尺寸标注

零件的结构主要根据使用性能的需要而设计，但有些结构是为了满足加工的要求而设置的，如轴套类零件上常见的倒角、退刀槽，箱体类零件上常见的铸造圆角等。

（1）铸造工艺结构

① 起模斜度

用铸造的方法制造的零件称为铸件。制造铸件毛坯时，为了便于在型砂中取出模型，一般沿模型起模方向做成 1:20 ～ 1:10 的斜度，叫作起模斜度，如图 4-32a 所示。起模斜度在图上可以不标注，也不一定绘出。必要时可在技术要求中用文字说明。

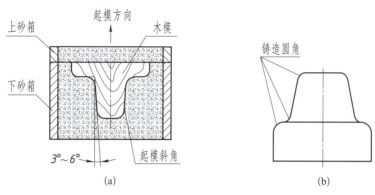

图 4-32　起模斜度与铸造圆角

② 铸造圆角

如图 4-32b 所示，为防止浇注时砂型在尖角处脱落和避免铸件冷却收缩时在尖角处产生裂纹，铸件各表面的相交处应做成圆角。这种因铸造要求而做成的圆角称为铸造圆角。铸造圆角一般取 $R3 \sim R5$ mm，可在技术要求中统一注明。

③ 铸件壁厚

铸件上各部分壁厚应尽量均匀。若铸件壁厚不均匀，铸件在浇注后，因各处金属冷却速度不同，薄壁处先凝固，厚壁处冷却慢，易产生缩孔，或在壁厚突变处产生裂纹。为了避免浇注后由于铸件壁厚不均匀而产生图 4-33a 所示的缩孔、裂纹等缺陷，应尽可能使铸件壁厚均匀或逐渐过渡，如图 4-33b、c 所示。铸件的壁厚尺寸一般直接注出。

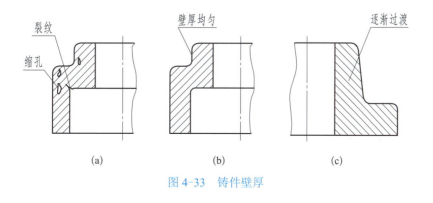

图 4-33　铸件壁厚

（2）机械加工工艺结构

① 倒角和倒圆

为了操作安全和便于安装，常在轴套类零件上制出倒角。为了避免应力集中，常在零件上面与面的连接处以圆角过渡。在图上注明 C1（1×45°）、R5 等的地方，表示该处有倒角或圆角。其标注形式如图 4-34 所示。当圆角的尺寸全部相同时，可在图样右上角说明，如全部圆角 R3。若某个尺寸占多数时，也可以在右上角注明未注圆角 R5。

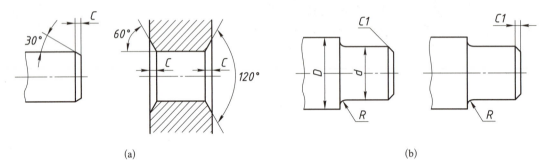

(a)   (b)

图 4-34　倒角和倒圆

② 退刀槽或砂轮越程槽

加工时为了便于退出刀具或砂轮，常在被加工面的终端预先加工出沟槽，称为退刀槽或砂轮越程槽。退刀槽或越程槽的结构形式和尺寸，根据轴、孔直径的大小，从相应的标准中查得，其尺寸注法如图 4-35 所示。常按"槽宽 × 槽深"或"槽宽 × 直径"的形式集中标注。

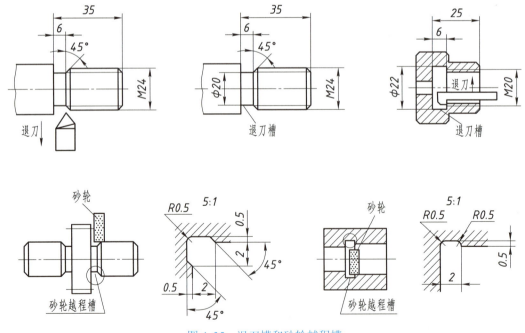

图 4-35　退刀槽和砂轮越程槽

③ 凸台和凹坑

为了减少加工面积，并保证零件表面之间的接触，通常在铸件上设计出凸台、凹坑或凹槽、凹腔等结构，如图 4-36 所示。

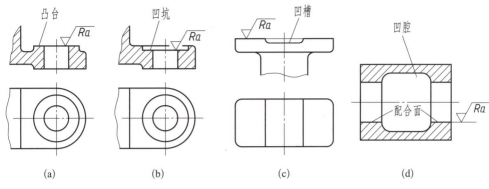

图 4-36　凸台和凹槽

④ 钻孔端面的结构

如图 4-37 所示，需钻孔的零件应保证钻头的轴线垂直于被钻孔零件的表面，并且应避免钻头单边受力，否则钻头会因受力不均而产生偏斜甚至折断。

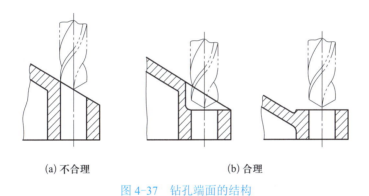

图 4-37　钻孔端面的结构

任务三　零件图上的技术要求

任务目标

1. 认识零件图上的技术要求。
2. 了解表面粗糙度及其评定参数，识读表面粗糙度的标注。
3. 了解极限与配合的基本知识。
4. 识读极限与配合的标注并能根据标注查表确定相应的极限尺寸。
5. 识读形位公差标注。
6. 读懂零件图上的技术要求。

零件图上的技术要求主要是对零件的质量要求，如表面结构、极限与配合、形状和位置公差、零件材料和热处理等。

一、表面结构表示法

表面结构是表面粗糙度、表面波纹度、表面原始轮廓等的总称。本书主要介绍常用的表面粗糙度表示法。

1．表面粗糙度的概念

加工后的零件放在放大镜或显微镜下观察，可以看到零件表面存在许多微小的凸峰和凹谷，如图4-38所示。零件表面上这种具有较小间距和峰谷所组成的微观几何形状的特性称为表面粗糙度。

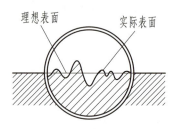

图4-38　表面粗糙度示意图

表面粗糙度是评定零件表面质量的一项重要的技术指标，表面粗糙度值越小，零件的耐磨性、耐蚀性、疲劳强度和配合质量就越好，但是加工成本就越高。

2．表面粗糙度的评定参数

评定表面粗糙度的常用参数为轮廓算术平均偏差 Ra 和轮廓最大高度 Rz。Ra 表示在取样长度 lr 内，轮廓偏距 Z 绝对值的算术平均值；Rz 表示在同一个取样长度内，最大轮廓峰高与最大轮廓谷深之和的高度，如图4-39所示。

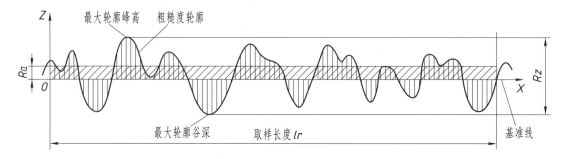

图4-39　算术平均偏差 Ra 评定示意图

3．表面结构的图形符号

（1）表面结构的图形符号

表面结构的图形符号及意义见表4-5。

表4-5　表面结构的图形符号及意义

符号名称	符号规则	含义
基本图形符号		1．未指定工艺方法的表面，当通过一个注释解释时可单独使用。 2．其中：$H_1=1.4h$，$H_2=2.1H_1$，$h=$图上尺寸数字高度

符号名称	符号规则	含义
扩展图形符号		用去除材料的方法获得的表面，仅当其含义是"被加工表面"时可单独使用
		不去除材料的表面，也可用于表示保持上道工序形成的表面，不管这种状况是通过去除材料还是不去除材料形成的
完整图形符号		在以上各符号的长边上加一横线，以便注写对表面结构的各种要求
完整图形符号画法规则	$H_1=1.4h$，$H_2=2.1H_1$。$h=$ 图上尺寸数字高度，圆为正三角形的内切圆	

（2）表面结构要求符号

在表面结构符号中标注有关参数及其他有关规定，组成了表面结构要求符号。表面结构要求符号及其意义见表4-6。

表4-6　表面结构要求符号及其意义

符号	意义	符号	意义
Ra 3.2	用任何方法获得的表面结构，Ra 的上限值为 3.2 μm	Ra max 3.2	用任何方法获得的表面结构，Ra 的最大值为 3.2 μm
Ra 3.2	用去除材料的方法获得的表面结构，Ra 的上限值为 3.2 μm	Ra max 3.2	用去除材料的方法获得的表面结构，Ra 的最大值为 3.2 μm
Ra 3.2	用不去除材料的方法获得的表面结构，Ra 的上限值为 3.2 μm	Ra max 3.2	用不去除材料的方法获得的表面结构，Ra 的最大值为 3.2 μm
Ra 3.2 Ra 1.6	用去除材料的方法获得的表面结构，Ra 的上限值为 3.2 μm，Ra 的下限值为 1.6 μm	U Ra 3.2 L Ra 1.6	用去除材料的方法获得的表面结构，Ra 的最大值为 3.2 μm，Ra 的最小值为 1.6 μm

（3）表面结构要求在图样上的标注

表面结构要求在图样上的标注方法见表4-7。

表 4-7 表面结构要求的标注

图　例	说　明
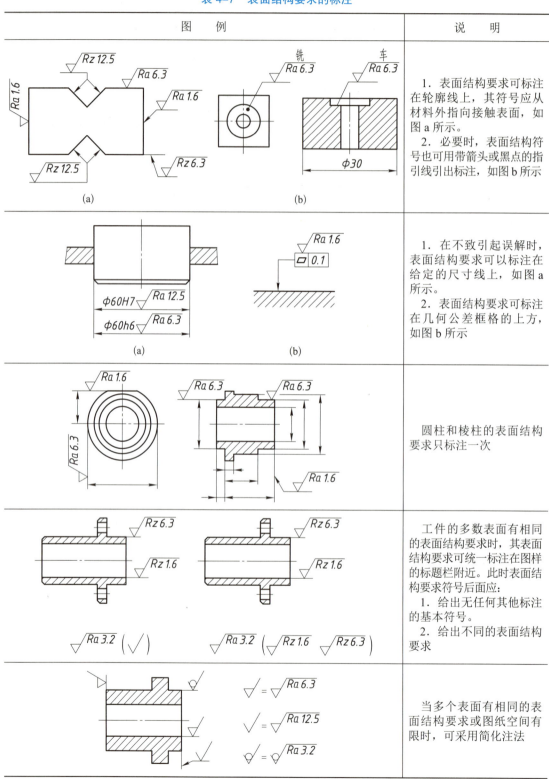	1. 表面结构要求可标注在轮廓线上，其符号应从材料外指向接触表面，如图 a 所示。 2. 必要时，表面结构符号也可用带箭头或黑点的指引线引出标注，如图 b 所示
	1. 在不致引起误解时，表面结构要求可以标注在给定的尺寸线上，如图 a 所示。 2. 表面结构要求可标注在几何公差框格的上方，如图 b 所示
	圆柱和棱柱的表面结构要求只标注一次
	工件的多数表面有相同的表面结构要求时，其表面结构要求可统一标注在图样的标题栏附近。此时表面结构要求符号后面应： 1. 给出无任何其他标注的基本符号。 2. 给出不同的表面结构要求
	当多个表面有相同的表面结构要求或图纸空间有限时，可采用简化注法

102

二、极限与配合

极限与配合（GB/T 1801—2009）是零件图和装配图中一项重要的技术要求，也是检验产品质量的技术指标。

1. 零件的互换性

互换性，是指在同一规格的一批零件中任取其一，装配时不经加工与修配，就能顺利地装配到汽车或机器上，并能够满足汽车或机器的使用要求。零件具有互换性，不但给装配和修理汽车带来方便，还可用专用的设备生产，提高汽车产品的数量和质量，同时降低产品的成本。

2. 尺寸公差

制造零件时，为了使其具有互换性，允许零件的实际尺寸在一个合理的范围内变动。这个允许的尺寸变动量就是尺寸公差，简称公差。有关公差的基本术语及定义见表4-8。

表 4-8 公差的术语和定义　　　　　　　　　　　　　　　　　单位为毫米

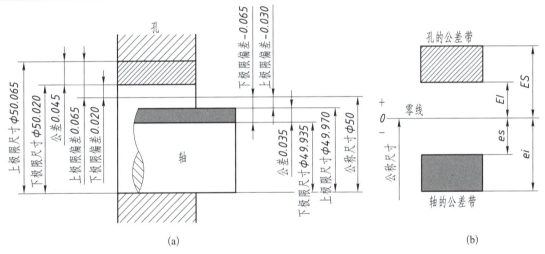

(a)　　　　　　　　　　　　　　　　　　　　　　　　(b)

尺寸公差名词解释及公差带图

术语名称	定义	计算示例及说明（孔，单位 mm）	计算示例及说明（轴，单位 mm）
公称尺寸	设计给定的尺寸	$D = \phi 50$	$d = \phi 50$
实际尺寸	通过测量获得的尺寸		
极限尺寸	允许尺寸变化的极限值		
上极限尺寸	允许的最大尺寸	$D_{max} = \phi 50.065$	$d_{max} = \phi 49.970$
下极限尺寸	允许的最小尺寸	$D_{min} = \phi 50.020$	$d_{min} = \phi 49.935$
极限偏差	极限尺寸与其基本尺寸的代数差		
上极限偏差	上极限尺寸减其公称尺寸所得的代数差	上极限偏差 = ES = 50.065 − 50 = + 0.065	上极限偏差 = es = 49.970 − 50 = − 0.030
下极限偏差	下极限尺寸减其公称尺寸所得的代数差	下极限偏差 = EI = 50.020 − 50 = + 0.020	下极限偏差 = ei = 49.935 − 50 = −0.065

术语名称	定义	计算示例及说明 （孔，单位 mm）	计算示例及说明 （轴，单位 mm）
尺寸公差	允许实际尺寸的变动量 尺寸公差 = 上极限尺寸 – 下极限尺寸 尺寸公差 = 上极限偏差 – 下极限偏差	公差 =50.065-50.020=0.035 公差 =0.065-0.020=0.035	公差 =49.970-49.935=0.035 公差 =（-0.030）-（-0.065）=0.035
零线	在公差带图中，表示公称尺寸的一条直线		
公差带	由代表上极限偏差和下极限偏差或上极限尺寸和下极限尺寸的两条直线所限定的一个区域		

3. 配合

公称尺寸相同的、相互结合的孔和轴公差带之间的关系称为配合。根据孔、轴公差带之间的关系，将配合分为三类，见表 4-9。

表 4-9　配合的三种类型

名　　称	公差带图例	说　　明
间隙配合		孔公差带在轴公差带之上，任取一对孔和轴相配，都有间隙，包括间隙为零的极限情况
过盈配合		孔公差带在轴公差带之下，任取一对孔和轴相配，都有过盈，包括过盈为零的极限情况
过渡配合		孔和轴的公差带互相交叠，任取一对孔和轴相配，可能具有间隙，也可能具有过盈

4. 标准公差与基本偏差

公差带由公差带大小和公差带位置这两个要素组成。公差带大小由标准公差确定，公差带位置由基本偏差确定，如图 4-40 所示。

（1）标准公差

标准公差是国家标准所列的，用以确定公差带大小的任一公差。标准公差分为 20 个等级，即：IT01、IT0、IT1、IT2…IT18。其中"IT"表示标准公差，阿拉伯数字表示公差等级代号，其尺

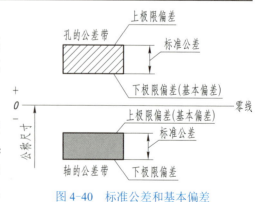

图 4-40　标准公差和基本偏差

104

寸精确程度从 IT01 到 IT18 依次降低。IT01 公差数值最小，精度最高；IT18 公差数值最大，精度最低。各级标准公差的数值见附录五。

（2）基本偏差

基本偏差是指在标准的极限与配合中，确定公差带相对零线位置的上极限偏差或下极限偏差，一般指靠近零线的那个偏差。当公差带在零线的上方时，基本偏差为下极限偏差（EI、ei）；反之，则为上极限偏差（ES、es）。基本偏差对于孔和轴各有 28 个，如图 4-41 所示。

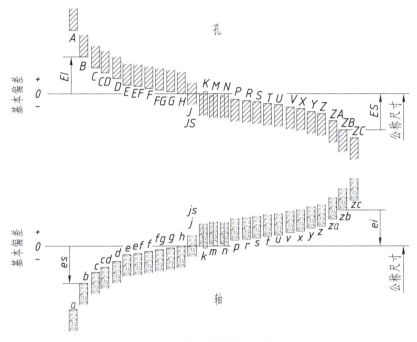

图 4-41　基本偏差系列示意图

5．基准制

在制造相互配合的零件时，使其中的一个零件作为基准件，它的基本偏差固定，通过改变另一个零件的基本偏差来获得各种不同性质配合的制度称为配合制。根据生产实际需要，国家标准规定了两种配合制度。

（1）基孔制

基本偏差为一定的孔的公差带，与不同基本偏差的轴的公差带形成各种配合的一种制度，如图 4-42a 所示。基准孔的下偏差为零，用代号 H 表示。

（2）基轴制

基本偏差为一定的轴的公差带，与不同基本偏差的孔的公差带形成各种配合的一种制度，如图 4-42b 所示。基准轴的上偏差为零，用代号 h 表示。

（3）配合制的选择

① 优先选择基孔制。

采用基孔制可以减少刀具、量具的规格数目，有利于刀具、量具的标准化、系列化，经济合理、使用方便。

② 有明显经济效益时选择基轴制。

如用冷拉钢作轴时，由于其精度（可达 IT8）已满足设计要求，故不再加工；又如滚动轴承的外圆与轴承孔相配合，往往采用基轴制。

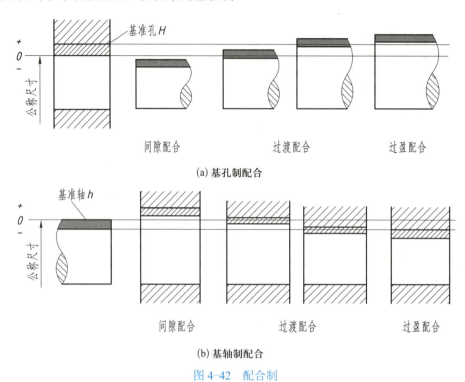

图 4-42　配合制

③ 一轴多孔配合时选用基轴制。

如图 4-43 所示，在活塞连杆机构中，活塞销与活塞内孔的配合要求紧一些（$\frac{N6}{h5}$），而活塞销与连杆套筒内孔的配合要求松一些（$\frac{N6}{h5}$），采用基轴制，则活塞销按一种公差带加工，而活塞内孔和连杆套筒内孔按不同的公差带加工来获得两种不同的配合，加工方便，并能保证顺利装配。

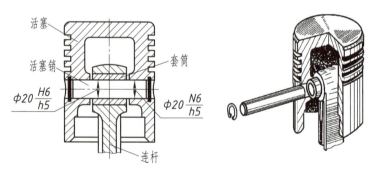

图 4-43　基轴制配合示例

6. 极限与配合的标注（表 4-10）

表 4-10　极限与配合的标注

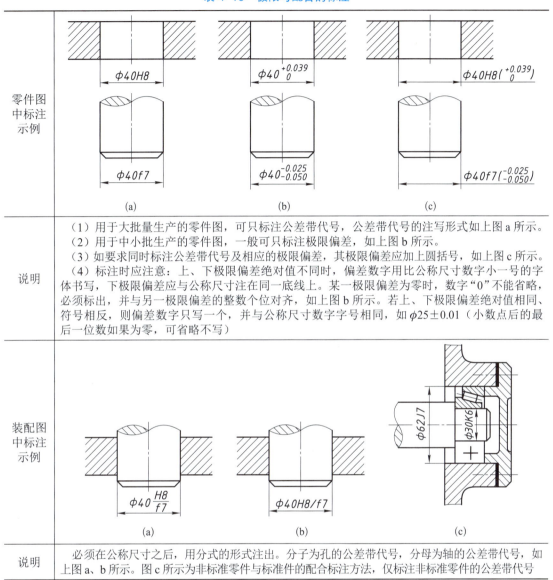

零件图中标注示例	(a)　(b)　(c)
说明	（1）用于大批量生产的零件图，可只标注公差带代号，公差带代号的注写形式如上图 a 所示。 （2）用于中小批生产的零件图，一般可只标注极限偏差，如上图 b 所示。 （3）如要求同时标注公差带代号及相应的极限偏差，其极限偏差应加上圆括号，如上图 c 所示。 （4）标注时应注意：上、下极限偏差绝对值不同时，偏差数字用比公称尺寸数字小一号的字体书写，下极限偏差应与公称尺寸注在同一底线上。某一极限偏差为零时，数字"0"不能省略，必须标出，并与另一极限偏差的整数个位对齐，如上图 b 所示。若上、下极限偏差绝对值相同、符号相反，则偏差数字只写一个，并与公称尺寸数字字号相同，如 $\phi25\pm0.01$（小数点后的最后一位数如果为零，可省略不写）
装配图中标注示例	(a)　(b)　(c)
说明	必须在公称尺寸之后，用分式的形式注出。分子为孔的公差带代号，分母为轴的公差带代号，如上图 a、b 所示。图 c 所示为非标准零件与标准件的配合标注方法，仅标注非标准零件的公差带代号

7．公差带代号的识读

$\phi60H8/f7$ 读作：公称尺寸为 $\phi60$、公差等级为 8 级的基准孔，与相同公称尺寸、公差等级为 7 级、公称偏差为 f 的轴所组成的基孔制间隙配合。

$\phi60H8$ 读作：公称尺寸为 $\phi60$、公差等级为 8 级的基准孔。

$\phi60\,f7$ 读作：公称尺寸为 $\phi60$、公差等级为 7 级、基本偏差为 f 的轴。

三、几何公差

几何公差包括形状公差、位置公差、方向公差和跳动公差。零件在加工过程中不仅会产生尺寸误差，也会出现几何形状和相对位置误差，图 4-44a 所示为一理想形状的销轴，而加工后的实际形状则是轴线变弯了，如图 4-44b 所示，因而就产生了直线度误差。几何误差过大，会影响机器的工作性能，因此，对精度要求高的零件，除了保证尺寸精度外，还应控制其几何公差。

如图 4-44c 所示，箱体上的两个孔用于安装一对锥齿轮，两孔的轴线垂直，如果两孔的轴线歪斜过大，就产生垂直度误差，影响锥齿轮的啮合传动，因此标注了垂直度要求。

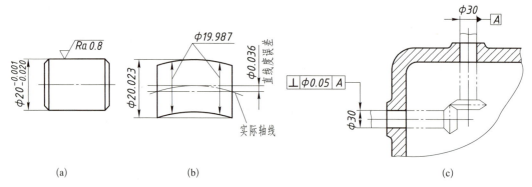

图 4-44　几何误差示例

对于一般零件来说，它的几何公差可由尺寸公差和加工机床的精度加以保证。对于精度要求较高的零件，需要根据设计要求，在零件图上注出有关的几何公差。加工时，既要保证尺寸公差要求，又要保证几何公差要求，才是合格的零件。国家标准 GB/T 1182—2008 对几何公差和在图样上的标注要求作出了详细规定。

1. 几何公差特征和符号

几何公差的几何特征符号见表 4-11。

表 4-11　几何特征符号

公差类型	几何特征	符号	有无基准	公差类型	几何特征	符号	有无基准
形状公差	直线度	—	无	位置公差	位置度	⊕	有或无
	平面度	▱	无		同心度（用于中心点）	◎	有
	圆度	○	无				
	圆柱度	⌭	无		同轴度（用于轴线）	◎	有
	线轮廓度	⌒	无				
	面轮廓度	⌓	无		对称度	=	有
方向公差	平行度	//	有		线轮廓度	⌒	有
	垂直度	⊥	有		面轮廓度	⌓	有
	倾斜度	∠	有	跳动公差	圆跳动	↗	有
	线轮廓度	⌒	有				
	面轮廓度	⌓	有		全跳动	⌰	有

2. 几何公差的代号

GB/T 1182—2018 规定用几何公差代号来标注几何公差。几何公差代号包括公差框格和带箭头的指引线，如图 4-45a 所示，图中的 h 为字体高度，d 为图中粗实线的宽度。

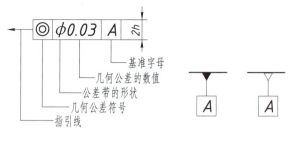

(a) 几何公差代号   (b) 基准符号

图 4-45 几何公差代号和基准符号

对有位置公差要求的零件，应注明基准，基准符号如图 4-45b 所示。

3．几何公差的标注

图 4-46 所示为发动机气门挺杆的几何公差标注。

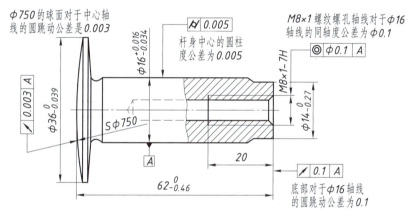

图 4-46 发动机气门挺杆的几何公差标注

提示：

1．当基准要素或被测要素为轮廓线或轮廓面时，应将带有基准字母的基准符号或指引线箭头置于要素的轮廓线或其延长线上，如 $\boxed{\text{⌀}|0.005}$、$\boxed{\text{/}|0.1|A}$。

2．当基准要素或被测要素为轴线或中心平面时，基准符号或指引线应与相应要素的尺寸线对齐，如 $\boxed{\text{⌀}|\phi0.1|A}$。

3．多个基准要素的标注如图 4-47 所示。

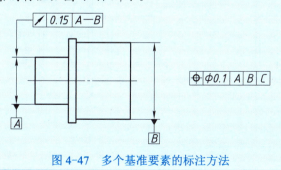

图 4-47 多个基准要素的标注方法

109

4. 当给定的公差带是圆球形或圆柱形时，在公差值前加注"ϕ""$S\phi$"，如 $\boxed{\diagup\ \phi 0.1\ |\ A}$。

5. 同一要素有多项几何公差要求时，可以采用框格并列标注，如图4-48所示。

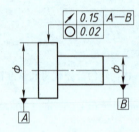

图 4-48　一处多项的标注方法

课堂互动

1. 根据所学知识及图中标注，查附录轴、孔极限偏差表，按要求填写下表。

零件名称	标注情况	公称尺寸	基本偏差	基本偏差代号	精度等级	公差代号	公差值	上极限尺寸	下极限尺寸	配合代号	配合性质	配合制
轴	$\phi 20^{+0.020}_{+0.003}$											
轴套	$\phi 20^{+0.021}_{0}$											
	$\phi 32^{+0.027}_{+0.002}$											
座孔	$\phi 32^{+0.030}_{0}$											

2. 将配合代号标注在装配图上。

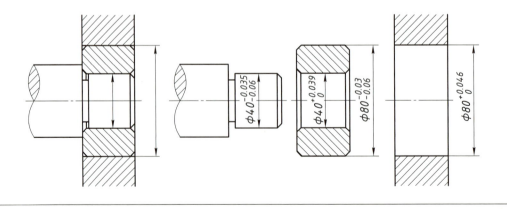

1．用文字说明图中几何公差框格符号的含义。

（1）_____。

（2）_____。

（3）基准 A 的具体含义是_____。

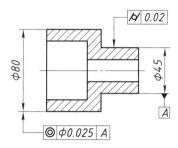

2．将有文字说明的表面粗糙度标注在图上。

（1）A、B 表面为 Ra12.5。

（2）C 表面为 Ra3.2。

（3）D 表面为 Ra6.3。

（4）倒角处表面为 Ra6.3。

（5）键槽工作表面为 Ra3.2，非工作表面为 Ra12.5。

（6）其余表面不切削加工

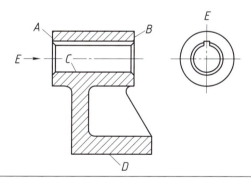

任务四　识读汽车零件图

任务目标

1．掌握识读零件图的方法和步骤。

2．能识读典型的汽车零件图。

一、读零件图的方法和步骤

读零件图的方法和步骤可归纳为"两看三分析"。

1. 看标题栏

由标题栏了解零件的名称、材料、图样的比例等，从名称可大致了解零件的用途，从材料可大概知道其制造方法，从图样比例可估计零件的大小。

2. 分析视图，想象零件结构

首先分析主视图，再分析零件各视图，弄清它们的视图名称、剖切位置、投影关系及其所表达的内容，了解各视图相互关系及所表达的内容，找到剖视图、断面图的剖切位置和投射方向。

3. 分析形体

根据视图特征，先将零件分解为几个组成部分，分析各部分由哪些基本形体组成；其次，找出各形体在相应视图上的投影，弄清结构；最后将各部分综合起来，想象零件的完整结构形状。这是识读零件图的重点，也是难点。一般情况下，视图按"先大后小，先外后内，先粗后细"的顺序来识读。

4. 分析尺寸

按照视图和形体分析，找出长、宽、高三个方向的主要尺寸基准。然后从基准入手，找出各形体的定形尺寸、定位尺寸以及零件的总体尺寸。

5. 看技术要求

从技术要求了解零件的质量指标和技术要求，如表面结构要求、尺寸公差、几何公差及热处理要求等。

> **提示：**
> 综上所述，将从零件图标题栏、视图、尺寸等方面获得的信息，进行归纳、再分析，就能对零件有个完整的认识，从而形成零件的完整形象。应当注意的是，在识图过程中，上述步骤不能孤立地进行，应灵活地交叉进行。

二、识读零件图

根据零件的形状、加工方法、视图表示、尺寸标注和技术要求等方面的特点，可以把零件分为轴套类、盘盖类、叉架类和箱体类四种类型。

1. 轴套类零件

轴套类零件是机械设备中的重要零件，其主要作用是支承轴上零件（如齿轮、带轮）的回转并传递运动和动力。汽车上的半轴、变速器输入轴和输出轴、钢板销、凸轮轴、发动机曲轴等均属于轴套类零件，如图4-49所示。

（1）结构特点

轴套类零件一般由同轴心、不同直径的数段回转体组成。其轴向尺寸大于径向尺寸。轴上常有轴肩、键槽、螺纹及退刀槽、砂轮越程槽、圆角、倒角、中心孔等结构。

(a) 凸轮轴   (b) 曲轴

图 4-49　汽车上的轴套类零件示例

（2）表达方法

由于轴套类零件一般都在车床、磨床上进行加工，因此常采用一个基本视图——轴线水平放置的主视图来表达这类零件。零件上的孔、槽等结构由局部放大视图、局部视图、移出断面图来表达。

（3）尺寸标注

常见轴向基准：重要的轴肩台面为主要基准，端面为辅助基准；

常见径向基准：一般以轴的对称中心轴线为基准。

（4）技术要求

轴套类零件有配合要求的表面，其表面结构、尺寸精度要求较严。有配合的轴颈和重要的端面应有几何公差要求，如同轴度、径向圆跳动、端面圆跳动及键槽的对称度等。

例 4-2　识读图 4-50 所示的零件图。

图 4-50 所示为汽车前悬架钢板弹簧上弹簧销的零件图，现分析如下：

（1）看标题栏

零件的名称为前悬架钢板弹簧销，材料为 45 钢（优质碳素结构钢），绘图的比例为 1:1，说明零件图中的线性尺寸与实物相同。

（2）分析视图

零件用三个图形来表达。主视图为局部剖视图，表达弹簧销的内外结构形状；A—A 移出断面图表达中间部分直径为 $\phi 5$ mm 的径向孔及弹簧销下部圆弧槽的形状和位置；B—B 移出断面图表达左端部分的形状。

（3）分析形体

① 该弹簧销外形由直径为 $\phi 30_{-0.013}^{0}$ mm 的圆柱面构成。

② 左端的圆柱面上下对称地切去两个弓形块而形成平面。

③ 中心处有一个左端带螺纹孔的轴向台阶孔，孔的末端还有一个垂直方向的径向孔。

④ 中间的下部有一个圆弧形的轴向槽。

⑤ 偏左右的两边各有一个直径为 $\phi 12.5$ mm 的圆弧槽。

⑥ 零件的右端和中心孔端面均有倒角结构。

（4）分析尺寸

① 尺寸基准分析。弹簧销的径向基准为圆柱体的轴线，轴向的主要基准为左端面，辅助基准为右端面及 $\phi 5$ mm 小孔的轴线。

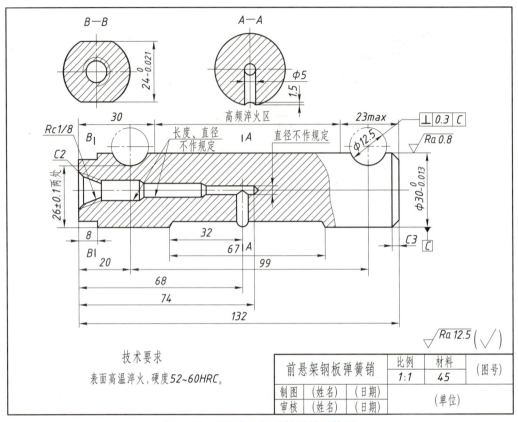

图 4-50　前悬架钢板弹簧销的零件图

② 主要尺寸分析。弹簧销的总体尺寸为总长度 132 mm、总高（宽）度 30 mm，2 个 ϕ12.5 mm 圆弧槽的定位尺寸为 20 mm 和 99 mm，ϕ5 mm 小孔的定位尺寸为 68 mm，左端上下两个平面之间的尺寸为 $24_{-0.021}^{0}$ mm。

其他尺寸读者可以自行分析。

（5）分析技术要求

① 表面结构要求。弹簧销加工完成后，$\phi30_{-0.013}^{0}$ mm 圆柱面的表面结构要求最高，为 Ra0.8 μm，其余均为 Ra 12.5 μm。

② 几何公差要求。弹簧销的零件图上有一项几何公差要求，其含义是：左右两边直径为 ϕ12.5 mm 的圆弧槽的轴线相对于 $\phi30_{-0.013}^{0}$ mm 圆柱体轴线的垂直度公差为 0.3 mm。

③ 尺寸精度要求。图中标有偏差的尺寸有 $\phi30_{-0.013}^{0}$ mm，其上极限尺寸是 ϕ30 mm；下极限尺寸是 ϕ29.987 mm，尺寸公差是 0.013 mm；另外，还有 ϕ26 mm±0.1 mm 和 $24_{-0.021}^{0}$ mm。其中尺寸 $\phi30_{-0.013}^{0}$ mm 的精度要求最高，尺寸 ϕ26 mm±0.1 mm 的精度要求较低。

动动脑：

请读者分析后两个尺寸的极限尺寸及尺寸公差。

2．盘盖类零件

盘盖类零件一般指直径尺寸较大、轴向尺寸较小的回转体（或非回转体）类零件。盘盖类零件可细分为盘类、盖类和轮类零件，主要起连接、支承、轴向定位、防尘和密封等作用。汽车上的制动盘、离合器压盘、气泵盖、端盖等均为盘盖类零件，如图 4-51 所示。

(a) 碟式制动盘 (b) 离合器压盘

图 4-51 汽车上盘盖类零件示例

（1）结构特点

盘盖类零件一般为同轴线、不同直径的回转体或其他扁平板状，与轴套类零件比较，其径向尺寸大于轴向尺寸。

（2）表达方法

盘盖类零件主要在车床或镗床上加工，所以主视图常将轴线水平放置。常用主视图和左视图（或右视图）表达。为表达内部结构，主视图常采用单一平面剖切或几个相交的平面剖切等表达方式；左视图或右视图重点反映盘盖的轮廓、肋、孔、轮辐等结构的分布情况。

（3）尺寸标注

长度方向主要尺寸基准：一般是有一定精度要求的加工结合面；

宽度和高度方向主要尺寸基准：一般为回转轴线或主要形体的对称面。

（4）技术要求

盘盖类零件有配合要求的表面、轴向定位的端面，其表面结构和尺寸精度要求较严，端面与轴心线之间常有垂直度或端面圆跳动等要求。

例 4-3 识读图 4-52 所示端盖零件图。

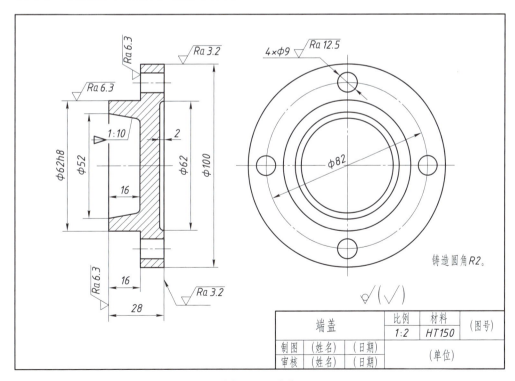

图 4-52 端盖

115

（1）看标题栏

零件名称为端盖，材料为灰铸铁 HT150，比例为 1:2。

（2）分析视图

零件用两个视图表达，全剖的主视图表达端盖内部结构形状，左视图表达孔的分布情况。

（3）分析形体

直径为 $\phi62$ mm、$\phi100$ mm 的两段圆柱体同轴线构成一个组合体结构。$\phi100$ mm 圆柱体上钻有 4 个均布的通孔，$\phi62$ mm 圆柱体内有锥孔。

（4）分析尺寸

尺寸基准：高度方向尺寸基准为中心轴线，长度和宽度方向尺寸基准为左端面。

定形尺寸：$\phi62$ mm、$\phi100$ mm、$\phi9$ mm、$\phi52$ mm（锥度 1:10）为定形尺寸。

定位尺寸：16 mm、28 mm、2 mm、$\phi82$ mm 为定位尺寸。

（5）分析技术要求

$\phi62$ mm 圆柱体端面和圆柱外表面均为安装结合面，有尺寸公差要求和较高的表面结构要求，Ra 值为 3.2 μm，其余的加工面为 6.3 μm、12.5 μm。无尺寸公差要求的所有尺寸按自由公差加工。

3．叉架类零件

叉架类零件包括叉杆类零件和支架类零件。叉杆类零件多为运动件，通常起操纵、连接、调速或制动等作用。支架类零件主要起支承和连接作用。汽车上的变速器拨叉、连杆、支架、支座等均属于叉架类零件，如图 4-53 所示。

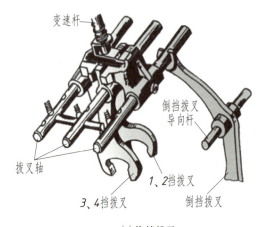

(a) 换挡拨叉

(b) 汽车配件支架

图 4-53　叉架类零件

（1）结构特点

叉架类零件形状不规则，结构较为复杂，多为铸件，但一般都由三个部分组成：支承部分、工作部分、连接部分。

（2）表达方法

叉架类零件一般选择工作位置作为主视图。这类零件常采用两个或两个以上视图表达，表达方法多样，根据具体结构辅以斜视图或局部视图，为表示内部形状，常采用全剖视图或局部剖视图，连接部分和肋板的断面形状采用断面图。

（3）尺寸标注

叉架类零件常以主要孔轴线、对称平面、较大加工面、结合面作为长、宽、高三个方向尺寸的主要基准。

（4）技术要求

叉架类零件的工作部分或支承部分的孔、槽、叉端面通常经过加工，并有严格的技术要求。

例 4-4　识读图 4-54 所示零件图。

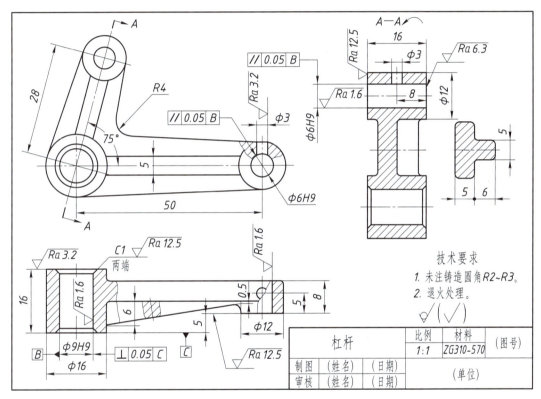

图 4-54　零件图

（1）看标题栏

零件名称为杠杆，材料为铸钢 310—570，比例为 1:1。

（2）分析视图

零件用两个基本视图表达，主视图、俯视图中均采用局部剖视图。*A—A* 向旋转剖视图表达倾斜结构，同时，为表达圆筒连接杆的结构形状，采用了移出断面图。

（3）分析形体

零件共有三个圆筒，其中两个稍小的圆孔上有钻孔。两块 T 形连接板将三个圆筒连接成整体。

（4）分析尺寸

尺寸基准：该零件长度方向和高度方向的基准都是支承圆筒的轴线，宽度方向的主要基准是支承圆筒的前端面。

定形尺寸：支承圆筒的定形尺寸为 $\phi16$ mm、$\phi9H9$，两个连接圆筒定形尺寸为 $\phi6H9$、$\phi12$ mm。

定位尺寸：$\phi6H9$、$\phi12$ mm，圆筒定位尺寸为 28 mm、50 mm，支承板间的定位角度为 $75°$。

（5）分析技术要求

各圆筒内表面质量要求高，表面粗糙度 Ra 值达 1.6 μm；小圆筒上小孔内表面粗糙度 Ra 值为 3.2 μm；支承圆筒后端面表面粗糙度 Ra 值为 3.2 μm，前端面为 6.3 μm；小圆筒端面表面粗糙度 Ra 值为 12.5 μm；其余表面为非加工表面。各圆筒内表面均有配合要求，标有尺寸公差 $\phi6H9$、$\phi9H9$；小圆筒中心轴线对支承圆筒中心轴线有平行度公差要求，支承圆筒轴线对其前端面有垂直度要求。

4．箱体类零件

箱体类零件一般为机器部件的主体，体积较大，形状也较复杂，常为铸件，也有焊接件。其主要作用是容纳、支承传动件，也起定位和密封作用。汽车上的变速器壳体（图 4-55）、转向器壳体、气缸体、后桥壳等均属箱体类零件。

图 4-55　变速器壳体

（1）结构特点

箱体类零件结构复杂，常有内腔、轴承孔、凸台和凹坑、肋板、螺孔、螺栓通孔等结构。毛坯多为铸件，部分结构要经机械加工而成。一般由三部分组成：支承部分、安装部分、连接包容部分。

（2）表达方法

由于箱体类零件结构复杂，加工位置多变，所以，一般以工作位置及最能反映其各组成部分形状特征及相对位置的方向作为主视图的投射方向。根据具体零件，往往需要多个视图及其他多种方法来表达。

（3）尺寸标注

箱体类零件常以主要孔轴线、对称平面、较大加工平面或结合面作为长宽高方向尺寸的主要基准，孔与孔间的距离一般直接注出。

（4）技术要求

箱体类零件重要的轴心线、结合面或加工端面之间一般有几何公差要求。

例 4-5　识读图 4-56 所示的零件图。

（1）看标题栏

零件名称为泵体，材料是铸铁，绘图比例为 1:2。

（2）分析视图

零件采用三个视图，主视图是全剖视图，俯视图用局部剖视图，左视图是外形图。

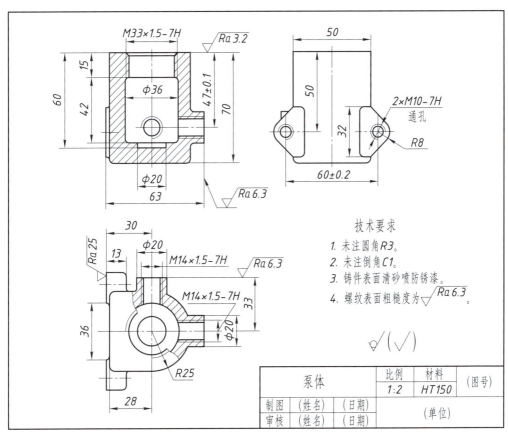

图 4-56　泵体零件图

（3）分析形体

从三个视图看，泵体由三部分组成：

① 半圆柱形的壳体，其圆柱形的内腔用于容纳其他零件。

② 两块三角形的安装板。

③ 两个圆柱形的进、出油口，分别位于泵体的右边和后边。

（4）分析尺寸

尺寸基准

① 长度方向基准是安装板的端面。

② 宽度方向基准是泵体前后对称面。

③ 高度方向基准是泵体的上端面。

主要尺寸

① 47 mm±0.1 mm、60 mm±0.2 mm 是主要尺寸，加工时必须保证。

② 进、出油口及顶面尺寸：M14×1.5-7H、M33×1.5-7H 都是细牙普通螺纹。

（5）分析技术要求

端面表面质量要求较高，表面粗糙度 Ra 值分别为 3.2 μm、6.3 μm，以便对外连接紧密，防止漏油。

课堂互动

读下图所示阀盖的零件图，回答问题。

（1）分析零件的结构组成。

（2）零件图用了哪些表达方式？

（3）解释图中几何公差的含义。

（4）零件上的圆弧槽有什么作用？

（5）零件上有哪些表面结构要求高，哪些要求低？

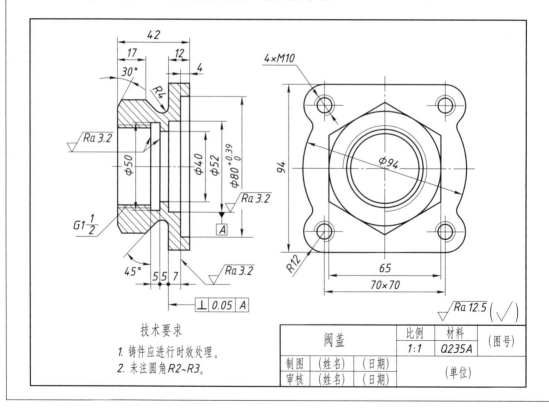

 项目小结

本项目主要介绍识读零件图方面的知识，要点如下：

1. 机件的表达方法

主要讲述了机件各种表达方法的概念、画法及标注规定。机件表达方法有视图、剖视图、断面图及其他表示方法等，通过对各表达方法的学习，最终实现用综合方法表达图样。

2. 识读零件图

主要介绍识读零件图方面的知识。

（1）零件图的概念。

（2）零件图上的技术要求。技术要求的主要内容是表面结构、极限与配合及几何公差，了解并掌握各技术要求的概念、表示参数、代号、符号及标注方法等。

（3）汽车典型零件图的识读。将汽车零件分成四类：轴类、盘盖类、叉架类和箱体类。各类零件的视图表示、尺寸标注和技术要求有一定的规律可循。

项目五
识读汽车常用标准件和常用件

随着汽车产业全球化竞争的日益加剧，汽车零部件行业呈现出集团化、技术高新化、供货系统化和经营全球化等特点，要求汽车零部件生产实现标准化，以便于汽车的生产、制造及维修。

汽车发动机、底盘等机械系统中，除一般零件外，还经常使用螺栓、螺母、键、销、滚动轴承等零件，如图5-1所示。对于该类零件，国家对其结构、尺寸及技术要求都作了一系列的规定，以便大量生产和使用，这类零件称为标准件。另外，还有各种类型的常用件，如齿轮、弹簧等，对该类零件，国家标准只对其部分尺寸和参数进行标准化。如何按图及规定标记正确地选用上述各标准件及常用件是汽车装配及维修过程的基本技能之一。

(a) 减速器——齿轮传动

(b) 减振器——弹簧

(c) 螺栓标准件

(d) 滚动轴承

图5-1　汽车常用标准件和常用件

任务一 识读螺纹、螺纹紧固件及连接图

任务目标

1．认识螺纹及螺纹紧固件。
2．了解螺纹、螺纹紧固件的基本知识、结构参数。
3．能正确识读各螺纹标准件、螺纹紧固件及其连接的规定画法及标记。
4．掌握各螺纹标准件（附录一、二）的查阅方法。

知识链接

一、螺纹的形成

螺纹是在圆柱或圆锥表面上，沿着螺旋线形成的具有相同剖面形状（如等边三角形、正方形、梯形、锯齿形……）的连续凸起和沟槽。在圆柱或圆锥外表面所形成的螺纹称为外螺纹，在圆柱或圆锥内表面所形成的螺纹称为内螺纹。

各种螺纹都是根据螺旋线原理加工而成的，螺纹加工大部分采用机械化批量生产。对于小批、单件产品，外螺纹可采用车床加工，如图5-2所示，内螺纹可以在车床上加工，也可以先在工件上钻孔，再用丝锥攻制而成，如图5-3所示。

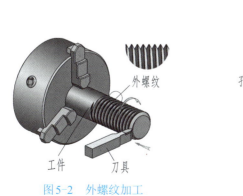

图5-2 外螺纹加工

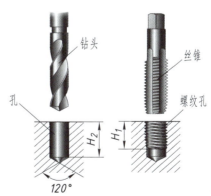

图5-3 内螺纹加工

二、螺纹的基本要素

螺纹的基本要素包括牙型、直径、螺距和导程、线数、旋向等。

1. 牙型

在通过螺纹轴线的剖面上，螺纹的轮廓形状称为螺纹牙型。常见的螺纹牙型有三角形（60°、55°）、梯形、锯齿形等，如图5-4所示。

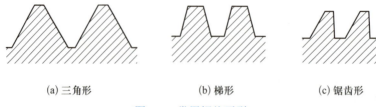

(a) 三角形　　　　　　(b) 梯形　　　　　　(c) 锯齿形

图5-4　常用螺纹牙型

2. 螺纹的直径

螺纹的直径有大径、中径和小径，如图5-5所示。其定义和符号见表5-1。

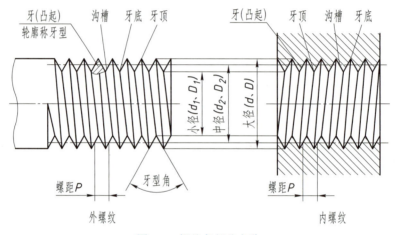

图5-5　螺纹各部分名称

表5-1　内外螺纹的直径

螺纹的直径	定　　义	内螺纹的表示	外螺纹的表示
大径（公称直径）	与外螺纹的牙顶或内螺纹的牙底相切的假想圆柱或圆锥的直径	D	d
小径	与外螺纹的牙底或内螺纹的牙顶相切的假想圆柱或圆锥的直径	D_1	d_1
中径	一个假想的圆柱或圆锥直径，该圆柱或圆锥的母线通过牙型上沟槽和凸起宽度相等的地方	D_2	d_2

3. 螺纹的线数（n）

螺纹的线数是指形成螺纹的螺旋线的条数，线数用字母 n 表示，螺纹有单线和多线之分。沿一条螺旋线形成的螺纹称为单线螺纹，沿两条或两条以上螺旋线形成的螺纹称为多线螺纹，如图5-6所示。

4. 螺距和导程

螺距（P）：螺纹上相邻两牙在中径线上对应两点间的轴向距离，如图5-6a所示。

124

导程(P_h)：同一条螺旋线上相邻两牙在中径线上对应两点间的轴向距离，如图5-6b所示。线数 n、螺距 P 和导程 P_h 之间的关系为

$$P_h = Pn$$

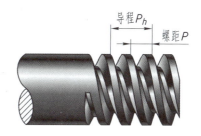

(a) 单线螺纹($P_h = P$)   (b) 双线螺纹($P_h = 2P$)

图5-6 螺距和导程

5．旋向

螺纹按旋向分为左旋螺纹和右旋螺纹两种。顺时针旋转时旋入的螺纹为右旋螺纹，逆时针旋转时旋入的螺纹为左旋螺纹，如图 5-7 所示。工程上常用右旋螺纹。

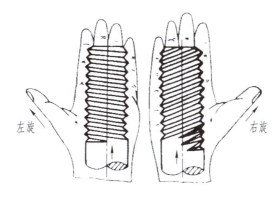

图5-7 螺纹的旋向

三、常用螺纹的种类及用途（表 5–2 ）

表 5-2 常用螺纹的种类和用途

螺 纹 种 类			特 征 代 号	外 形 图	用 途
连接螺纹	普通螺纹	粗牙	M		汽车上最常用的连接螺纹
		细牙			用于细小的精密或薄壁零件
	管螺纹		G		用于油管、气管、水管等薄壁管子上，用于管路的连接

螺纹种类		特征代号	外形图	用　途
传动螺纹	梯形螺纹	Tr		用于各种机床的丝杠，做传动用
	锯齿形螺纹	B		只能传递单方向的动力

动动脑：

　　粗牙螺纹和细牙螺纹的区别在哪里？

四、螺纹的规定画法和标注

1. 螺纹的规定画法

（1）画法规定

① 牙顶用粗实线表示（外螺纹的大径线，内螺纹的小径线）。

② 牙底用细实线表示（外螺纹的小径线，内螺纹的大径线）。

③ 在投影为圆的视图上，表示牙底的细实线圆只画约 3/4 圈。

④ 螺纹终止线用粗实线表示。

⑤ 无论是内螺纹还是外螺纹，其剖视图或断面图上的剖面线都必须画到粗实线。

⑥ 当需要表示螺纹收尾时，螺尾部分的牙底与轴线成 30° 角。

（2）圆柱外螺纹的画法（图 5-8）

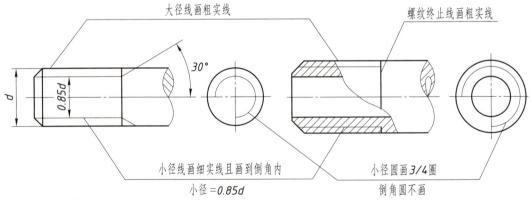

（a）不剖外螺纹的规定画法　　　　　　　（b）外螺纹剖视图的画法

图 5-8　圆柱外螺纹的画法

（3）圆柱内螺纹的画法（图 5-9）

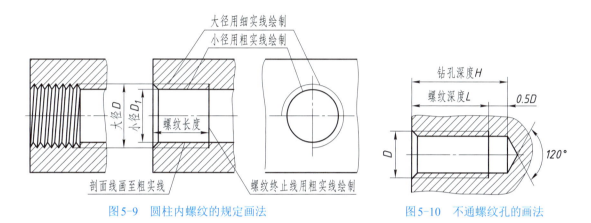

图5-9　圆柱内螺纹的规定画法　　　　图5-10　不通螺纹孔的画法

（4）内、外螺纹旋合的画法

画图要点：

① 大径线和大径线对齐，小径线和小径线对齐。

② 旋合部分按外螺纹画，其余部分按各自的规定画。

只有当内、外螺纹的五项基本要素相同时，内、外螺纹才能进行连接，如图5-11所示。

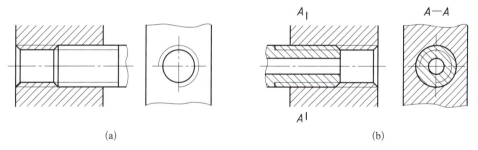

（a）　　　　　　　　　　　　　　　（b）

图5-11　内、外螺纹旋合画法

（5）圆锥螺纹的画法

具有圆锥螺纹的零件，其螺纹部分在投影为圆的视图中，只需画出一端螺纹视图，如图5-12所示。

2．螺纹的标注方法

由于螺纹的规定画法不能表达螺纹的种类和螺纹的要素，因此在图中对标准螺纹需要进行正确的标注。普通螺纹的标注方法分为标准螺纹和非标准螺纹两种。具体项目及格式如下：

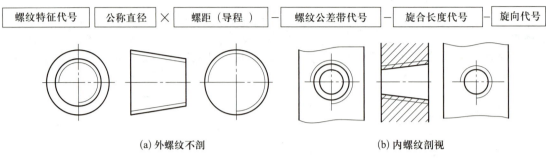

| 螺纹特征代号 | 公称直径 | × | 螺距（导程） | — | 螺纹公差带代号 | — | 旋合长度代号 | — | 旋向代号 |

(a) 外螺纹不剖　　　　　　　(b) 内螺纹剖视

图5-12　圆锥螺纹的画法

提示：

1. 管螺纹应标注螺纹特征代号及尺寸代号，外螺纹需标注公差等级代号。

2. 尺寸代号并非公称直径，也不是管螺纹任何一个直径的尺寸，应根据此代号查阅相关国家标准（附录一），获取直径及螺距等尺寸信息。

表 5-3 列出了普通螺纹、梯形螺纹、管螺纹等标准螺纹的标注示例。

表 5–3　标准螺纹的标注

螺 纹 种 类	标注内容和方式	图　　例
粗牙普通螺纹	$M24–5g6g–S$ 　└─ 短旋合长度 　└─ 顶径公差带 　└─ 中径公差带 └─ 大径 $M16–6H–LH$（中等旋合长度不注） 　└─ 左旋（右旋不注） └─ 中、顶径公差带（相同）	$M24–5g6g–S$
细牙普通螺纹	$M24×2–6h$ 　　└─ 螺距	$M24×2–6h$
说明	（1）粗牙普通螺纹不注螺距； （2）右旋省略不注，左旋要标"LH"； （3）中、顶径公差带相同时，只标一个代号； （4）旋合长度有中等（N）、短（S）、长（L）三种，中等旋合长度可以不注； （5）单线螺纹只标螺距，多线螺纹还要注导程； （6）内外螺纹装配在一起时，其公差带用斜线分开，左边表示内螺纹公差带，右边表示外螺纹公差带，例如：M20×2–6H/6g	

螺 纹 种 类	标注内容和方式	图　　例
梯形螺纹	$Tr40×8-8e$ └─ 螺距 $Tr40×12(P6)LH-8e-L$ └─ 左旋 └─ 螺距 └─ 导程	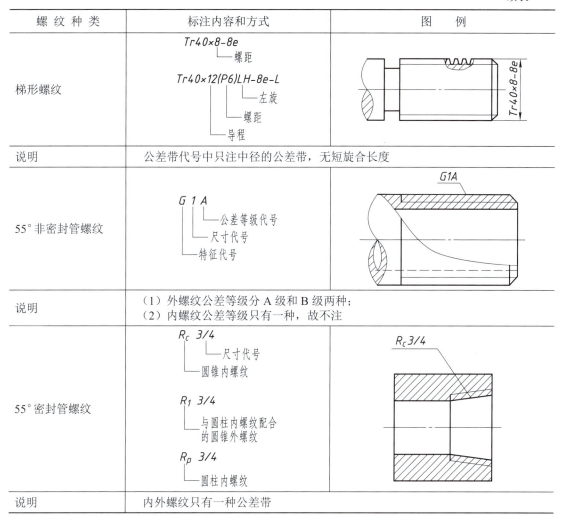
说明	公差带代号中只注中径的公差带，无短旋合长度	
55°非密封管螺纹	$G\ 1\ A$ └─ 公差等级代号 └─ 尺寸代号 └─ 特征代号	*G1A*
说明	（1）外螺纹公差等级分 A 级和 B 级两种； （2）内螺纹公差等级只有一种，故不注	
55°密封管螺纹	$R_c\ 3/4$ └─ 尺寸代号 └─ 圆锥内螺纹 $R_1\ 3/4$ └─ 与圆柱内螺纹配合 　　的圆锥外螺纹 $R_p\ 3/4$ └─ 圆柱内螺纹	$R_c\ 3/4$
说明	内外螺纹只有一种公差带	

五、常用螺纹紧固件的种类和标记

常用螺纹紧固件有螺栓、双头螺柱、螺钉、螺母和垫圈，它们的结构及尺寸见附录二，种类及标记示例如表 5-4 所示，具体项目及内容如下：

| 名称 | 标准编号 | 螺纹规格 | × | 公称长度 |

表 5-4　常用螺纹紧固件及标记示例

名　　称	图例及尺寸标注	说　　明
六角头螺栓	$M10$　40	螺栓 GB/T 5782—2016 M10×40 A 级六角头螺栓，螺纹规格 d=M10，公称长度 L = 40 mm

129

名　称	图例及尺寸标注	说　明
双头螺柱	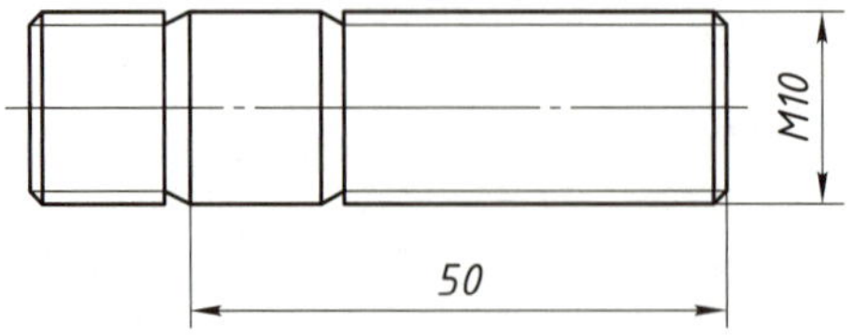	螺柱 GB/T 898—1988 M10×50，双头螺柱，两端均为粗牙普通螺纹，螺纹规格 d =M10，公称长度 L = 50 mm（不包括旋入端）
开槽沉头螺钉	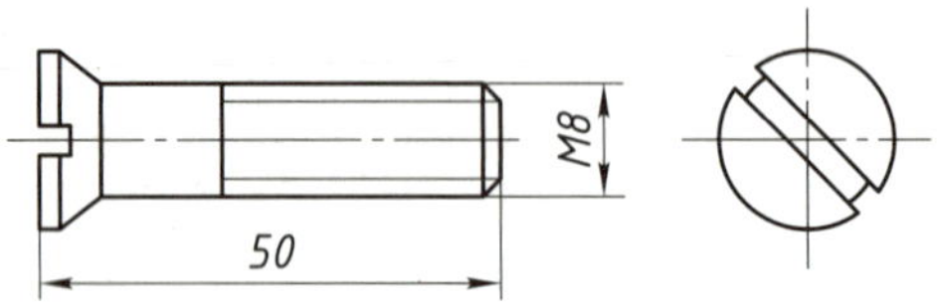	螺钉 GB/T 68—2000 M10×50，开槽沉头螺钉，螺纹规格 d = M8，公称长度 L = 50 mm
螺母	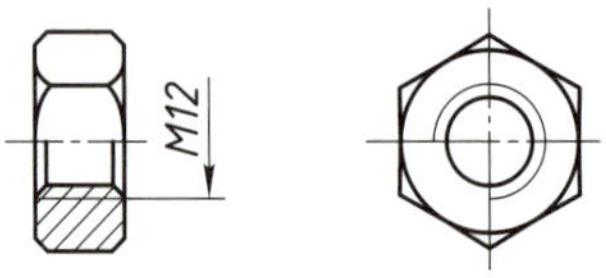	螺母 GB/T 6170—2000 M12，六角螺母，螺纹规格 D=M12 mm
平垫圈	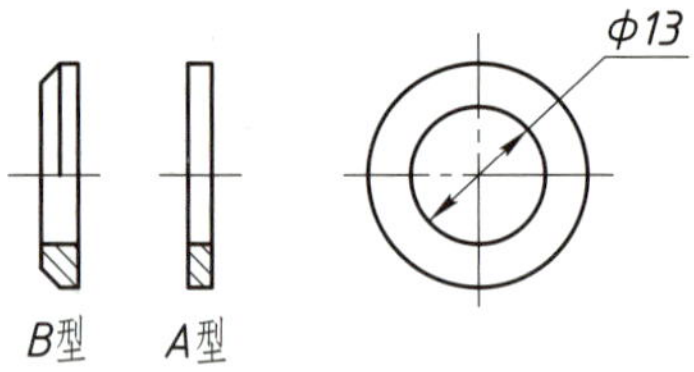 B型　A型	垫圈 GB/T 97.1—2002 12-140HV，平垫圈，规格尺寸（指螺纹大径）d=12 mm，力学性能等级为 140HV 的平垫圈，垫圈孔径为 ϕ13 mm
弹簧垫圈	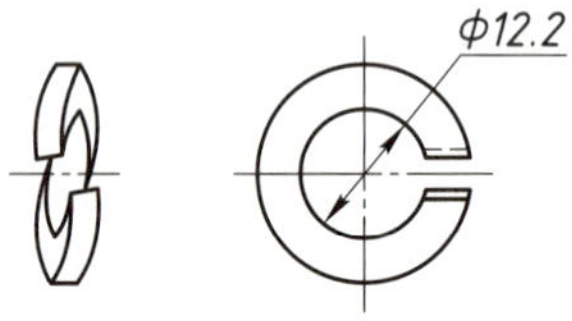	垫圈 GB/T 93—1987 12，标准型弹簧垫圈，规格尺寸为 d=12 mm 的弹簧垫圈，垫圈孔径为 ϕ12.2

六、常用螺纹紧固件连接图画法

1．螺栓连接

螺栓用来连接两个不太厚并能钻成通孔的零件，并与垫圈、螺母配合进行连接，如图 5-13a 所示。在装配图中，螺栓连接常采用比例画法，如图 5-13b 所示，各连接件尺寸比例关系见表 5-5，也可以采用简化作图，如图 5-13c 所示。

表 5–5　螺栓连接近似画法的比例关系

紧 固 件	螺　栓	螺　　柱	螺　母	平　垫　圈	弹簧垫圈	被连接件
尺寸比例	$b=2d$ $k=0.7d$ $R=1.5d$ $R_1=d$ $e=2d$ $d_1=0.85d$ $c=0.1d$ $a=(0.3\sim0.4)d$ $l=\delta_1+\delta_2+h+m+a$ s 由作图决定	b_m 查表 5–6 决定 $b=2d$ $l_2=b_m+0.3d$ $l_3=b_m+0.6d$ $l=\delta+h+m+a$	$e=2d$ $R=1.5d$ $R_1=d$ $m=0.8d$ r 由作图决定 s 由作图决定	$h=0.15d$ $d_2=2.2d$	$S=0.25d$ $D=1.3d$ 开　口　$m'=0.1d$ 或约两倍粗实线宽的粗线绘制	$D_0=1.1d$

（a）螺栓连接

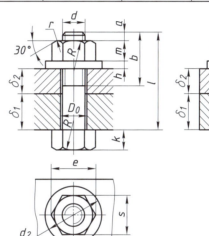

（b）螺栓连接的比例画法

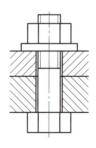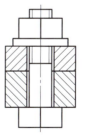

（c）螺栓连接的简化画法

图 5-13　螺栓连接的画法

2．双头螺柱连接

当两个被连接件中有一个很厚，或者不适合用螺栓连接时，常用双头螺柱连接，如图 5-14a 所示。在装配图中，螺柱连接常采用比例画法，如图 5-14b 所示，尺寸关系如表 5-5 所示。

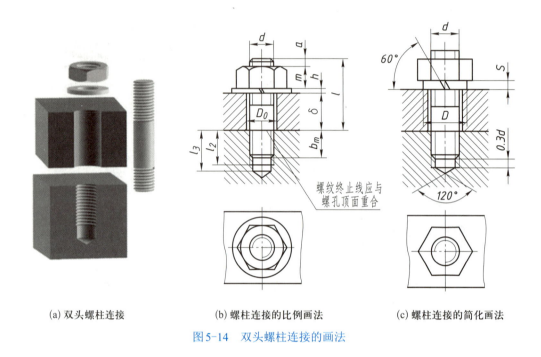

（a）双头螺柱连接　　　　（b）螺柱连接的比例画法　　　　（c）螺柱连接的简化画法

图 5-14　双头螺柱连接的画法

> **提示：**
> 　　双头螺柱根据旋入零件的材料不同，旋入端长度有四种规格，每种规格对应一个标准号，参看表 5-6。

表 5-6　双头螺柱旋入端长度

旋入端材料	旋入端长度 b_m	标 准 代 号
钢与青铜	$b_m=d$	GB/T 897—1988
铸铁	$b_m=1.25d$	GB/T 898—1988
铸铁或铝合金	$b_m=1.5d$	GB/T 899—1988
铝合金	$b_m=2d$	GB/T 900—1988

3．螺钉连接

常用螺钉连接的画法如图 5-15a、b、c 所示。

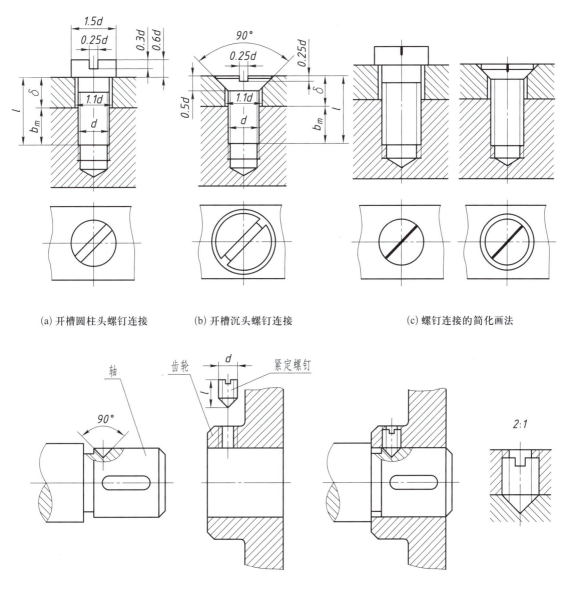

(a) 开槽圆柱头螺钉连接　　　(b) 开槽沉头螺钉连接　　　　　　(c) 螺钉连接的简化画法

(d) 紧定螺钉连接

图 5-15　螺钉的画法

133

1. 列举螺纹、螺纹紧固件的种类，并上网查找各紧固件类型在汽车中的应用。
2. 指出下图所示螺纹紧固件连接规定画法中的错误。

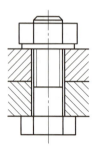 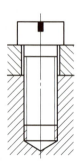

课堂拓展练习

1. 在下图中标出螺纹的参数。

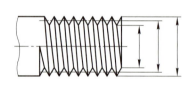 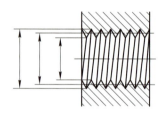

2. 查表确定下列各连接件的尺寸，并写出规定标记。

（1）六角头螺栓—C 级

规定标记：_____

（2）

规定标记：_____

任务二　识读齿轮及齿轮啮合工作图

1．了解齿轮的作用及其在汽车上的应用。
2．了解圆柱齿轮、锥齿轮、蜗轮蜗杆的结构及其基本参数。
3．能正确识读各种类型齿轮及其啮合的规定画法。
4．掌握直齿圆柱齿轮及其啮合的规定画法。

　　齿轮是各种机械、仪表、仪器中应用最广的传动零件。它可以传递动力、改变转速和方向，汽车机械传动系统中广泛用到各种类型的齿轮传动，如表 5-7 所示。

表 5-7　汽车中常见的传动齿轮

齿轮种类	图　　例		
圆柱齿轮	(a) 直齿圆柱齿轮	(b) 斜齿轮	(c) 人字齿轮
锥齿轮	(a) 直齿锥齿轮	(b) 斜齿锥齿轮	(c) 曲齿锥齿轮

齿轮种类	图　　例
蜗轮蜗杆	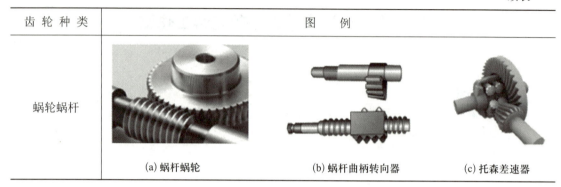 (a) 蜗杆蜗轮　　　　　(b) 蜗杆曲柄转向器　　　　　(c) 托森差速器

一、圆柱齿轮

圆柱齿轮主要用于两平行轴间的传动。按齿形可分为直齿圆柱齿轮、斜齿圆柱齿轮和人字齿轮等。齿廓曲线多采用渐开线。

1. 直齿圆柱齿轮各部分名称及参数（表5-8）

表 5-8　直齿圆柱齿轮各部分名称及参数

直齿圆柱齿轮各部分名称及代号	参　　数
	（1）齿顶圆　通过齿轮各轮齿顶端的圆，其直径用 d_a 表示
	（2）齿根圆　通过齿轮各轮齿根部的圆，其直径用 d_f 表示
	（3）分度圆　在标准齿轮上，齿厚和齿槽宽相等处的假想圆
	（4）齿高 h　齿轮的齿顶圆与齿根圆之间的径向距离称为齿高。齿高 h 分为齿顶高 h_a 和齿根高 h_f 两部分，即 $h=h_a+h_f$
	（5）齿距 p　分度圆上相邻两齿廓对应点之间的弧长称为齿距。对于标准齿轮，分度圆上齿厚 s 与槽宽 e 相等，故 $p=s+e$，或 $s=e=p/2$
	（6）齿宽 B　沿齿轮轴线方向量得的轮齿宽度
	（7）齿数 z　即轮齿的个数，它是齿轮的主要参数之一
	（8）模数 m　齿距与 π 的比值称为模数，即 $m=p/\pi$，以毫米为单位。相互啮合的两齿轮，其模数必须相等。为便于齿轮的生产制造，国家标准 GB/T 1357 中规定了标准模数，见表5-9
	（9）压力角、齿形角 α　分度圆上轮齿啮合点受力方向与瞬时运动方向所夹的锐角，即为压力角。国家标准规定标准的压力角 $\alpha=20°$

表 5-9　标准模数（摘自 GB/T 1357）　　　　　　　　　　　　　　　　单位：mm

第一系列	1，1.25，1.5，2，2.5，3，4，5，6，8，10，12，16，20，25，32，40，50
第二系列	1.125，1.375，1.75，2.25，2.75，3.5，4.5，5.5，（6.5）7，9，（11），14，18，22，28，35，45

注：优先选用第一系列。

2．标准直齿圆柱齿轮的各部分尺寸及其计算（表 5-10）

表 5-10　标准直齿圆柱齿轮的尺寸计算

名　　称	代　　号	公　式　计　算
分度圆直径	d	$d=mz$
齿顶圆直径	d_a	$d_a=m(z+2)$
齿根圆直径	d_f	$d_f=m(z-2.5)$
齿顶高	h_a	$h_a=m$
齿根高	h_f	$h_f=1.25\,m$
全齿高	h	$h=h_a+h_f=2.25\,m$
齿距	p	$p=\pi m$
中心距	a	$a=\dfrac{1}{2}(d_1+d_2)=\dfrac{1}{2}m(z_1+z_2)$

3．圆柱齿轮的规定画法

（1）单个圆柱齿轮的画法（图 5-16）

① 分度圆用细点画线绘制。

② 齿顶圆用粗实线绘制。

③ 齿根圆用细实线绘制或省略不画。

④ 平行于齿轮轴线方向的视图一般采用剖视，此时齿根线用粗实线绘制。

⑤ 当齿形为斜齿、人字齿时，在外形图或半剖视图中画三条与齿线方向一致的细实线。

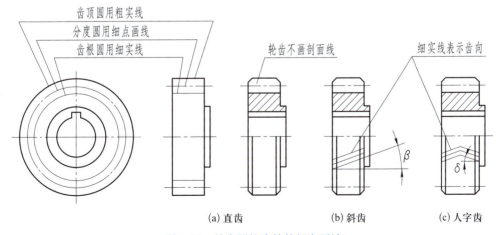

(a) 直齿　　　　　　(b) 斜齿　　　　　　(c) 人字齿

图 5-16　单个圆柱齿轮的规定画法

（2）圆柱齿轮啮合的画法

画法规定（图5-17）：

① 在垂直于轴线方向的视图中，啮合区的齿顶圆用粗实线绘制，有时也可省略。

② 平行于轴线方向的视图中，若采用剖视，一条齿顶线被遮挡，可用细虚线绘制或省略不画，另一条齿顶线用粗实线绘制。

③ 若不采用剖视，则不画齿顶线，分度线用粗实线绘制。

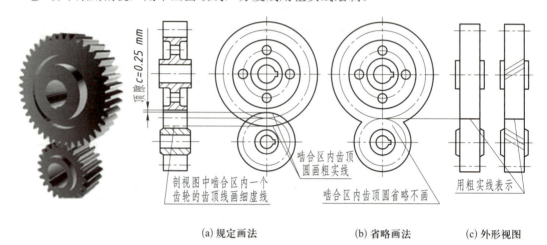

（a）规定画法　　　　　　（b）省略画法　　　　　　（c）外形视图

图5-17　圆柱齿轮啮合的画法

二、直齿锥齿轮

直齿锥齿轮用于相交两轴间的传动。

1. 直齿锥齿轮各部分的名称及参数（表5-11）

表5-11　直齿锥齿轮各部分名称及参数

直齿锥齿轮	各部分名称	代　号	公　式　计　算
	大端分度圆直径	d	$d=mz$
	分锥角	δ	$\delta_1=\arctan z_1/z_2$
			$\delta_2=\arctan z_2/z_1$
	齿顶圆直径	d_a	$d_a=m(z+2\cos\delta)$
	齿根圆直径	d_f	$d_f=m(z-2.4\cos\delta)$
	外锥距	R_e	$R_e=mz/(2\sin\delta)$
	齿顶高	h_a	$h_a=m$
	齿根高	h_f	$h_f=1.2\,m$
	齿顶角	θ_a	$\theta_a=\arctan(2\sin\delta/z)$
	齿根角	θ_f	$\theta_f=\arctan(2.4\sin\delta/z)$
	齿距	p	$p=\pi m$
	安装距	A	按结构确定

2．锥齿轮的画法

锥齿轮的规定画法与圆柱齿轮基本相同，如图 5-18 所示。

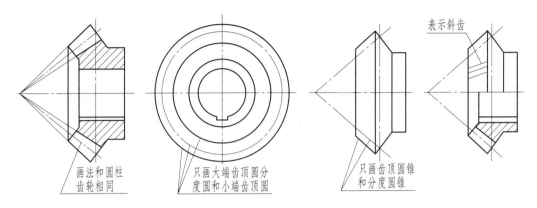

画法和圆柱　　　只画大端齿顶圆分　　　只画齿顶圆锥　　表示斜齿
齿轮相同　　　度圆和小端齿顶圆　　　和分度圆锥

(a) 单个锥齿轮的画法

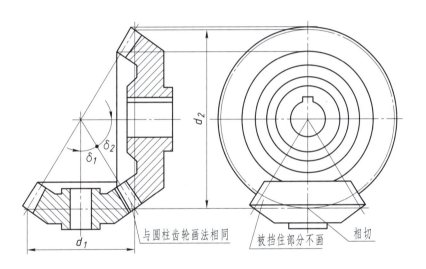

与圆柱齿轮画法相同　　被挡住部分不画　　相切

(b) 锥齿轮啮合的画法

图 5-18　锥齿轮的规定画法

三、蜗轮、蜗杆

蜗轮和蜗杆用于两交叉轴间的传动。这种传动方式的速比大，且结构紧凑。一般情况下，蜗杆为主动件，蜗轮为从动件。

1．蜗杆各部分的名称及画法

蜗杆分单头和多头蜗杆。蜗杆的头数即为蜗杆上螺旋线的线数。其各部分名称及画法如图 5-19b 所示。蜗杆的齿形采用局部剖视图或局部放大图画出。

2．蜗轮各部分的名称及画法

蜗轮的轮齿是斜的，齿顶面常做成凹形环面。其各部分名称及画法如图 5-19a 所示。

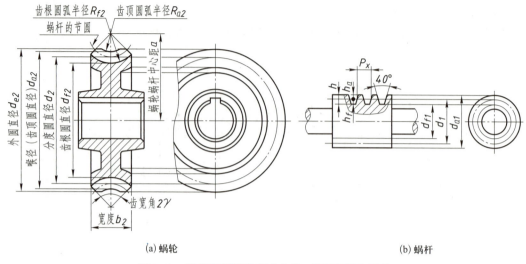

(a) 蜗轮　　　　　　　　　　　　　　(b) 蜗杆

图5-19　蜗轮和蜗杆各部分名称、代号和规定画法

3. 蜗轮蜗杆啮合的画法

　　蜗杆蜗轮啮合一般有剖视图和外形图两种画法，如图 5-20 所示。在与蜗轮轴线垂直的视图中，采用局部剖视图表达啮合区，其余和齿轮啮合画法相似。

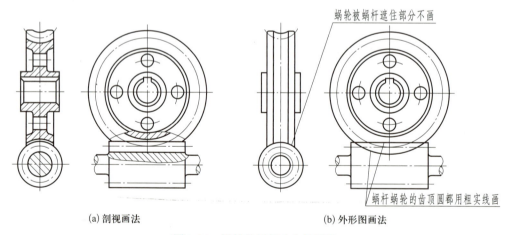

(a) 剖视画法　　　　　　　　　　　(b) 外形图画法

图5-20　蜗轮和蜗杆啮合的画法

课堂互动

　　识读直齿圆柱齿轮零件图并填空。

（1）齿轮零件图内容包括_____、_____、_____、_____。

140

（2）齿轮齿数为_____，模数为_____，压力角为_____。

（3）齿轮齿顶圆上极限尺寸为_____，齿根圆尺寸为_____，分度圆尺寸为_____。

（4）齿轮_____平面加工精度最高，Ra 值为_____。

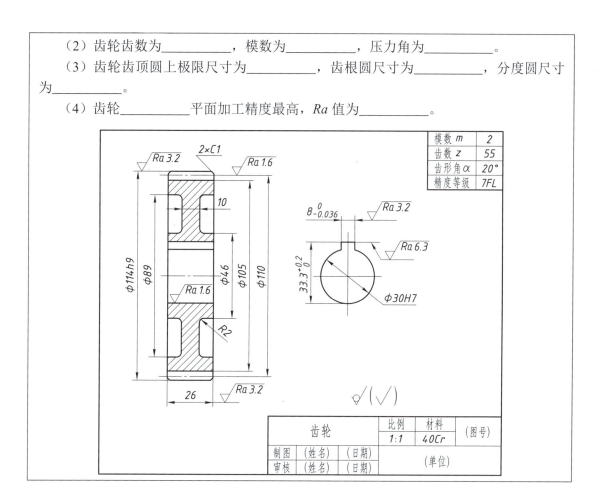

模数 m	2
齿数 z	55
齿形角 α	20°
精度等级	7FL

齿轮	比例	材料	（图号）
	1:1	40Cr	
制图	（姓名）	（日期）	（单位）
审核	（姓名）	（日期）	

课堂拓展练习

已知大齿轮的模数 $m=4$，齿数 $z_2=38$，两齿轮的中心距 $a=110$ mm，试计算大小两齿轮的分度圆、齿顶圆和齿根圆的直径。用 1:2 的比例完成下列直齿圆柱齿轮的啮合图。将计算公式写在左侧空白处。

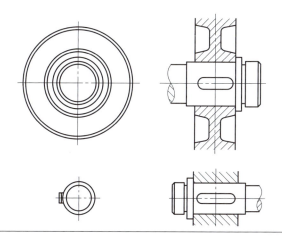

任务三　识读其他标准件及常用件

1. 了解滚动轴承、键、销、弹簧等标准件、常用件在汽车上的应用。
2. 了解滚动轴承、常用键、销、弹簧等标准件、常用件的作用、构造和类型。
3. 能识读上述各标准件、常用件的规定画法及其代号。

一、滚动轴承

滚动轴承是用以支承传动机构中旋转轴的一种组件，已经标准化，不需要画零件图。在装配图中，可以用简化画法或示意画法表达。

1. 常见滚动轴承的基本结构

滚动轴承有很多类型，但结构组成大体相同，由外圈、内圈、滚动体和保持架四部分组成，如图5-21a所示。滚动体的形状有球形、圆柱形、圆锥形和滚针形等，如图5-21b所示。

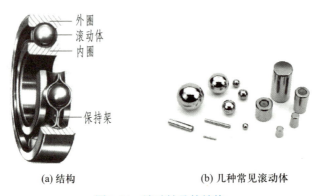

(a) 结构　　　　　　　　　(b) 几种常见滚动体

图5-21　滚动轴承的结构

2. 常见滚动轴承的分类

滚动轴承的分类方法有很多，按其承载特性可分为三类：

（1）向心轴承：主要承受径向载荷。

（2）推力轴承：主要承受轴向载荷。

（3）向心推力轴承：同时承受径向和轴向载荷。

3．滚动轴承的画法

滚动轴承的结构和尺寸已经标准化，不需要画零件图。在装配图中，可以用简化画法或示意画法表达，见表 5–12。

表 5–12　常见轴承的规定画法和特征画法（摘自 GB/T 4459.7—1998）

名称和标准号	查表主要参数	画　　法			
		轴承结构	规定画法	特征画法	装配画法
深沟球轴承 GB/T 276—2013	D d B		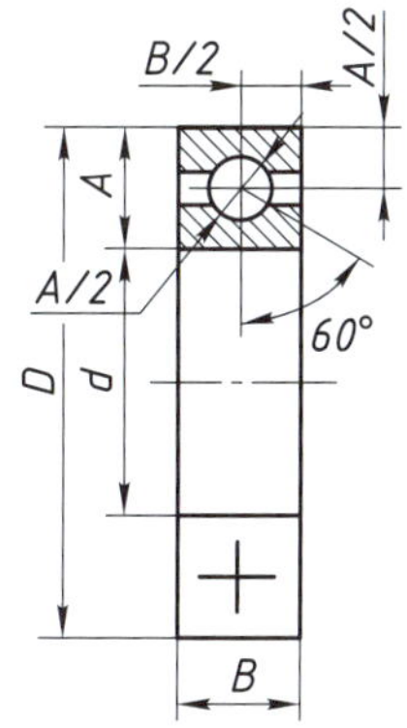	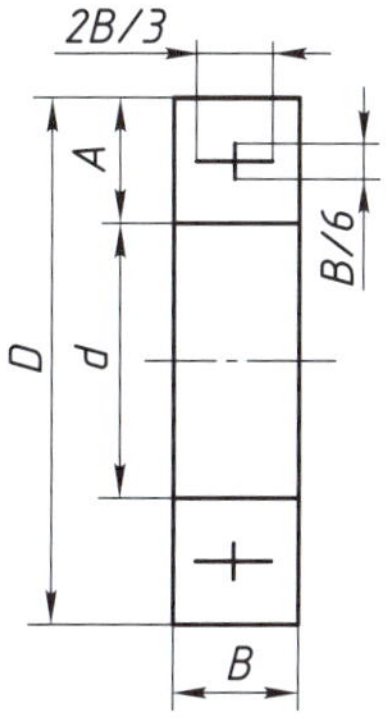	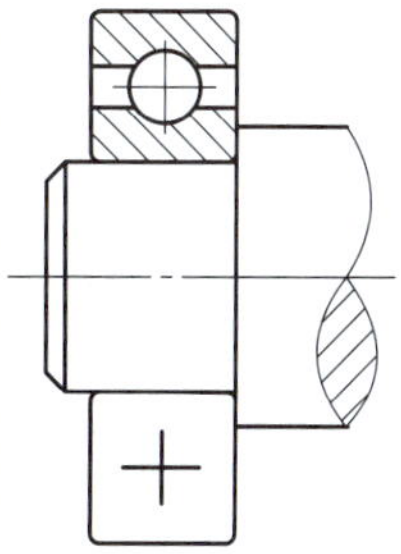
圆锥滚子轴承 GB/T 297—2015	D d B T C		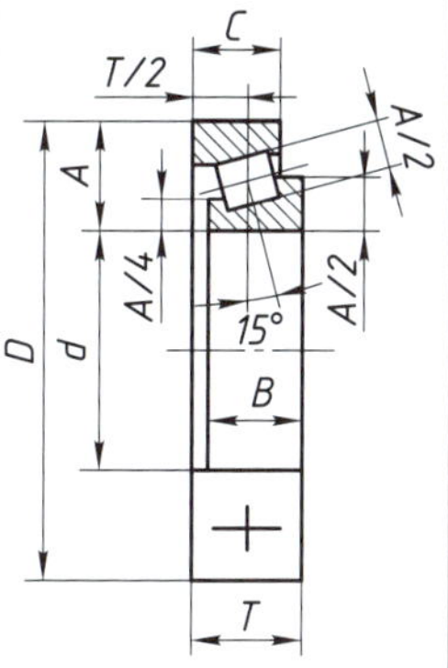	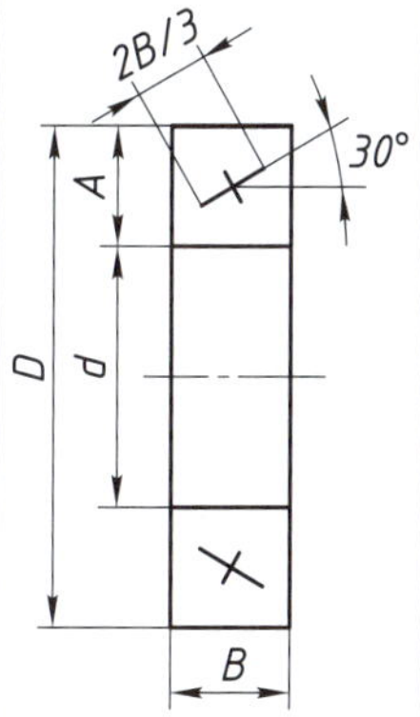	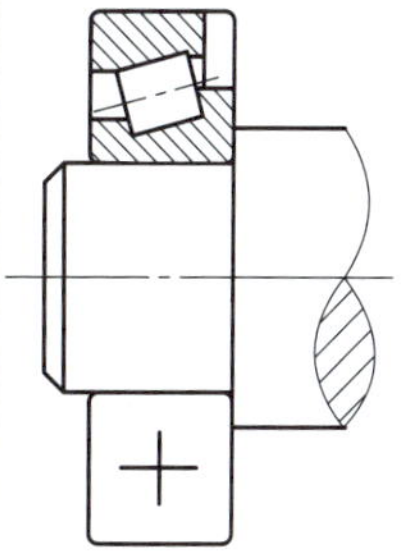
推力球轴承 GB/T 301—2015	D d r		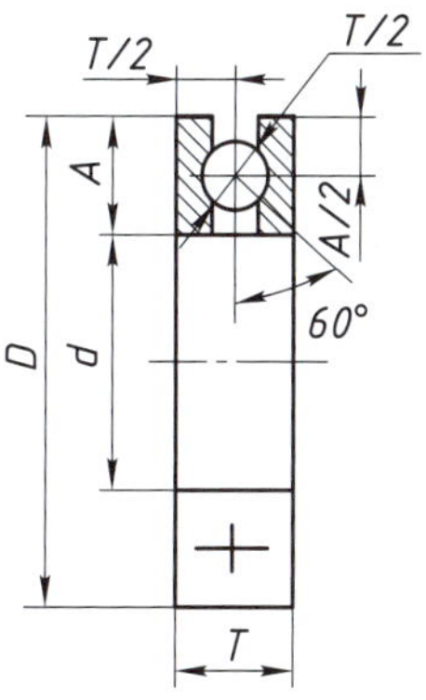	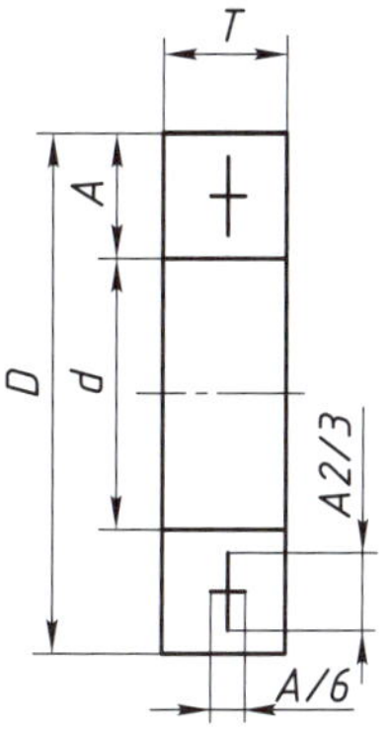	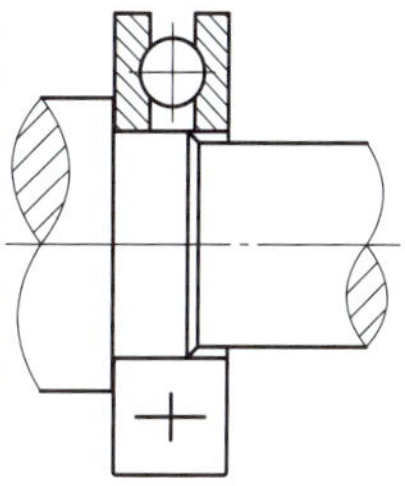

4．识读滚动轴承的代号

为便于组织生产和选用轴承，国家标准中规定了滚动轴承的代号，如轴承代号 23208，

代表内径 d=40 mm，特宽轻窄型的调心滚子轴承。滚动轴承代号由前置代号、基本代号（类型代号＋尺寸系列代号＋内径代号）和后置代号组成，其排列顺序见表5-13。

表5-13　滚动轴承代号的排列顺序

前 置 代 号	基 本 代 号					后 置 代 号
□	×（□）	×		×	× ×	□或加 ×
成套轴承分部件代号	类型代号	尺寸系列代号		内径代号		内部结构改变、公差等级及其他
		宽（高）度系列代号	直径系列代号			

注：□—字母，×—数字。

（1）基本代号

基本代号表示滚动轴承的基本类型、结构及尺寸，由类型代号、尺寸系列代号、内径代号构成，是滚动轴承代号的基础。

① 类型代号　轴承类型代号用阿拉伯数字或大写拉丁字母表示，其含义见表5-14。

表5-14　滚动轴承类型代号（摘自 GB/T 272—1993）

代号	0	1	2	3	4	5	6	7	8	N	U	QJ
轴承类型	双列角接触轴承	调心球轴承	调心滚子轴承	圆锥滚子轴承	双列深沟球轴承	推力球轴承	深沟球轴承	角接触球轴承	推力圆柱滚子轴承	圆柱滚子轴承	外球面球轴承	四点接触球轴承

② 尺寸系列代号　轴承尺寸系列代号由轴承的宽（高）度系列代号和直径系列代号组合而成，用两位数字表示。组合排列时，宽（高）度系列代号在前，直径系列在后。

③ 内径代号　内径代号表示轴承的公称内径，一般用两位数字表示，表示方法见表5-15。

表5-15　滚动轴承内径代号（摘自 GB/T 272—1993）

轴承公称内径	内 径 代 号		示 例
0.6～10（非整数）	用公称内径毫米数值直接表示，在其与尺寸系列代号之间用"/"分开		深沟球轴承 618/2.5 d=2.5 mm
1～9（整数）	用公称内径毫米数值直接表示，对深沟及角接触球轴承7、8、9直径系列，内径与尺寸系列代号之间用"/"分开		深沟球轴承 625、618/5 d=5 mm
10～17	10 12 15 17	00 01 02 03	深沟球轴承 6200 d=10 mm
20～480（22、28、32除外）	公称内径除以5的商数，商数为一位时在商数的左边加"0"，如08		调心球轴承 23208 d=40 mm
大于和等于500，以及22、28、32	用公称内径毫米数值直接表示，与尺寸系列代号之间用"/"分开		调心滚子轴承 230/500 d=500 mm 深沟球轴承 62/22　d=22 mm

④ 滚动轴承基本代号表示方法举例如下：

（2）前置、后置代号

前置、后置代号是轴承在结构、尺寸、公差、技术要求等有改变时，在基本代号的左右添加的补充代号，具体含义可查阅 GB/T 272—1993。标注示例：

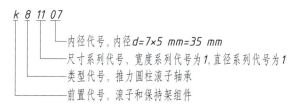

二、常用键

为了使轮子与轴能连在一起转动，常采用键连接的方式，并通过它来传递转矩。由于这种连接具有结构简单、工作可靠、拆装方便等优点，因此得到广泛应用，如图 5-22 所示。

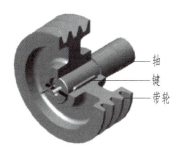

图5-22　键连接

1．键的分类

键是标准件，分为普通平键、半圆键、钩头楔键、花键等，如图 5-23 所示。

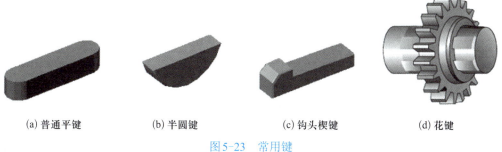

(a) 普通平键　　　(b) 半圆键　　　(c) 钩头楔键　　　(d) 花键

图5-23　常用键

2. 常用键的画法及代号（表5-16）

表 5-16　键的形式、画法及标记

名　　称	标　准　号	图　　　例	标 记 示 例
普通平键（A 型）	GB/T 1096—2003		圆头普通平键（A 型）$b=16$ mm、$h=10$ mm、$L=100$ mm GB/T 1096　键 16×10×100
半圆键	GB/T 1099.1—2003		半圆键 $b=6$ mm、$h=10$ mm、$D=25$ mm GB/T 1099.1　键6×10×25
钩头型楔键	GB/T 1565—2003		钩头楔键 $b=16$ mm、$h=10$ mm、$L=100$ mm GB/T 1565　键 16×100

3. 常用键连接的画法

键是标准件，键和键槽的形式和尺寸都已标准化，有关参数可从国家标准中查得，规定画法见表5-17。

4. 花键及其连接的画法

花键是零件连接的另一种结构形式，它可以传递更大的动力和转矩。

146

表 5-17　常用键连接的画法

名称	图　　例	画法规定
普通平键	非工作面　平键　　　工作面　非工作面 轮毂　　　　轴	（1）普通平键和半圆键的两个侧面是工作面，上下两个底面是非工作面。 （2）两侧面与轴和轮毂的键槽侧面接触，底面与轴接触，在连接画法中只画一条线。 （3）键连接时，键的顶面与键槽不接触，画成两条线
半圆键	半圆键	
钩头锲键	h　A　$1:100$　$A—A$	键与槽在顶面、底面、侧面同时接触，均无间隙

（1）外花键的规定画法（图 5-24）

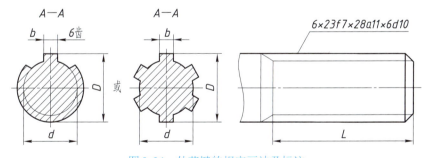

图5-24　外花键的规定画法及标注

① 大径（D）用粗实线。

② 小径（d）用细实线。

③ 工作长度终止线和尾部长度的末端均用细实线绘制。

④ 小径尾部则画成与轴线成 30° 的斜线。

⑤ 垂直于轴线的视图采用剖视图，画出一部分或全部齿形。

（2）内花键的规定画法（图5-25）

① 平行于轴线的投影面上采用剖视图。

② 大径、小径线均用粗实线绘制，并用局部视图画出一部分或全部齿形。

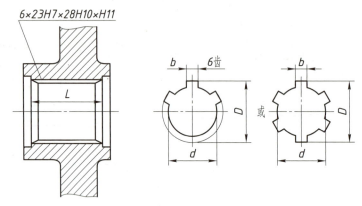

图5-25　花键孔的画法及尺寸标注

（3）花键连接的规定画法

花键连接一般用剖视图，连接部分按外花键绘制，如图5-26所示。

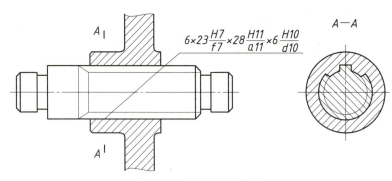

图5-26　花键连接的画法

三、销连接

销主要用于固定机器或部件上零件间的相对位置和传递不大的动力，如自行车中轴与脚踏的连接。常用的销有圆柱销、圆锥销和开口销等，它们的形式、标准、画法及标记示例见表5-18。

表5-18　销连接的形式、标记示例及连接画法

名　称	形　式	标记示例	连接画法
圆柱销		销 GB/T 119.1 A8×18 公称直径 d=8 mm，长度 L=18 mm，材料 35 钢，热处理 28～38HRC，表面氧化处理的 A 型圆柱销	

148

名　称	形　式	标记示例	连接画法
圆锥销	*1:50* r_1 d r_2 a L	销 GB/T 117 A10×60 公称直径 d=10mm，长度 L=60mm，材料35钢，热处理 28～38HRC，表面氧化处理的 A 型圆锥销	
开口销	b l a c d	销 GB/T 91 5×50 公称直径 d=5 mm，长度 l=50 mm，材料为低碳钢，不经表面处理的开口销	

注意：用销连接（或定位）的两零件上的孔，一般是在装配时一起配钻的。因此，在零件图上标注销孔尺寸时，应注明"配作"字样。

四、弹簧

1．弹簧的作用

弹簧是一种在汽车上广泛应用的常用件。弹簧主要具有以下功用：

（1）控制机构的运动或零件的位置，如汽车发动机配气机构的气门弹簧、离合器、阀门以及变速箱中的弹簧等。

（2）缓冲和吸振，如车辆悬架的减振弹簧。

（3）储存能量，如仪器仪表中的弹簧。

（4）测量力的大小，如弹簧秤中的弹簧。

2．汽车常用弹簧

汽车上应用的弹簧种类很多，主要有螺旋弹簧、涡卷弹簧、板弹簧、碟形弹簧等，其结构形式如图 5-27 所示。其中以圆柱螺旋弹簧最为常用。

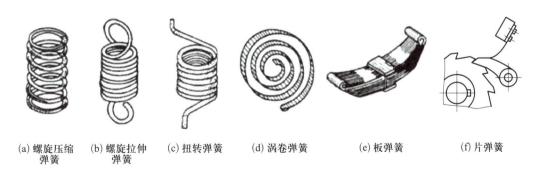

(a) 螺旋压缩弹簧　(b) 螺旋拉伸弹簧　(c) 扭转弹簧　(d) 涡卷弹簧　(e) 板弹簧　(f) 片弹簧

图 5-27　弹簧的种类

3．螺旋压缩弹簧的规定画法

（1）圆柱压缩弹簧各部分的名称与尺寸关系（图 5-28b）

弹簧的基本尺寸：簧丝直径 d、弹簧外径 D、弹簧内径 D_1、弹簧中径 D_2、支承圈数 n_2、有效圈数 n、总圈数 n_1、节距 t、弹簧自由高度 H_0。

$$n_1 = n_2 + n \qquad D = d + D_1$$

（2）单个弹簧的画法如图 5-28 所示。

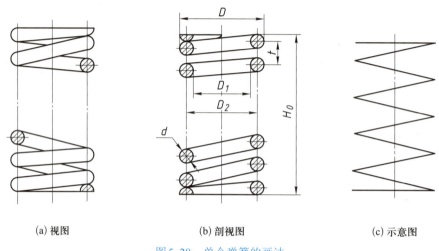

(a) 视图　　　　　　　　　　(b) 剖视图　　　　　　　　　　(c) 示意图

图 5-28　单个弹簧的画法

提示：

1．在平行于螺旋弹簧轴线的投影面的视图中，其各圈的轮廓应画成直线。

2．螺旋弹簧均可画成右旋，但左旋螺旋弹簧无论画成左旋还是右旋，一律要注出旋向"左"字。

3．螺旋压缩弹簧，如要求两端压紧磨平时，无论支承圈的圈数多少和末端贴紧情况如何，均按图示的形式绘制。必要时也可按支承圈的实际结构绘制。

4．有效圈数在四圈以上的螺旋弹簧中间部分可以省略，圆柱螺旋弹簧中间部分省略后，允许适当缩短图形长度。

（3）装配图中弹簧的画法

① 在装配图中，弹簧被看作实心件，被弹簧挡住的结构一般不画出，可见部分应从弹簧的外廓线或从弹簧钢丝剖面的中心线画起，如图 5-29a 所示。

② 当弹簧被剖切时，剖面直径或厚度在图形上等于或小于 2 mm 时，也可用涂黑表示，也允许用示意画法，如图 5-29b、c 所示。

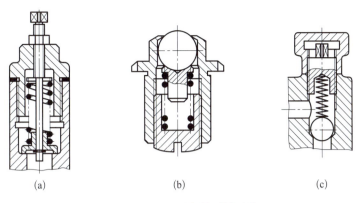

(a)   (b)   (c)

图5-29　装配图中的弹簧画法

课堂互动

1. 查表确定滚动轴承的尺寸，用规定画法在轴端画出轴承与轴的装配图。

滚动轴承6305 GB/T 276—2013。

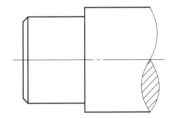

2. 已知齿轮和轴，用A型圆头普通平键连接，轴孔直径为40 mm，键的长度为40 mm。

（1）写出键的规定标记；

（2）查表确定键和键槽的尺寸，用1:2的比例画全下列各视图和断面图，并标注①图和②图中轴径和键槽的尺寸。

键的规定标记：＿＿＿＿＿＿＿＿＿＿＿＿＿＿＿＿＿＿＿＿＿

①　轴　　　　　　　　　　　　　②　齿轮

③ 齿轮和轴

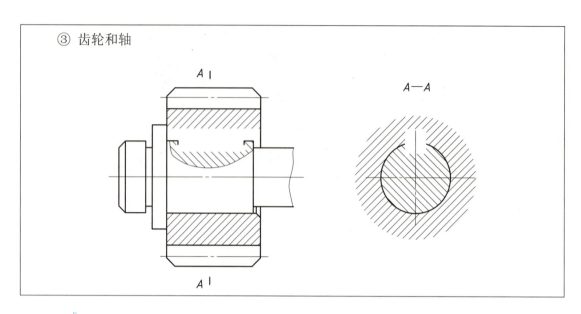

 项目小结

本项目主要介绍识读常用标准件与常用件方面的知识，要点如下：

1. 螺纹

（1）螺纹的基本要素：牙型、直径、旋向、螺距和导程、线数。其中牙型、大径、螺距是决定螺纹的最基本要素，称为螺纹的三要素。

（2）螺纹的规定画法。牙顶用粗实线、牙底用细实线绘制，螺纹终止线为粗实线，内、外螺纹连接处按外螺纹绘制。

（3）不同的螺纹有不同的标记代号，借助螺纹标记可查得螺纹的有关尺寸。

2. 螺纹紧固件

（1）常用的螺纹紧固件有螺栓、双头螺柱、螺母、平垫圈、弹簧垫圈；它们又各分出许多小类。不同的螺纹紧固件用不同标记表示其主要参数特征和国家标准号。

（2）螺纹紧固件的画法可采用比例画法和简化画法。不同的螺纹连接应用的场合也不同。

3. 键连接与销连接

（1）常用键的形式有平键、半圆键、钩头楔键、花键。花键用于传递动力和转矩较大的场合，其画法在国家标准中已作出规定。

（2）销连接主要用于定位和传递不大的动力。常用的销有圆柱销、圆锥销、开口销等，其标记代号和画法、尺寸参数可查阅相应国家标准。

4. 齿轮

齿轮传动分为圆柱齿轮、锥齿轮、蜗轮蜗杆传动。国家标准已对其部分尺寸、参数及画法作出了相关规定。

5. 滚动轴承

滚动轴承用于支承传动机构中的旋转轴，它是标准件，不需要画零件图。在装配图中可以用规定画法或特征画法表达。滚动轴承的代号由基本代号、前置代号和后置代号组成。

6. 弹簧

汽车上常用的弹簧种类主要有螺旋弹簧、涡卷弹簧、板弹簧、蝶形弹簧等，其中以圆柱弹簧最为常用。必须注意弹簧在装配图中的规定和简化画法。

项目六
识读汽车部件装配图

项目导入

一辆汽车或汽车上的一个部件，都是由若干零件按一定的装配关系和技术要求装配而成的。在产品和零部件的生产过程中，一般先按设计要求绘制出装配图，再根据装配图完成零件设计并绘制零件图，进而生产出合格的零件，最后根据装配图把零件装配成部件或产品。此外，在产品的安装、调试、检验、维修及使用时，也要通过装配图了解装配体的结构、性能及使用方法。

由此可见，装配图是了解产品结构、分析工作原理、明确使用功能、掌握使用方法的技术资料，也是制订工艺规程，进行产品装配、检验、安装和维修的主要依据。

任务一　了解装配图

任务目标

1. 了解一张完整的装配图应包含的内容。
2. 熟悉装配图的表达方法。
3. 了解零部件序号、明细栏及其他有关规定。
4. 能识读简单的汽车部件装配图。

知识链接

装配图是表示产品或部件的工作原理、结构形状和装配关系的图样。一般把表达整个产品的图样称为总装配图，把表达其组成部分的部件图样称为部件的装配图。

一、装配图的内容

图 6-1 所示为转子泵的装配图。

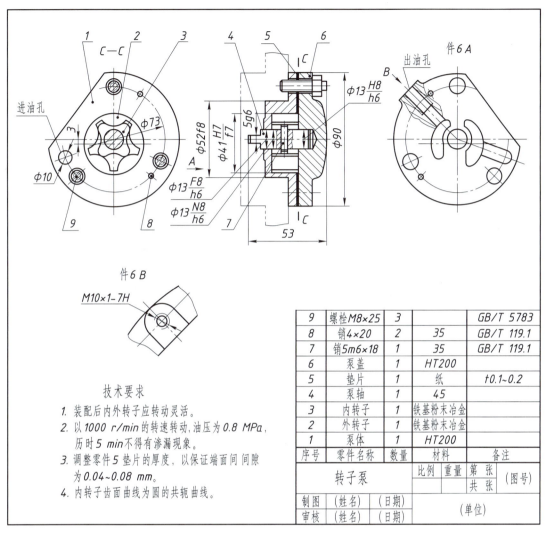

图6-1 转子泵的装配图

转子泵是汽车常见的动力部件，如机油泵。转子泵的作用是将一定压力和一定流量的润滑油输送到各润滑表面，并保证润滑油在润滑系统内正常循环流动。图 6-1 所示转子泵的装配图清晰、准确地表达了转子泵的组成部件、工作原理、传动路线、各组成零件之间的相对位置、装配和连接关系、主要零件的结构形状以及有关的尺寸、技术要求等。由此可见，装配图一般包括以下几个方面的内容：

1. 一组图形

用视图、剖视图、断面图及特殊表达方法等所组成的一组图形，正确、完整、清晰地表达装配体（汽车、机器或部件）的工作原理、传动路线、各零件的装配关系、零件间的相对位置、连接方式、主要零件的结构形状。

2. 必要的尺寸

标注反映装配体的规格、性能、零件（或部件）间的相对位置、装配、安装时所必

155

需的尺寸。

3．技术要求

用符号、文字等说明装配体的工作性能、质量规范、装配、调试、安装时应达到的技术指标，以及试验和使用等方面的有关条件要求和注意事项等。

4．标题栏

说明产品的名称、比例、设计单位、绘图及责任者的签字等内容。

5．零（部）件序号和明细栏

在装配图中，对各种不同的零（部）件编写序号，并在标题栏上方按序号编制成零（部）件的明细栏，在明细栏中依次填写各组成零件的编号、名称、数量和材料等内容。

> **提示：**
>
> 　由于装配图的复杂程度和使用要求不同，以上各项内容并不是在所有的装配图中都要表达出来，而是要根据实际情况来确定。

二、装配图的表达方法

装配图需要表达装配体的工作原理和装配关系，是将制造加工出的零件装配成部件或产品的主要依据，并不需要将每个零件的形状和大小表达完整。针对装配图的表达特点，为使表达清晰而简便，国家标准对装配图制定了相应的规定画法和特殊表达方法。

1．装配图的规定画法

在装配图中，为了便于区分不同的零件，正确地表达各零件之间的关系，在画法上有以下规定：

（1）接触面和配合面的画法

相邻两零件的接触表面和公称尺寸相同的两配合表面只画一条共有的轮廓线，如图 6-2 中的①所示；相邻两零件的不接触表面和公称尺寸不同的非配合表面应分别画出两条各自的轮廓线，即使间隙很小，也必须用夸大画法画出间隙，如图 6-2 中的②所示。

（2）剖面线的画法

在装配图中，同一个零件在所有的剖视图、断面图中，其剖面线应保持同一方向，且间隔一致；相邻两个（或两个以上）零件的剖面线则必须不同，即使其方向相反或方向相同但间隔不等，如图 6-2 中的③所示。当零件的断面厚度在图中等于或小于 2 mm 时，允许将剖面涂黑以代替剖面线，如图 6-2 中的⑧所指的垫片。

（3）实心件和某些标准件的画法

在装配图的剖视图中，当剖切平面通过实心零件（如轴、杆等）和标准件（如螺栓、螺母、销、键等）的对称平面或基本轴线时，这些零件按不剖绘制，如图 6-2 中的⑤所示。但当剖切平面垂直于其轴线剖切时，则必须画出剖面线，如图 6-1 中 C-C 剖视图中的三个螺栓的画法。

2．简化画法

（1）在装配图中，对若干相同的零件组，如螺栓、螺钉连接等，可以仅详细地画出一处或几处，其余只需用细点画线表示其位置，如图6-2中的⑨所示。

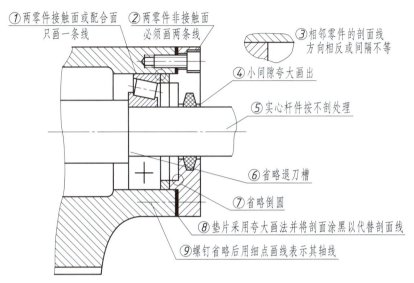

① 两零件接触面或配合面只画一条线　② 两零件非接触面必须画两条线　③ 相邻零件的剖面线方向相反或间隔不等　④ 小间隙夸大画出　⑤ 实心杆件按不剖处理　⑥ 省略退刀槽　⑦ 省略倒圆　⑧ 垫片采用夸大画法并将剖面涂黑以代替剖面线　⑨ 螺钉省略后用细点画线表示其轴线

图6-2　装配图的规定画法和简化画法

（2）在装配图中，对于零件上的一些工艺结构，如小圆角、倒角、退刀槽和砂轮越程槽等，可以省略不画，如图6-2中⑥、⑦所示。

（3）当剖切平面通过某些标准产品的组合件，或该组合件已在其他视图中表达清楚时，允许只画出外形轮廓，如图6-3主视图上的油杯2所示。

3．特殊表达方法

（1）拆卸画法

在装配图的某个视图上，如果某些零件在其他视图上已经表达清楚，而又遮住了需要表达的零件时，可将其拆卸不画，而只画剩下部分的视图，这种画法称为拆卸画法。为了避免读图时产生误解，可对拆卸画法加以说明，在图上加注"拆去零件××"等，如图6-3的俯视图即拆去了轴承盖等零件。

（2）沿零件的结合面剖切

在装配图中，为了表示内部结构，可假想沿着某些零件的接合面剖开，画出剩下部分的视图。如图6-1中的 C-C 剖视图，即沿着泵体1与泵盖6的接合面剖开。此时，零件的接合面上不画剖面线，但被剖切的三个螺栓9及泵轴4必须画出剖面线。

（3）假想画法

① 对于运动零件，当需要表明其运动范围或极限位置时，可以在一个位置上用粗实线画出该零件，而在其他的极限位置用细双点画线来表示。如图6-4所示的挂轮架，图中手柄工作的两个极限位置 II、III 均采用细双点画线画出。当手柄在位置 I 时，齿轮2、3均不与齿轮4啮合；当它处于位置 II 时，齿轮2与4啮合，传动路线为齿轮1—2—4；当它处于位

置 III 时，齿轮 3 与 4 啮合，传动路线为齿轮 1—2—3—4。由此可见，手柄所处的位置不同，齿轮 4 的转向和转速也不相同。

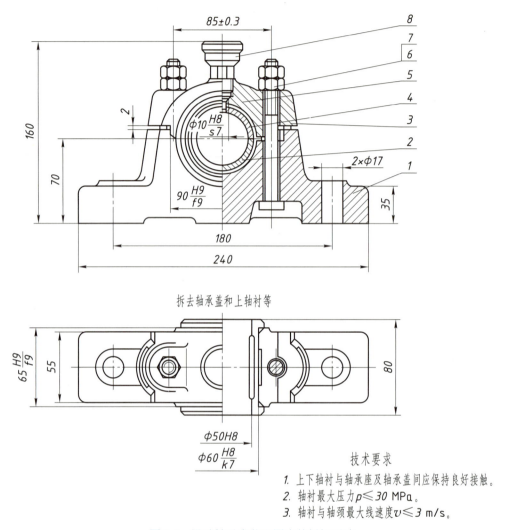

图6-3　滑动轴承在装配图中的拆卸画法

技术要求
1. 上下轴衬与轴承座及轴承盖间应保持良好接触。
2. 轴衬最大压力 $p \leqslant 30$ MPa。
3. 轴衬与轴颈最大线速度 $v \leqslant 3$ m/s。

　　② 为了表明本部件与其他相邻部件或零件的装配关系，对不属于本装配体的零件或部件，可用细双点画线画出该零件的轮廓线。如图 6-4 所示的左视图用细双点画线来表示挂轮架的相邻零件——主轴箱；又如图 6-1 所示的主视图，用细双点画线表示与转子泵相邻的基体的轮廓线。

　　（4）展开画法

　　为了展示传动机构的传动路线和装配关系，可假想用剖切平面按传动顺序沿轴线剖切，然后依次展开，将剖切平面均旋转到与选定的投影面平行的位置，再画出其剖视图，这种画法称为展开画法，如图 6-4 所示挂轮架传动机构的 A—A 展开图。

　　（5）单独表示某个零件

　　在装配图中，当某个零件的形状未表达清楚或对理解装配关系有影响时，可另外单独画出该零件的某一视图，并在零件视图的上方注出该零件的名称或编号，其标注方法与局部视图类似，如图 6-1 中件 6A、件 6B 图所示。

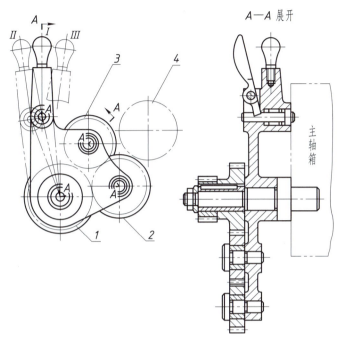

图6-4　装配图的特殊表达方法(挂轮架)

4. 装配图中的尺寸标注

由于装配图的作用与零件图不同，因此，在图上标注尺寸的要求也不同。在装配图上应按照对装配体的设计、制造的要求来标注某些必要的尺寸，以说明装配体的性能、规格、装配体各组成部分的装配关系、装配体整体大小等。因此，装配图中一般需标注以下几类尺寸：

（1）规格（性能）尺寸

规格（性能）尺寸是表示装配体的规格大小或工作性能的尺寸。这些尺寸是设计时确定的，也是了解和选用该装配体的依据。如图 6-1 C-C 剖视图中的尺寸 ϕ10 mm，是转子泵进（出）油孔的尺寸，该尺寸直接决定了转子泵的排量，也是规格和性能尺寸。

（2）装配尺寸

装配尺寸是表示装配体中各零件之间的相互配合关系和相对位置的尺寸。这种尺寸是保证装配体装配性能和质量的尺寸，包括配合尺寸和相对位置尺寸。

① 配合尺寸　表示零件间配合性质的尺寸。图 6-1 所示的配合尺寸有 ϕ13F8/h6、ϕ13N8/h6、ϕ41H7/ f7 等。

② 相对位置尺寸　表示装配时需要保证的零件间相互位置的尺寸。图 6-1 中的尺寸 3 mm 为内外转子之间的偏心距，即内外转子之间的相对位置尺寸。

（3）安装尺寸

安装尺寸是将装配体安装到产品上或地基上所需的尺寸，如图 6-1 C-C 剖视图中所示的

安装螺栓孔的孔距 $\phi73$ mm。

（4）外形尺寸

外形尺寸是表示装配体外形大小的总体尺寸，即装配体的总长、总宽和总高。它反映了装配体的大小，提供了装配体在包装、运输和安装过程中所占空间的大小，如图 6-1 所示转子泵的总长度为 53 mm，总高（总宽）度为 90 mm。

（5）其他重要尺寸

其他重要尺寸是指在设计中确定的而又未包括在上述几类尺寸之中的尺寸。其他重要尺寸视需要而定，如主体零件的重要尺寸、齿轮的中心距、运动件的极限位置尺寸、安装零件要有足够操作空间的尺寸等，如图 6-1 中的 $\phi52\text{f}8$、$5\text{g}6$ 等尺寸。

> **提示：**
>
> 　上述五类尺寸之间并不是互相孤立的，实际上有的尺寸往往同时具有多种作用，因此，在装配图中，并不一定需要同时注出上述五类尺寸，可以根据具体情况和要求来确定。

5．装配图中的技术要求

除图形中已用代号表达的技术要求以外，装配图中的技术要求主要是为了说明机器或部件在装配、检验、使用时应达到的技术性能和质量要求等，主要有如下几个方面：

（1）装配要求

装配时的注意事项和装配后应达到的指标，如装配方法和装配精度等。

（2）检验要求

检验、试验的方法和条件及应达到的指标。

（3）使用要求

对装配体在使用、保养、维修时提出的要求，例如限速、限温、绝缘要求及操作注意事项等。

技术要求通常写在明细栏左侧、上方或其他空白处，内容太多时可以另编技术文件。

6．零件序号及其编写方法

为了便于看图和进行图样管理，必须对装配图中的每个零件或组件进行编号，这种编号称为零件序号，同时要编制相应的明细栏。

（1）序号的编写方法

序号应写在视图及尺寸的范围之外，指引线应从零件的可见轮廓内（若剖开时，尽量由剖面区域内）引出，用细实线绘制，并在轮廓内的一端画一个小黑点，在外面的一端画一条细实线的短水平线或圆，如图 6-5a 所示。序号的字高比该装配图中所注尺寸数字高度大一号或两号，也可以不画水平线或圆，但序号的字高比该装配图中所注尺寸数字高度大两号。同一装配图中编注序号的形式应一致。对于涂黑的剖面，可用箭头指向其轮廓线，如图 6-5b 所示。

（2）零件序号编写的基本规定

① 装配图中相同的各组成部分（零件或组件）只应有一个序号，标准化的部件或组合

件（如油杯、滚动轴承、电动机等）在装配图上只注写一个序号。

② 指引线相互不能相交，也不要过长。当通过有剖面线的区域时，指引线不应与剖面线平行。必要时指引线允许画成折线，但只允许弯折一次，如图 6-5c 所示。

③ 对于一组紧固件以及装配关系清楚的零件组，可以采用公共指引线，如图 6-5d 所示。公共指引线常用于螺栓、螺母和垫圈所组成的零件组。

④ 装配图中的序号应按水平或垂直方向排列整齐。序号应按顺时针或逆时针方向顺序排列。在整个图上无法连续时，可只在每个水平或垂直方向顺序排列。

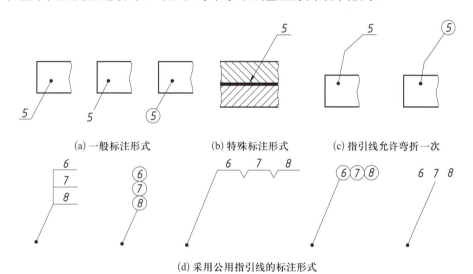

(a) 一般标注形式　　(b) 特殊标注形式　　(c) 指引线允许弯折一次

(d) 采用公用指引线的标注形式

图6-5　装配图中的序号形式及画法

7. 标题栏和明细栏

装配图中的标题栏与零件图中的标题栏基本一致，只是在填写的内容上稍有区别。作业中可使用图 6-6 所示的标题栏。

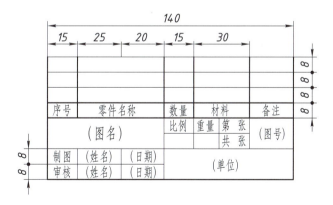

图6-6　装配图中的标题栏与明细栏

明细栏是装配体或部件中全部零件的详细目录，其内容和格式详见国家标准《技术制图　明细栏》（GB/T 10609.2—2009）。明细栏画在装配图右下角标题栏的上方，栏内分格线为细实线，外框线为粗实线，最上面的边框线规定使用细实线，栏中的编号与装配图中的零部件序号必须一致。明细栏的填写内容应遵守以下规定：

（1）零件序号应自下而上填写，以便增加零件时，可以继续向上画格。如位置不够时，可将明细栏按顺序画在标题栏的左方。

（2）"零件名称"栏内注写每种零件的名称，若为标准件，应注出规定标记中除标准号以外的其余内容，如螺栓 M8×25。对齿轮、弹簧等具有重要参数的零件，还应注出其参数。

（3）"数量"栏内填写该零件在装配体中的数量。

（4）"材料"栏内填写制造该零件所用的材料标记，如 HT150。

（5）"备注"栏内可填写必要的附加说明或其他有关的重要内容，例如齿轮的齿数和模数等。对于标准件，还应注出其标准代号，如 GB/T 6170—2000。

任务二　识读装配图的方法与步骤

任务目标

1. 了解装配体的功用、结构、工作原理和使用性能。
2. 明确各零件间的装配关系和连接方式。
3. 明确各主要零件的结构形状及作用。
4. 了解装配图中的尺寸标注和技术要求的各项内容。

知识链接

读装配图就是通过对装配体的图形、尺寸、符号和文字的分析，了解装配体的名称、用途、工作原理、结构特点、装配关系及技术要求和操作方法等的过程。不同工作岗位上的从业人员，读装配图的目的和要求有所不同。

读装配图的方法与步骤

1. 概括了解

从标题栏中可以了解装配体的名称及绘图比例等信息，从中能初步判断装配体的大致用途和制造方法等。从零件的编号及明细栏中可以了解装配体各零（部）件的名称、数量和材料以及在装配图中的位置等，以判断装配体的复杂程度。

2. 分析表达方案

分析各视图的表达方法及各视图之间的关系。首先找出主视图，再确定其他视图的投射方向，弄清各视图的表达重点，要注意找出剖视图的剖切位置以及向视图、斜视图和局部视图的投射方向和表达部位，理解每个图形的表达意图。

3．分析工作原理

这一阶段是读图进一步深入的阶段，需要把零件间的装配关系搞清楚。通过仔细分析各视图，弄清各零件之间的装配关系，固定、定位方式以及各零件之间的配合情况、运动传递情况等，从而可以分析装配体的工作原理及拆装顺序。

4．分析零件形状

分析零件的目的是弄清楚零件的结构形状和各零件间的装配关系。一般的装配体上都有标准件、常用件和专用零件。标准件和常用件一般容易看懂，但专用零件有简有繁，它们的作用和地位又各不相同，所以应先从主要零件开始分析，由各零件剖面线的不同方向和间隔，分清不同零件轮廓的范围、结构、形状和功用。

5．分析尺寸及技术要求

除以上分析外，还要对技术要求和标注的尺寸进行分析，进一步了解装配体的设计意图和装配工艺性。

6．归纳总结

经过上述分析，归纳总结，想象装配体的总体结构形状。

在实际读图时，上述六个步骤是不能截然分开的，常常是边了解、边分析、边综合地进行想象。随着各部分分析的完成，装配图所表达的零件之间的装配关系就清楚了。

任务三　识读机油泵的装配图

任务目标

1．了解机油泵的结构和工作原理。

2．了解机油泵各个零件之间的位置关系、装配关系及连接方式。

3．明确装配体中各零件的结构、形状和作用，能分析判断装配体中各零件的运动方式。

知识链接

识读图6-7所示机油泵的装配图

1．概括了解

读装配图时，首先看标题栏，了解机器或部件的名称，从明细栏中了解零件的名称、数量、材料等；其次大致浏览一下装配图采用了哪些表达方法，各视图配置及其相互间的投影关系、尺寸注法、技术要求等内容；最后参考、查阅有关资料及其使用说明书，从中了解机器或部件的性能、作用和工作原理。

从图6-7所示的装配图中可知，齿轮油泵共由15种零件装配而成，并采用了四个视图表达。其中主视图为全剖视图，主要表达了齿轮油泵中各个零件间的装配关系。左视图是采用沿左端盖1和泵体3的接合面 A—A 的位置剖切后移去了垫片2的半剖视图，主要表达了该油泵齿轮的啮合情况、吸油和压油的工作原理，以及油泵的外形情况。

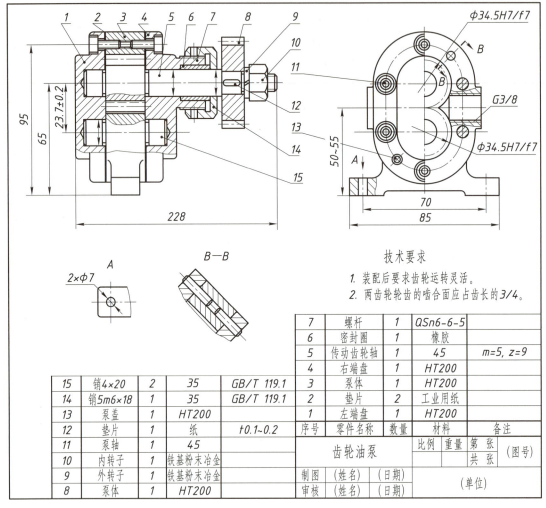

技术要求

1. 装配后要求齿轮运转灵活。
2. 两齿轮轮齿的啮合面应占齿长的3/4。

15	销4×20	2	35	GB/T 119.1			
14	销5m6×18	1	35	GB/T 119.1			
13	泵盖	1	HT200				
12	垫片	1	纸	t0.1~0.2			
11	泵轴	1	45				
10	内转子	1	铁基粉末冶金				
9	外转子	1	铁基粉末冶金				
8	泵体	1	HT200				

7	螺杆	1	QSn6-6-5	
6	密封圈	1	橡胶	
5	传动齿轮轴	1	45	m=5, z=9
4	右端盘	1	HT200	
3	泵体	1	HT200	
2	垫片	2	工业用纸	
1	左端盖	1	HT200	
序号	零件名称	数量	材料	备注

齿轮油泵

图6-7　齿轮油泵的装配图

从图中了解到，机油泵的作用是将机油提高到一定压力后，强制地压送到发动机各零件的运动表面上。

2．分析装配关系和工作原理

从主视图入手，根据各装配干线，对照零件在各个视图中的投影，分析各零件间的配合性质、连接方法及相互关系，再进一步分析各零件的功用与运动状态，了解其工作原理。通常先从主动件开始按照连接关系分析传动路线，也可以从被动件反序进行分析，从而弄清部件的装配关系和工作原理。

齿轮油泵是机器中用于输送润滑油的一个部件，其工作原理如图6-8所示。当主动轮按逆时针方向旋转时，带动从动轮按顺时针方向旋转。啮合区内右边的压力降低而产生局部真空，油池中的油在大气压力的作用下，由进油孔进入油泵的吸油口（低压区），随着齿轮的转动，齿轮中的油不断沿箭头方向被带至左边的压油口（高压区）把油压出，送至机器中需要润滑的部位。图6-7中主视图较完整地表达了零件间的装配关系：泵体3是齿轮油泵中的主要零件之一，它的内腔正好容纳一对齿轮；左端盖1、右端盖4支承齿轮轴15和传动齿轮轴5的旋转运动；两端盖与泵体先由销13定位后，再由螺钉11连成整体；垫片2、密封圈6、压紧螺母14，都是为了防止油泵漏油所采用的零件或密封装置。

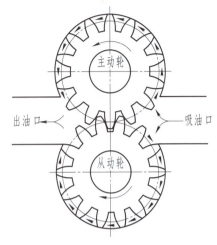

图6-8　齿轮油泵工作原理图

3．分析零件

分析零件的主要目的是弄清楚组成部分的所有零件的类型、作用及其主要的结构形状。一般先从主要零件着手，然后是其他零件。

分析零件的主要方法是将零件的有关视图从装配图中分离出来，再用看零件图的方法弄懂零件的结构形状。具体步骤是：

（1）看零件图的序号和明细栏，不同序号代表不同的零件。

（2）看剖面线的方向和间隔，若相邻两零件剖面线的方向、间隔不同，则不是同一个零件。

（3）对剖视图中未画剖面线的部分，区分是实心杆件还是零件的孔槽与未剖切部分，其方法是按装配图对实心件和紧固件的规定画法来判断。

4．综合归纳，想象装配体的总体形状

在看懂每个零件的结构形状以及装配关系和了解每条装配干线之后，还要对全部尺寸和技术要求进行分析研究，并系统地对部件的组成、用途、工作原理、装拆顺序进行总结，加深对部件设计意图的理解，从而对部件有一个完整的概念，如图6-9所示。

图6-9　齿轮油泵图

任务四　识读活塞连杆组装配图

任务目标

1. 了解活塞连杆组的作用及组成。
2. 了解活塞连杆组各零件之间的位置关系、装配关系及连接方式。
3. 明确各零件的结构、形状和作用，分析并判断装配体中各零件的运动方式。

知识链接

识读图 6-10 所示活塞连杆总成的装配图并填空

1. 概括了解

由标题栏可知该部件的名称为_____，是汽车上的一个部件。其作用是维持曲轴的旋转。由明细栏可知，组成活塞连杆总成的各种零件共有_____种，其中标准件有两种，其余均为专用件。各零件的名称、数量、材料及备注等内容可从明细栏中查出。

2. 分析视图

活塞连杆总成共采用了三个图形表达，其中有两个基本视图（主视图和左视图），此外还采用了 A—A 移出断面图。各视图分析如下：

（1）主视图　主视图采用了局部剖视，主要表达活塞内部的结构形状以及活塞 1、活塞环 2 和 3、锁环 5、活塞销 6、连杆衬套 7 和连杆 8 等零件的相对位置和装配关系。

（2）左视图　左视图主要表达了活塞连杆总成的部分外形。

（3）A—A 移出断面图　A—A 移出断面图为单独表达零件的视图，表达了主要零件连杆 8 杆身的"工"字形断面。

3. 分析装配关系和工作原理

（1）装配关系

① 配合关系　由图 6-10 中的尺寸 $\phi28H6/h5$ 可知，活塞销 6 的外圆与连杆 8 小头的衬套 7 内孔之间的配合为基轴制间隙配合，其配合要求较高（最小间隙为零），拆卸时应注意保护孔的表面；$\phi28N6/h5$ 表示活塞销 6 的外圆与活塞 1 内孔之间的配合为基轴制过盈配合。

② 连接关系　连杆 8 和连杆盖 10 之间是用连杆螺栓 9 连接的，并用开口销 12 防止螺栓 9 松动；活塞销 6 及连杆衬套 7 是用锁环 5 固定轴向位置的。

（2）工作原理

活塞连杆组装入气缸内，连杆 8 的大头与曲轴的轴颈连接，活塞销 6 在连杆 8 小头衬套 7 的孔内做自由转动。当活塞在气缸内做往复直线运动时，通过连杆的平面运动带动曲轴做旋转运动。

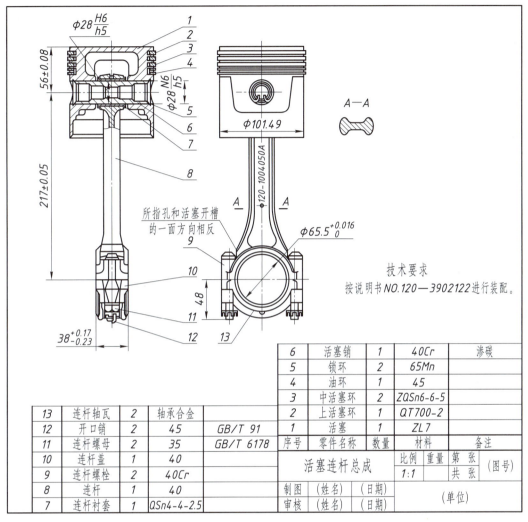

图6-10 活塞连杆总成的装配图

13	连杆轴瓦	2	轴承合金			6	活塞销	1	40Cr	渗碳
12	开口销	2	45	GB/T 91		5	锁环	2	65Mn	
11	连杆螺母	2	35	GB/T 6178		4	油环	1	45	
10	连杆盖	1	40			3	中活塞环	2	ZQSn6-6-5	
9	连杆螺栓	2	40Cr			2	上活塞环	1	QT700-2	
8	连杆	1	40			1	活塞	1	ZL7	
7	连杆衬套	1	QSn4-4-2.5			序号	零件名称	数量	材料	备注

技术要求
按说明书NO.120—3902122进行装配。

活塞连杆总成 — 比例 1:1 — 重量 — 第 张 共 张 (图号)

制图（姓名）（日期） 审核（姓名）（日期） （单位）

4. 分析主要零件

活塞连杆组的主要零件有_____1，_____2、3、4，_____6 和_____8 等。

（1）活塞

活塞 1 的结构为有上顶的杯形零件，顶部与气缸盖、气缸壁共同组成燃烧室，活塞顶面到最下面一道活塞环槽之间的部分为活塞头部，其作用是承受气体压力、防止漏气。活塞头部切有若干环槽，用来安装活塞环，上面的 1～3 道环槽用来安装气环，下面的一道环槽用来安装油环。活塞环槽以下的所有部分称为活塞裙部，其作用是引导活塞在气缸中做往复运动，并承受侧压力。活塞的主要作用是承受气缸中的燃烧压力，并将此力通过活塞销和连杆传给曲轴。

（2）活塞环

活塞环分为气环和油环两种。气环的作用是密封和传热，即保证活塞与气缸壁之间的密封，防止气缸内的可燃混合气和高温燃气漏入曲轴箱，并将活塞顶部接受的热传给气缸壁，避免活塞过热。油环的主要作用是刮除飞溅到气缸壁上多余的机油，并在气缸壁上涂布一层均匀的油膜，既能防止机油窜入燃烧室被烧掉，又能实现对活塞、活塞环及气缸壁的润滑。

（3）活塞销

活塞销 6 的结构为厚壁空心圆柱体，其作用是连接活塞和连杆小头，将活塞所承受的气体压力传给连杆。

（4）连杆

连杆 8 的结构较为复杂，其主要部分分为连杆小头、杆身和连杆大头三部分。连杆小头用来安装活塞销以连接活塞，连杆小头内装有青铜衬套 7；连杆杆身采用了"工"字形断面（见图 6-10 中的 $A—A$ 移出断面图），抗弯强度高；连杆大头与曲轴的轴颈连接，为便于安装，将连杆大头沿着与杆身轴线垂直的方向切开，做成剖分式，上半部分与杆身为一体，下半部分接连杆盖，二者通过螺栓 9 连接；连杆轴瓦 13 装在连杆大头孔内，用以保护连杆大头孔和曲轴轴颈。连杆的作用是将活塞承受的力传给曲轴，带动曲轴转动，将活塞的往复运动转变为曲轴的旋转运动。

5．分析尺寸及技术要求

（1）尺寸分析

$\phi 65.5^{+0.016}_{0}$ mm 表示活塞连杆的使用性能要求，即只能装入直径为 $\phi 65.5$ mm 的曲轴，为规格性能尺寸；尺寸 56 mm±0.08 mm、217 mm±0.05 mm 为相对位置尺寸；尺寸 $\phi 38^{+0.17}_{-0.23}$ mm、48 mm 为重要尺寸；凡有配合代号的尺寸为配合尺寸（如上分析）；总高度为 321 mm（56 mm+217 mm+48 mm），总宽度及总长度为 101.49 mm。

（2）技术要求分析

技术要求提出"按说明书 NO.120—3902122 进行装配"，因此在装配前必须查阅说明书，并按说明书的技术要求进行装配。

6．综合归纳，想象整体

通过上面的仔细分析，再进行综合归纳，便可以想象出活塞连杆总成的整体形状。图 6-11

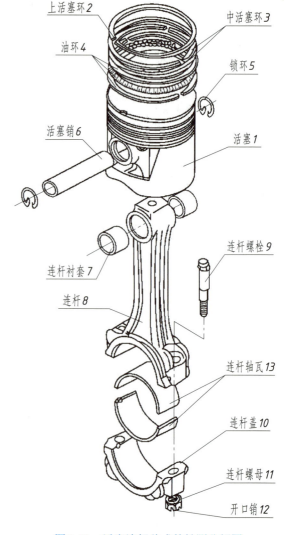

图6-11　活塞连杆总成的轴测分解图

所示为活塞连杆总成的轴测分解图。

课堂练习

回答下列问题。

1. 装配图的重要意义是什么？

_____

_____

2. 装配图按表达内容分为_____和_____。

3. 一张完整的装配图包含哪些内容？

_____

_____

4. 装配图规定画法有哪些注意事项？

_____

_____

5. 装配图中尺寸标注有哪些种类？

_____

_____

6. 识读装配图的方法和步骤是什么？

_____

_____

7. 齿轮油泵的工作原理是什么？

_____

_____

项目小结

　　装配图的学习可培养学生阅读和绘制装配图的技能。学习中要掌握装配图的规定画法和特殊表达方法，熟悉各种标准件、常用件及典型零件的表达规律，能从部件的功能出发，分析了解各零件的作用、主要结构形状、装配关系和工作原理。

项目七
识读车身钣金件展开图与焊接图

项目导入

在机器或设备中，经常会见到一些用金属板材制成的零件，称为钣金件，如图7-1所示。在车辆维修中，经常遇到修补和制造钣金件，如排气管（图7-2）、管接头和空气滤清器壳体等。制造钣金件一般要经过放样（即在金属板材上，按实际尺寸，画出它们的展开图）、切割下料、弯曲成形、焊接或铆接等一系列工序。

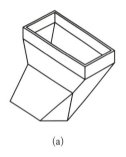 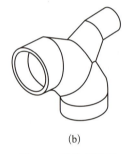 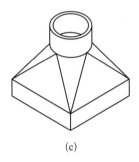

(a)   (b)   (c)

图7-1　几种钣金件

> **提示：**
> 放样是根据施工图的要求，按正投影原理，将构件的实际形状和尺寸按1:1的比例画到施工板料或样板材料上的过程。
> 放样的一般步骤是：读图 → 准备放样工量具 → 选择放样基准 → 放样操作。
> 放样工具有钢尺、中心冲、划线平板、直角尺、划针、锤子、划针盘、圆规。

图7-2　汽车排气管

任务　识读展开图与焊接图

任务目标

1. 了解展开图的形成，熟悉展开图的几种展开方式。
2. 了解焊接接头的形式，熟悉焊接图。

知识链接

一、展开图

将制件的表面按其实际形状和大小，摊平在同一个平面上，称为制件的表面展开，展开所得的图形称为表面展开图，简称展开图。图 7-3 所示为基本几何立体的展开示意图。

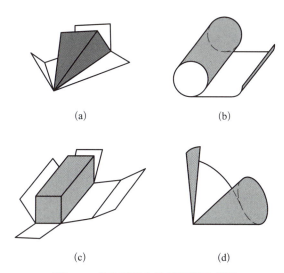

(a)　　　　　　　　(b)

(c)　　　　　　(d)

图 7-3　基本几何立体的展开示意图

机件立体表面分为可展开和不可展开两种，平面立体的表面都是平面，如棱柱、棱锥等表面，是可展开的；曲面立体表面，如球、环等表面，是不可展开的。对不可展开表面可采取近似画法画出其表面展开图。

展开制件表面的基本方法有平行线展开法、放射线展开法、三角形展开法等三种。

1. 平行线展开法

平行线展开法适用于形体表面有平行素线的圆柱体和有平行棱线的棱柱体。

171

平行线展开法的基本原理是将构件看成由无数条相互平行的素线组成，取两相邻素线及两端线所围成的小面积作为基本平面，再将每一个基本小平面的真实大小依次画在平面上，得到展开图。

斜口四棱柱管的表面展开图

图7-4a 所示为上口被斜截的四棱柱管，由四个平面组成，且各棱线相互平行。由于该四棱柱管的各棱线和棱面均处于特殊位置，所以在投影图上可直接得出各条棱线的实长或各个棱面的实形，如图7-4c 所示。具体作图步骤如下：

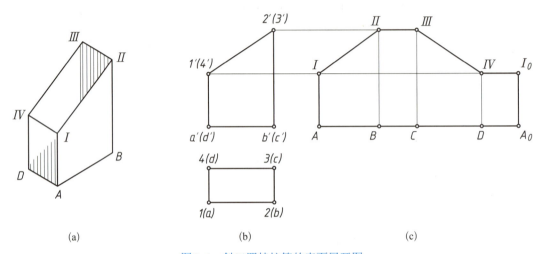

(a)　　　　　　　　　　(b)　　　　　　　　　　(c)

图7-4　斜口四棱柱管的表面展开图

将管底各边展开成一条水平线 AA_0，量取 $AB=ab$，$BC=bc$，$CD=cd$，$DA_0=da_0$

依次截取各侧棱长。过 A、B、C、D、A_0 各点作铅垂线，并分别量取 $A\,I=a'1'$、$B\,II=b'2'$、$C\,III=c'3'$，$D\,IV=d'4'$ 和 $A_0I_0=a'1'$，即得各端点 I、II、III、IV、I_0。

依次用直线连接各侧棱端点，即得斜口四棱柱管的表面展开图。

如画四棱柱管的表面展开图，则需加上顶面和底面的实形。

2. 放射线展开法

放射线展开法适用于各种锥体的表面展开。锥面的展开图上都有集束的素线。

放射线展开法的原理是把锥体表面上任意相邻的两条棱线及其所夹的底边线，看成一个近似的平面三角形。当各小三角形的底边足够短时，小三角形面积的和就等于原来形体的表面积。若把所有的小三角形一次铺开成一个平面，则原来的形体表面也就被展开了。作展开图的关键是确定这些棱线的长度和相邻棱线间的夹角，或者利用两条棱线所夹的底边线实长来确定，通过三角形底边线两点间距离达到确定其夹角的目的。

斜口锥管的展开图

斜口锥管的展开图如图 7-5 所示，具体作图步骤如下：

（1）画出完整的圆锥表面展开图（扇形）。首先作出圆锥的 8 条（也可以任意条）等分线，然后把圆锥看成 8 棱锥，作出 8 棱锥的表面展开图。作半径 R 等于圆锥母线实长的圆弧。

在此圆弧上截取弦长 *I*、*II*、*III*、*IV*…使之分别等于圆锥底圆弦长 *12*、*23*、*34*…

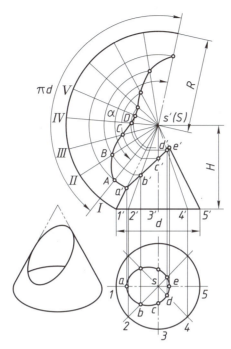

图 7-5　斜口锥管的表面展开图

（2）求出斜截后各素线实长。由于斜口锥管表面素线不一致，其正面投影只反映最左（*1'a'*）和最右（*5'e'*）两条素线的实长，其他位置素线可采用作图法求得。如求 *IIB* 素线长，应以 *s'* 为圆心，以 *s'b'* 的实长为半径作圆弧交 *s' II* 于 *B*，从而得到 *II B* 素线长。依次求出其余斜截后各素线长。

（3）连接 *A*、*B*、*C*、*D*…各端点，即得到斜口锥管的表面展开图。

3．三角形展开法

三角形展开法能对各种形体进行表面展开（或近似展开），一般在无法使用上述两种方法进行展开的情况下，才使用三角形展开法，如不规则的曲面展开等。

二、焊接图

焊接图是提供焊接加工时用的一种图样。焊接是一种不可拆连接，是对两构件进行局部加热或加压（或既加热又加压），依靠构件之间的原子结合力，将构件连接在一起的方法。

焊接的接头形式

用焊接方法连接的接头称为焊接接头。常见的焊接接头形式有对接接头、搭接接头、T 形接头、角接头等。焊件经焊接后所形成的结合部分称为焊缝。焊缝形式有对接焊缝、点焊缝、角焊缝等，如图 7-6 所示。

GB/T 324—2008《焊缝符号表示法》和 GB/T 12212—2012《技术制图　焊缝符号的尺寸、比例及简化表示法》规定，可用图示法表示焊缝，主要内容如图 7-7 所示。

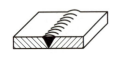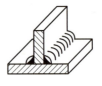

(a) 对接接头、对接焊缝　　(b) 搭接接头、点焊缝　　(c) T形接头、角焊缝　　(d) 角接接头、角焊缝

图7-6　常见的焊接接头及焊缝

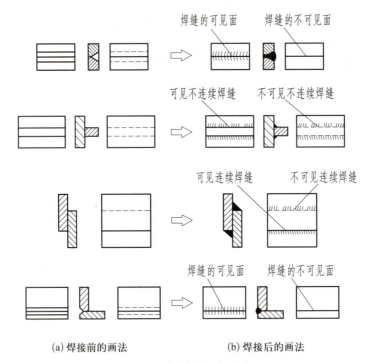

(a) 焊接前的画法　　　　　　　　　　(b) 焊接后的画法

图7-7　焊缝的规定画法

（1）焊缝的画法如图 7-8 和图 7-9（表示焊缝的一系列细实线段允许采用示意画法）所示。也允许采用加粗线（$2d \sim 3d$）表示焊缝，如图 7-10 所示。但在同一图样中，只允许采用一种画法。

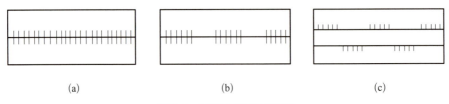

(a)　　　　　　　　　　(b)　　　　　　　　　　(c)

图7-8　用细实线表示焊缝

（2）在表示焊缝端面的视图中，通常用粗实线绘出焊缝的轮廓。必要时，可用细实线画出焊接前的坡口形状等，如图 7-11 所示。

（3）在剖视图或断面图上，焊缝的金属熔焊区通常应涂黑表示，如图 7-12a 所示。若同时需要表示坡口等的形状，熔焊区部分亦可按第（2）条的规定绘制，如图 7-12b 所示。

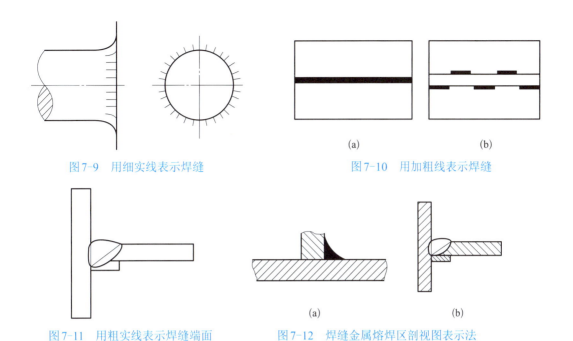

图7-9　用细实线表示焊缝

图7-10　用加粗线表示焊缝

图7-11　用粗实线表示焊缝端面

图7-12　焊缝金属熔焊区剖视图表示法

（4）用轴测图示意的表示焊缝的画法如图 7-13 所示。

（5）必要时，可将焊缝部位放大并标注尺寸，如图 7-14 所示。

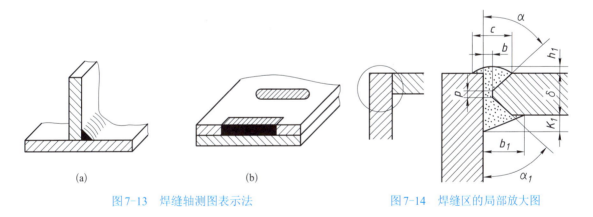

图7-13　焊缝轴测图表示法

图7-14　焊缝区的局部放大图

（6）当在图样中采用图示法绘出焊缝时，通常应同时标注焊缝符号，如图 7-15 所示。

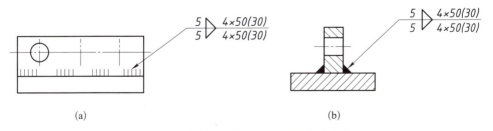

图7-15　图示法配合焊缝符号的标注方法

175

三、标注法

为了使图样清晰并减轻绘图的工作量，可按 GB/T 324—2008《焊缝符号表示法》规定的焊缝符号表示焊缝，即标注法。

焊接符号标注法是把在图样上用技术制图方法表示的焊缝基本形式和尺寸采用一些符号来表示的方法。焊缝符号可以表达焊缝的位置、焊缝横断面形状（坡口形状）及坡口尺寸、焊缝表面形状特征、焊缝某些特征或其他要求。

1. 焊缝符号

焊缝符号一般由基本符号、补充符号、指引线及焊缝尺寸符号组成。

（1）基本符号

基本符号是表示焊缝横断面形状的符号，它采用近似于焊缝横断面形状的符号表示，部分焊缝基本符号如表 7-1 所示。基本符号采用实线绘制。

表 7-1　焊缝的基本符号（部分）

序　　号	焊缝名称	示　意　图	符　　号
1	I 形焊缝		‖
2	V 形焊缝		V
3	单边 V 形焊缝		V
4	角焊缝		◣
5	点焊缝		○
6	U 形焊缝		Y

（2）补充符号

补充符号是为了补充说明有关焊缝或接头的某些特征（如表面形状、衬垫、焊缝分布、施焊地点等）而采用的符号，见表 7-2。

表 7-2　补 充 符 号

序　号	名　　称	符　号	说　　明
1	平面	 ⌐	焊缝表面通常经过加工后平整
2	凹面	 ⌣	焊缝表面凹陷
3	凸面	 ⌢	焊缝表面凸起
4	圆滑过渡	 ⌄	焊趾处过渡圆滑
5	永久衬垫	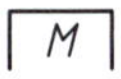 ⌐M⌐	衬垫永久保留
6	临时衬垫	 ⌐MR⌐	衬垫在焊接完成后拆除
7	三面焊缝	⊏	三面带有焊缝
8	周围焊缝	○	沿着工件周边施焊的焊缝 标注位置为基准线与箭头线的交点处
9	现场焊缝	 ⚑	在现场焊接的焊缝
10	尾部	 <	可以表示所需的信息

（3）尺寸符号

必要时，焊缝符号可附带尺寸标注，部分尺寸符号见表 7-3。

表 7-3　焊缝尺寸符号（部分）

符　号	名　　称	示　意　图	符　号	名　　称	示　意　图
δ	工件厚度	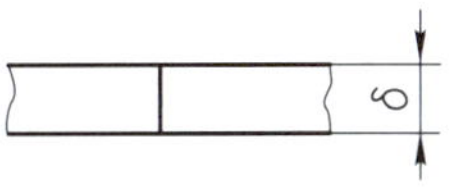	c	焊缝宽度	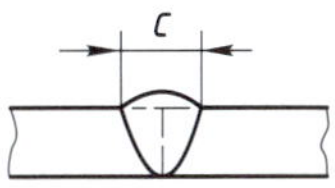
α	坡口角度	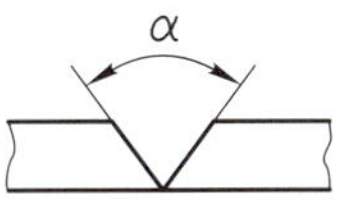	R	根部半径	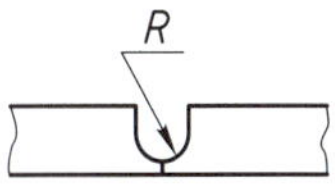

符　号	名　　称	示　意　图	符　号	名　　称	示　意　图
b	根部间隙		l	焊缝长度	
p	钝边		n	焊缝段数	n=3

（4）焊接方法和数字代号

常用的焊接方法和数字代号见表7-4。

表7-4　常用的焊接方法和数字代号

焊　接　方　法	数　字　代　号	焊　接　方　法	数　字　代　号
焊条电弧焊	111	激光焊	52
埋弧焊	12	氧乙炔焊	311
电渣焊	72	硬钎焊	91
电子束焊	51	点焊	21

2. 箭头线的位置

箭头线相对焊缝的位置一般没有特殊要求，可以指向焊缝的正面或反面，但在标注单边 V 形焊缝、带钝边的单边 V 形焊缝、带钝边的 J 形焊缝时，箭头线应指向带有坡口一侧的工件。

（1）基准线的位置

基准线一般应与图样的底边平行，但在特殊条件下也可与底边垂直。

基准线的细虚线可以根据需要画在基准线的细实线的上侧或下侧，如图 7-16 所示。

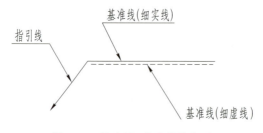

基准线(细实线)

指引线

基准线(细虚线)

图7-16　箭头线、基准线的位置

（2）基本符号相对基准线的位置

当箭头线直接指向焊缝正面时（即焊缝与箭头线在接头的同侧），基本符号应注在基准线的细实线侧；反之，基本符号应注在基准线的细虚线侧，如图 7-17 所示。

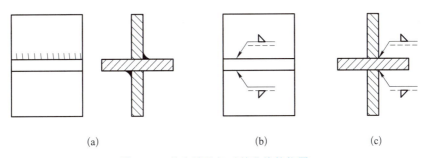

图7-17　基本符号相对基准线的位置

标注对称焊缝和不至于引起误解的双面焊缝时，可不加细虚线，如图7-18所示。

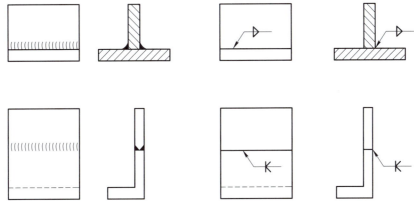

图7-18　对称焊缝的标注

（3）焊缝尺寸符号及其标注位置

焊缝尺寸符号及数据的标注位置如图7-19所示。

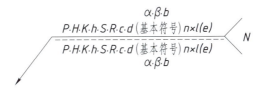

图7-19　焊缝尺寸标注方法

焊缝的标注示例如表7-5所示。

表7-5　焊缝的标注示例

序　　号	焊缝形式	标注示例	说　　明
1			对接V形焊缝，坡口角度为70°，焊缝有效厚度为6 mm，焊条电弧焊

179

序　号	焊　缝　形　式	标　注　示　例	说　　明
2			搭接角焊缝，焊角高度为 4 mm，在现场沿工件周围施焊
3			断续三角焊缝，焊角高度为 4 mm，焊缝长度为 80 mm，焊缝间距为 30 mm，三处焊缝各有 12 段

　　支架焊接图示例如图 7-20 所示。

　　图示支架由 5 部分焊接而成，从主视图上看，有三条焊缝，一处是件 1 和件 2 之间，沿件 1 周围用角焊缝焊接；另两处是件 4 和件 3，角焊缝现场焊接。从 A 向视图上看，有两处焊缝，用角焊缝三面焊接。

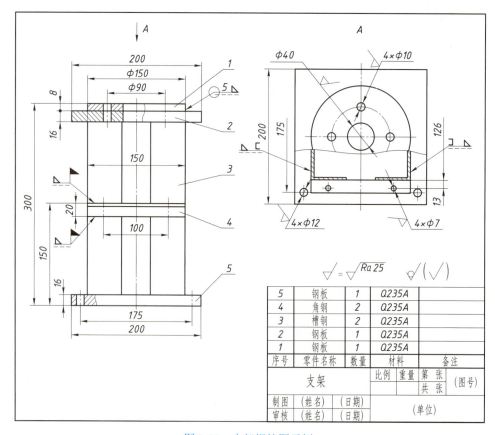

图 7-20　支架焊接图示例

5	钢板	1	Q235A	
4	角钢	2	Q235A	
3	槽钢	2	Q235A	
2	钢板	1	Q235A	
1	钢板	1	Q235A	
序号	零件名称	数量	材料	备注

回答下列问题。

1. 展开制件表面的基本方法有哪几种？

_____

_____

2. 平行线展开法的适用范围及原理是什么？

_____

_____

3. 放射线展开法的适用范围及原理是什么？

_____

_____

4. 什么是焊缝？焊缝的形式有哪些？

_____

_____

5. 焊缝符号的组成包括哪些内容？

_____

_____

 项目小结

　　通过对车身钣金件展开图与焊接图的学习，培养学生的识图能力，为车身钣金实际操作打下良好的基础，在学习过程中，掌握钣金件放样的方法，了解焊接图中焊缝的基本知识。

项目八

AutoCAD 绘制汽车零件图

AutoCAD 是通用的计算机辅助绘图与设计软件包，具有易于掌握、使用方便、体系结构开放等特点，自 1982 年问世以来，已经进行了二十多次的升级，使其功能日趋完善。如今，AutoCAD 已广泛应用于机械、建筑、电子、航天、造船、石油化工、土木工程、冶金、农业、气象、纺织、轻工业等领域，已成为工程设计领域中应用最为广泛的计算机辅助设计软件之一。

本项目主要讲解如何应用 AutoCAD 软件绘制汽车零件图。

任务一　AutoCAD 基本操作

任务目标

1. 学会启动 AutoCAD。
2. 熟悉 AutoCAD 工作空间的基本组成。
3. 能进行图形的新建、打开、保存、关闭、退出。

知识链接

一、AutoCAD 的启动和工作空间的基本组成

1. 启动 AutoCAD

可以用不同的方法启动 AutoCAD，常用的方法是：

（1）双击桌面上的 AutoCAD 快捷方式图标。

（2）选择"开始"→"程序"→"Autodesk"→"AutoCAD"命令，启动 Auto CAD。

2．AutoCAD 工作空间的基本组成

AutoCAD 启动后，可以使用"AutoCAD 经典"工作空间，如图 8-1 所示。

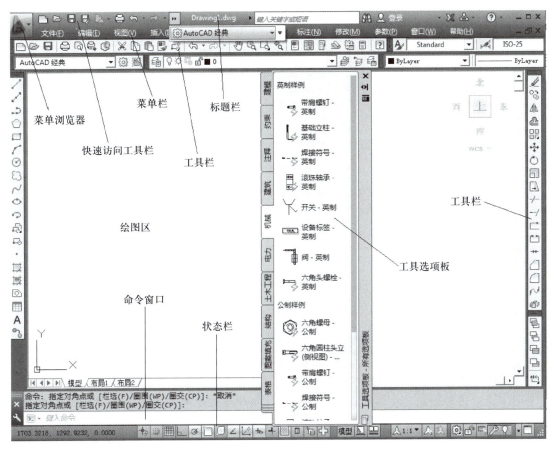

图 8-1 "AutoCAD 经典"工作空间界面

AutoCAD 经典工作空间的基本组成主要包括：标题栏、菜单浏览器、快速访问工具栏、功能区、绘图窗口、菜单栏、命令提示框和状态栏等。

（1）标题栏

用于显示 AutoCAD 的程序图标以及当前所操作的图形文件名称。

（2）菜单浏览器

单击"菜单浏览器"按钮 ，AutoCAD 会将浏览器展开，如图 8-2 所示，用户可通过菜单浏览器执行相应的操作。

（3）下拉菜单

在菜单栏中，单击某一选项后，弹出下拉菜单，如图 8-3 所示。利用下拉菜单可执行 AutoCAD 2013 的大部分命令。

（4）命令窗口

AutoCAD 2013 更改了命令窗口界面，包括颜色、透明度等，用户可以直接单击命令窗口中的命令行选项，更加灵活地显示历史记录和调用最近使用的命令。

图8-2　菜单浏览器　　　　　　　　　　图8-3　下拉菜单

（5）状态栏

用于显示设置当前的绘图状态，如当前光标的坐标、绘图工具的设置状态、绘图空间、通信中心及设置状态行显示内容。

（6）绘图窗口

绘图窗口是用户用来绘制图形的工作区域，类似于手工绘图图纸，所有的绘图都反映在该窗口内。

（7）工具栏

每一个工具栏上均有一些形象化的按钮。单击某一按钮，可以启动 AutoCAD 的对应命令。

（8）工具条快捷菜单

将光标放置在任一工具条上，单击鼠标右键，在屏幕上会弹出一个工具条快捷菜单，点取某一选项，即可打开或关闭某一工具条。

二、图形的新建、打开、保存与退出

1．创建新图形

单击"快速访问"工具栏上的 ▢（新建）按钮，或选择"文件"|"新建"命令，即执行 NEW 命令，AutoCAD 弹出"选择样板"对话框，如图 8-4 所示。通过此对话框选择对应的样板后（初学者一般选择样板文件 acadiso.dwt 即可），单击"打开"按钮，就会以对应

的样板为模板建立一个新图形。

图8-4 "选择样板"对话框

2．打开图形

单击"快速访问"工具栏上的 📂 "打开"按钮，或选择"文件" | "打开"命令，即执行 OPEN 命令，AutoCAD 弹出与前面的图类似的"选择文件"对话框，可通过此对话框确定要打开的文件并打开它。

3．保存图形

单击"快速访问"工具栏上的 🔲（保存）按钮，新绘制或修改图形后，要以文件的形式进行存盘。

4．关闭图形文件

存储或放弃对图形文件已作的绘制、修改，退出 AutoCAD 系统。

（1）单击 AutoCAD 窗口右上角的关闭按钮。

（2）执行 AutoCAD 窗口栏中"文件"→"退出"。

任务二　AutoCAD基本设置

任务目标

1．能进行图纸模板的基本设置。

2．掌握图层、线型、线宽的设置。

3．掌握捕捉、栅格和正交功能定位点的方法。

4．能使用对象捕捉的方法。

一、AutoCAD 绘图环境设置

1．绘图单位设置

开始绘图前，需要为绘制的图形设置一个图形单位代表图形的实际大小，通常使用"图形单位"对话框来进行绘图单位设置。设置绘图的长度单位、角度单位的格式以及它们的精度。

执行："格式"→"单位"菜单命令，打开"图形单位"对话框，如图 8-5 所示。

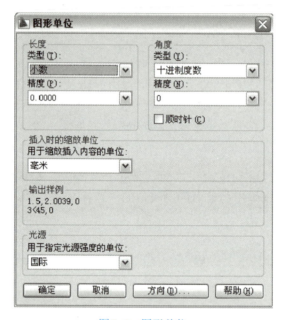

图8-5　图形单位

2．设置图形界限

设置图形界限类似于手工绘图时选择绘图图纸的大小，但具有更大的灵活性。

选择"格式"|"图形界限"命令，即执行 LIMITS 命令，AutoCAD 提示：

指定左下角点或 [开（ON）/ 关 (OFF)] <0.000 0,0.000 0>:（指定图形界限的左下角位置，直接按 Enter 键或 Space 键采用默认值）。

指定右上角点 :（指定图形界限的右上角位置）。

二、图层、线型、线宽的设置

1．图层的含义

可以将图层想象成一些没有厚度且相互重叠在一起的透明薄片，用户可以在不同的图层上绘图。

2．图层管理

单击"图层"工具栏上的 （图层特性管理器）按钮，或选择"格式"|"图层"命令，

AutoCAD 弹出如图 8-6 所示的图层特性管理器。

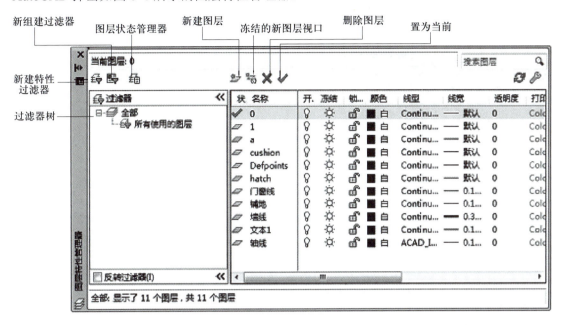

图8-6 "图层特性管理器"对话框

用户可通过"图层特性管理器"对话框建立新图层，为图层设置线型、颜色、线宽以及其他操作等。

3．线型含义及设置

绘图时经常需要采用不同的线型来绘图，如虚线、中心线等。

选择"格式"|"线型"命令，AutoCAD 弹出如图 8-7 所示的"线型管理器"对话框，可通过其确定绘图线型和线型比例等。

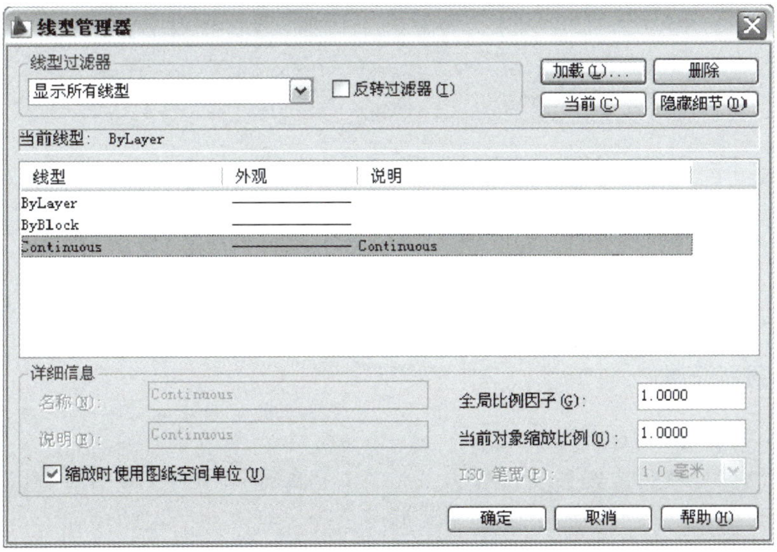

图8-7 "线型管理器"对话框

如果线型列表框中没有列出需要的线型，则应从线型库中加载。单击"加载"按钮，AutoCAD弹出图8-8所示的"加载或重载线型"对话框，从中可选择要加载的线型并加载。

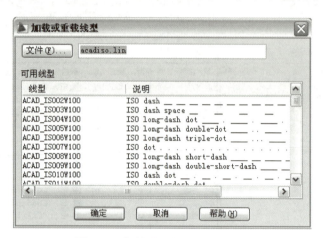

图8-8 "加载或重载线型"对话框

4. 设置图层线宽

选择"格式"|"线宽"命令，打开"线宽设置"对话框，如图8-9所示。工程图要求设置不同的线型。

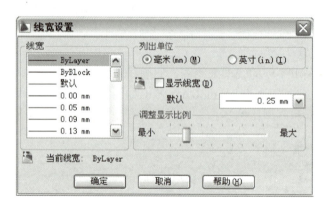

图8-9 "线宽设置"对话框

列表框中列出了AutoCAD提供的20余种线宽，用户可在"随层""随块"或某一具体线宽之间选择。其中，"随层"表示绘图线宽始终与图形对象所在图层设置的线宽一致，这也是最常用的设置。还可以通过此对话框进行其他设置，如单位、显示比例等。

三、图形显示设置

1. 图形显示缩放

图形显示缩放只是将屏幕上的对象放大或缩小其视觉尺寸，就像用放大镜或缩小镜（如果有的话）观看图形一样，从而可以放大图形的局部细节，或缩小图形观看全貌。执行显示缩放后，对象的实际尺寸仍保持不变。

（1）利用 ZOOM 命令实现缩放。

（2）利用菜单命令或工具栏实现缩放 。

AutoCAD 提供了用于实现缩放操作的菜单命令和工具栏按钮，利用它们可以快速执行缩放操作。图 8-10、图 8-11 所示两图分别是"缩放"子菜单（位于"视图"下拉菜单）和"缩放"工具栏，利用它们可实现对应的缩放。

图8-10 "缩放"子菜单

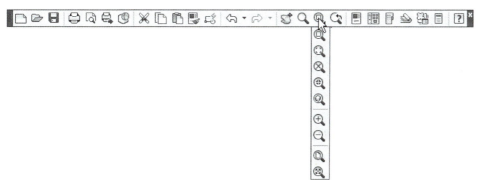

图8-11 "缩放"工具栏

2．图形显示移动

图形显示移动是指移动整个图形，就像是移动整个图纸，以使图纸的特定部分显示在绘图窗口中。执行显示移动后，图形相对于图纸的实际位置并不发生变化。

PAN 命令用于实现图形的实时移动。执行该命令，AutoCAD 在屏幕上出现一个小手光标，并提示：

按 Esc 键或 Enter 键退出，或单击右键显示快捷菜单。

同时在状态栏上提示："按住拾取键并拖动进行平移"。此时按下拾取键并向某一方向拖动鼠标，就会使图形向该方向移动；按 Esc 键或 Enter 键可结束 PAN 命令的执行；如果右击，AutoCAD 会弹出快捷菜单供用户选择。

另外，AutoCAD 还提供了用于移动操作的命令，这些命令位于"视图"|"平移"子菜单中，如图 8-12 所示，利用它可执行各种移动操作。

图8-12 "平移"子菜单

四、设置对象捕捉模式

在 AutoCAD 中，可以通过"对象捕捉"工具栏和"草图设置"对话框等方式来设置对象捕捉模式。

1．"对象捕捉"工具栏

利用对象捕捉功能，在绘图过程中可以快速、准确地确定一些特殊点，如圆心、端点、中点、切点、交点、垂足等。

可以通过"对象捕捉"工具栏（图 8-13）和对象捕捉菜单（按下 Shift 键后右击可弹出此快捷菜单）启动对象捕捉功能。

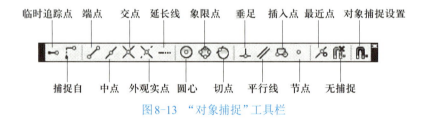

图8-13 "对象捕捉"工具栏

2．对象自动捕捉

对象自动捕捉（简称自动捕捉）又称为隐含对象捕捉，利用此捕捉模式可以使 AutoCAD 自动捕捉到某些特殊点。

选择"工具"|"草图设置"命令，从弹出的"草图设置"对话框中选择"对象捕捉"选项卡，如图 8-14 所示（在状态栏上的"对象捕捉"按钮上右击，从快捷菜单选择"设置"命令也可以打开此对话框）。

在"对象捕捉"选项卡中，可以通过"对象捕捉模式"选项组中的各复选框确定自动捕捉模式，即确定使 AutoCAD 自动捕捉到哪些点；"启用对象捕捉"复选框用于确定是否启用自动捕捉功能；"启用对象捕捉追踪"复选框则用于确定是否启用对象捕捉追踪功能。

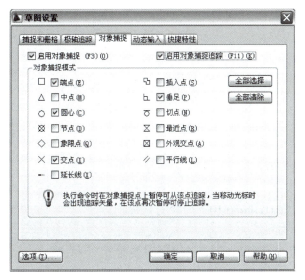

图8-14 "对象捕捉"选项卡

任务三　基本绘图命令的应用

任务目标

1．绘制直线对象，如绘制线段、射线、构造线。
2．绘制矩形和等边多边形。
3．绘制曲线对象，如绘制圆、圆环、圆弧、椭圆及椭圆弧。
4．设置点的样式并绘制点对象，如绘制点、绘制定数等分点、绘制定距等分点。

知识链接

绘图是 AutoCAD 的主要功能，也是最基本的功能，绘制图形是利用 AutoCAD 提供的绘图命令绘制出各种基本图形，如图 8-15 所示绘图工具栏。

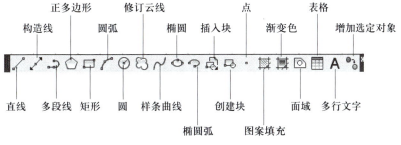

图8-15 "绘图"工具栏

一、绘制线

1．绘制直线

应用直线命令绘制如图 8-16 所示的图形。单击"绘图"工具栏上的 按钮，或选择"绘图"|"直线"，执行直线命令，命令行提示与操作如下：

命令 :line 指定第一点：0，0 （输入点后回车）指定 *A* 点；

指定下一点或 [放弃 (U)]:@50,0 用相对坐标指定 *B* 点；

指定下一点或 [放弃 (U)]:@0,10 用相对坐标指定 *C* 点；

指定下一点或 [放弃 (U)]:@–25,0 用相对坐标指定 *D* 点；

指定下一点或 [放弃 (U)]:@ 0, 20 用相对坐标指定 *E* 点；

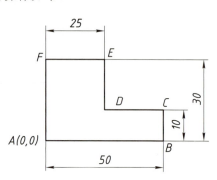

图 8-16 绘制直线实例

指定下一点或 [放弃 (U)]:@–25,0 用相对坐标指定 *F* 点；

指定下一点或 [放弃 (U)]:（用鼠标直接点击 *A* 点） 回到 *A* 点

2．绘制射线

绘制沿单方向无限长的直线。射线一般用作辅助线。选择"绘图"|"射线"命令，即执行 RAY 命令，AutoCAD 提示：

指定起点 :（确定射线的起始点位置）；

指定通过点 :（确定射线通过的任一点，确定后 AutoCAD 绘制出过起点与该点的射线）；

指定通过点 :✓ （也可以继续指定通过点，绘制过同一起始点的一系列射线）。

3．绘制构造线

绘制沿两个方向无限长的直线。构造线一般用作辅助线。

单击"绘图"工具栏上的 按钮，或选择"绘图"|"构造线"命令，即执行 XLINE 命令，AutoCAD 提示：

指定点或 [水平（H）/ 垂直（V）/ 角度（A）/ 二等分（B）/ 偏移 (O)]:

其中，"指定点"选项用于绘制通过指定两点的构造线。"水平"选项用于绘制通过指定点的水平构造线。"垂直"选项用于绘制通过指定点的垂直构造线。"角度"选项用于绘制沿指定方向或与指定直线之间的夹角为指定角度的构造线。"二等分"选项用于绘制平分由指定 3 点所确定的角的构造线。"偏移"选项用于绘制与指定直线平行的构造线。

二、绘制矩形和等边多边形

1．绘制矩形

根据指定的尺寸或条件绘制矩形。命令：RECTANG。

单击"绘图"工具栏上的 按钮，或选择"绘图"|"矩形"命令，即执行 RECTANG 命令，AutoCAD 提示：

指定第一个角点或 [倒角 (C)/ 标高 (E)/ 圆角 (F)/ 厚度 (T)/ 宽度 (W)]:

其中，"指定第一个角点"选项要求指定矩形的一个角点。执行该选项，AutoCAD 提示：

指定另一个角点或 [面积 (A)/ 尺寸 (D)/ 旋转 (R)]:

此时可通过指定另一个角点绘制矩形，可绘制图 8-17 所示常见矩形。

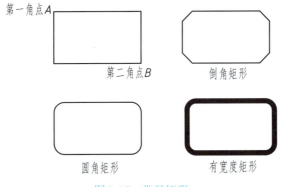

图 8-17　常见矩形

2．绘制正多边形

根据指定的尺寸或条件绘制正多边形。命令：POLYGON。

单击"绘图"工具栏上的 ⬡（正多边形）按钮，或选择"绘图"|"正多边形"命令，即执行 POLYGON 命令，AutoCAD 提示：

输入边的数目 <4>：（用来指定正多边形的边数）默认为 4 条边

指定正多边形的中心点或 [边 (E)]:

输入选项 [内接于圆 (I)/ 外切于圆 (C)]:（其中，"内接于圆"选项表示所绘制多边形将内接于假想的圆。"外切于圆"选项表示所绘制多边形将外切于假想的圆，如图 8-18 所示）。

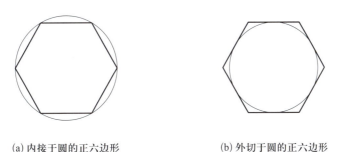

(a) 内接于圆的正六边形　　　　　　(b) 外切于圆的正六边形

图 8-18　正六边形

指定圆的半径：

（1）指定正多边形的中心点

此默认选项要求用户确定正多边形的中心点，指定后将利用多边形的假想外接圆或内切圆绘制等边多边形。执行该选项，即确定多边形的中心点后，AutoCAD 提示：

（2）边

根据多边形某一条边的两个端点绘制多边形。

三、绘制曲线

1. 绘制圆

单击"绘图"工具栏上的 ◎（圆）按钮，即执行 CIRCLE 命令，AutoCAD 提示：

指定圆的圆心或 [三点 (3P)/ 两点 (2P)/ 相切、相切、半径 (T)]：

执行"绘图"→"圆"命令，如图 8-19 所示，可展开用来绘图的 6 个子命令：

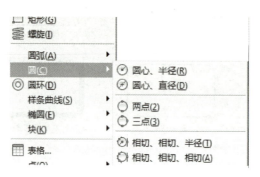

图 8-19　绘制圆的菜单和工具按钮

AutoCAD 2013 提供的 6 种绘图方式如图 8-20 所示。

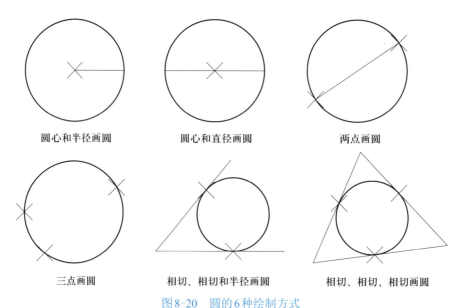

图 8-20　圆的 6 种绘制方式

2. 绘制圆弧

AutoCAD 提供了多种绘制圆弧的方法，可通过图 8-21 所示的"圆弧"子菜单执行绘制圆弧操作。各种画圆弧的方法如图 8-22 所示。

例如，选择"绘图"|"圆弧"|"三点"命令，AutoCAD 提示：

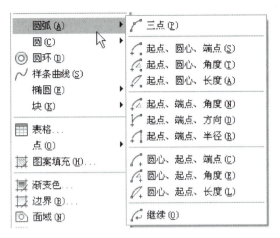

图 8-21 绘制圆弧

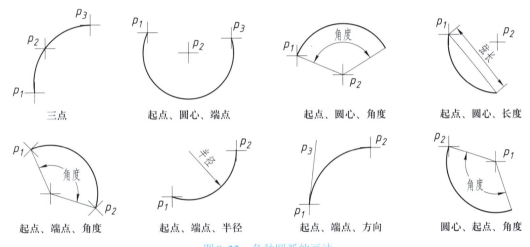

图 8-22 各种圆弧的画法

指定圆弧的起点或 [圆心 (C)]:（确定圆弧的起始点位置）。

指定圆弧的第二个点或 [圆心 (C)/ 端点 (E)]:（确定圆弧上的任一点）。

指定圆弧的端点 :（确定圆弧的终止点位置）。

执行结果：AutoCAD 绘制出由指定三点确定的圆弧。

3．绘制椭圆和椭圆弧

单击"绘图"工具栏上的 （椭圆）按钮，即执行 ELLIPSE 命令，AutoCAD 提示：

（1）指定椭圆的轴端点或 [圆弧 (A)/ 中心点 (C)]。

（2）指定另一轴的端点。

（3）指定另一轴的半轴长度。

其中，"指定椭圆的轴端点"选项用于根据一轴上的两个端点位置等绘制椭圆。"中心点"选项用于根据指定的椭圆中心点等绘制椭圆。"圆弧"选项用于绘制椭圆弧，如图 8-23 所示椭圆的画法。

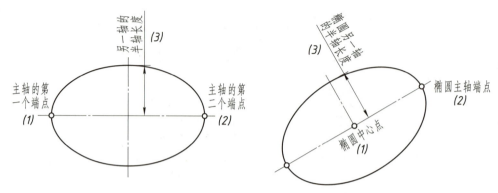

图 8-23　绘制椭圆

四、绘图实例

绘制图 8-24 所示多边形相切圆。

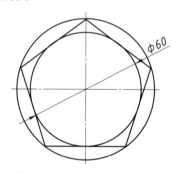

图 8-24　多边形相切圆的绘制

绘制步骤如表 8-1 所示。

表 8-1

步　骤	图　示	操　作　说　明
绘制正五边形		点击工具栏⬠按钮，按提示进行如下操作： 输入边的数目 <4>: 5 ✓ 指定正多边形的中心点或 [边 (E)]: 指定正五边形的中心； 输入选项 [内接于圆（I）/ 外切于圆（C）] <I>: ✓ 指定圆的半径：30
绘制内切圆		点击菜单 [绘图] → [圆] → [相切，相切，相切]； 指定圆的圆心或 [三点（3P）/ 两点（2P）/ 相切、相切、半径（T）]: 3P； 点击正五边形的任意三条边

步　骤	图　示	操　作　说　明
绘制外接圆	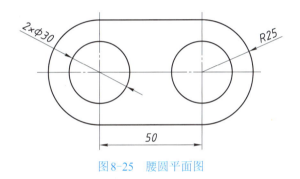	点击工具栏 ⊘ 按钮，按提示进行如下操作： 指定圆的圆心或 [三点 (3P)/ 两点 (2P)/ 相切、相切、半径 (T)]: 3P ↙ 　指定圆上的第一个点：捕捉五边形的一个顶点（打开自动对象捕捉）； 　指定圆上的第二个点：捕捉五边形的另一个顶点； 　指定圆上的第三个点：捕捉五边形的另一个顶点

五、课后拓展任务

1．绘制图 8-25 所示腰圆平面图。

图 8-25　腰圆平面图

2．绘制图 8-26 所示平面图。

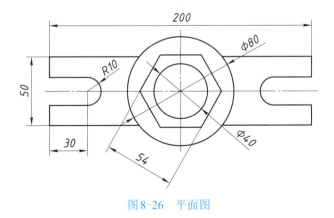

图 8-26　平面图

3．绘制图 8-27 所示的图形，练习创建图层、使用基本绘图命令、捕捉、自动追踪等功能绘制图形的方法。

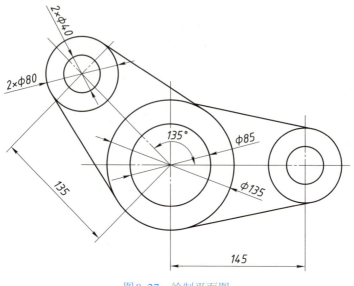

图8-27 绘制平面图

任务四 编 辑 图 形

任务目标

1. 选择对象。

2. 选择预览功能。

3. AutoCAD 提供的常用编辑功能，包括删除、移动、复制、旋转、缩放、偏移、镜像、阵列、拉伸、修剪、延伸、打断、创建倒角和圆角等。

4. 利用夹点功能编辑图形。

知识链接

编辑命令可以在命令行输入，也可以选择"修改"菜单或者使用修改工具栏中的按钮，如图 8-28 所示。

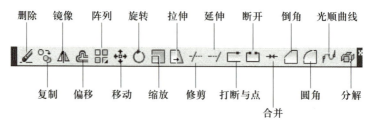

图8-28 "修改"工具栏

一、选择对象

选择对象的方式。

在图形编辑之前，AutoCAD 通常会提示"选择对象："，即要求用户选择要进行操作的对象，同时把十字光标改为小方框形状（称为拾取框），此时用户应选择对应的操作对象。常用选择对象的方式如下：

在命令行输入 SELECT 命令，按 Enter 键，并且在命令行"选择对象："提示下输入"？"，将显示如下信息：

需要点或窗口 (W)/ 上一个 (L)/ 窗交 (C)/ 框 (BOX)/ 全部 (ALL)/ 栏选 (F)/ 圈围 (WP)/ 圈交 (CP)/ 编组 (G)/ 添加 (A)/ 删除 (R)/ 多个 (M)/ 前一个 (P)/ 放弃 (U)/ 自动 (AU)/ 单个 (SI)/ 子对象 (SU)/ 对象 (O)。

这时根据提示信息，输入其中的大写字母就可选择对象选择模式。

二、图形编辑

1．删除对象

删除指定的对象，就像是用橡皮擦除图纸上不需要的内容。命令：ERASE。

单击"修改"工具栏上的✐（删除）按钮，或选择"修改"|"删除"命令，即执行 ERASE 命令，AutoCAD 提示：

选择对象：（选择要删除的对象）

选择对象：✓（也可以继续选择对象）

2．移动对象

将选中的对象从当前位置移到另一位置，即更改图形在图纸上的位置。命令：MOVE。

单击"修改"工具栏上的✥（移动）按钮，或选择"修改"|"移动"命令，即执行 MOVE 命令，AutoCAD 提示：选择对象

选择对象：（选择要移动位置的对象）

选择对象：✓（也可以继续选择对象）

指定基点或 [位移 (D)] < 位移 >:

3．复制对象

复制对象指将选定的对象复制到指定位置。命令：COPY。

单击"修改"工具栏上的✧（复制）按钮，或选择"修改"|"复制"命令，即执行 COPY 命令，AutoCAD 提示：

选择对象：（选择要复制的对象）

选择对象：✓（也可以继续选择对象）

指定基点或 [位移 (D)/ 模式 (O)] < 位移 >:

4．旋转对象

旋转对象指将指定的对象绕指定点（称其为基点）旋转指定的角度。命令：ROTATE。

单击"修改"工具栏上的◔（旋转）按钮，或选择"修改"|"旋转"命令，即执行 ROTATE 命令，AutoCAD 提示：

选择对象：（选择要旋转的对象）

选择对象：↙（也可以继续选择对象）

指定基点：（确定旋转基点）

指定旋转角度，或 [复制 (C)/ 参照 (R)]:

（1）指定旋转角度

输入角度值，AutoCAD 会将对象绕基点转动该角度。在默认设置下，角度为正时沿逆时针方向旋转，反之沿顺时针方向旋转。

（2）复制

创建旋转对象后仍保留原对象。

（3）参照（R）

以参照方式旋转对象。执行该选项，AutoCAD 提示：

指定参照角：（输入参照角度值）

指定新角度或 [点 (P)] <0>:（输入新角度值，或通过"点 (P)"选项指定两点来确定新角度）

执行结果：AutoCAD 根据参照角度与新角度的值自动计算旋转角度（旋转角度 = 新角度 – 参照角度），然后将对象绕基点旋转该角度。

5．缩放对象

缩放对象指放大或缩小指定的对象。命令：SCALE。

单击"修改"工具栏上的 ⬚（缩放）按钮，或选择"修改"|"缩放"命令，即执行 SCALE 命令，AutoCAD 提示：

选择对象：（选择要缩放的对象）

选择对象：↙（也可以继续选择对象）

指定基点：（确定基点位置）

指定比例因子或 [复制 (C)/ 参照 (R)]:

（1）指定比例因子

确定缩放比例因子为默认项。执行该默认项，即输入比例因子后按 Enter 键或 Space 键，AutoCAD 将所选择对象根据该比例因子相对于基点缩放，且 0< 比例因子 <1 时缩小对象，比例因子 >1 时放大对象。

（2）复制（C）

创建缩小或放大的对象后仍保留原对象。执行该选项后，根据提示指定缩放比例因子即可。

（3）参照（R）

将对象按参照方式缩放。执行该选项，AutoCAD 提示：

指定参照长度：（输入参照长度的值）

指定新的长度或 [点 (P)]:（输入新的长度值或通过"点 (P)"选项通过指定两点来确定长度值）

执行结果：AutoCAD 根据参照长度与新长度的值自动计算比例因子（比例因子 = 新长度值 ÷ 参照长度值），并进行对应的缩放。

6．偏移对象

创建同心圆、平行线或等距曲线。偏移操作又称偏移复制。命令：OFFSET。

单击"修改"工具栏上的 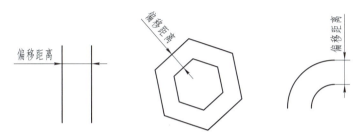 （偏移）按钮，或选择"修改"|"偏移"命令，即执行OFFSET 命令，AutoCAD 提示：

指定偏移距离或 [通过 (T)/ 删除 (E)/ 图层 (L)] < 通过 >:

（1）指定偏移距离

如图 8-29 所示根据偏移距离偏移复制对象。在"指定偏移距离或 [通过 (T)/ 删除 (E)/ 图层 (L)]:"提示下直接输入距离值，AutoCAD 提示：

图 8-29　指定偏移距离或偏移方向等距离偏移

选择要偏移的对象，或 [退出 (E)/ 放弃 (U)] < 退出 >:（选择偏移对象）

指定要偏移的那一侧上的点，或 [退出 (E)/ 多个 (M)/ 放弃 (U)] < 退出 >:（在要复制到的一侧任意确定一点。"多个 (M)"选项用于实现多次偏移复制）

选择要偏移的对象，或 [退出 (E)/ 放弃 (U)] < 退出 >: ↙ （也可以继续选择对象进行偏移复制）

（2）通过

使偏移复制后得到的对象通过指定的点。

（3）删除

实现偏移源对象后删除源对象。

（4）图层

确定将偏移对象创建在当前图层上还是源对象所在的图层上。

7．镜像对象

将选图 8-30 所示中左边的对象进行镜像。命令：MIRROR。

单击"修改"工具栏上的 （镜像）按钮，或选择"修改"|"镜像"命令，即执行 MIRROR 命令，AutoCAD 提示：

选择对象:（选择要镜像的对象）

选择对象: ↙ （也可以继续选择对象）

指定镜像线的第一点:（确定镜像线上的一点） A 点

指定镜像线的第二点:（确定镜像线上的另一点） B 点

是否删除源对象？ [是 (Y)/ 否 (N)]<N>:（根据需要响应即可）

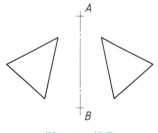

图 8-30　镜像

8．阵列对象

将选中的对象进行矩形或环形多重复制。命令：ARRAY。

单击"修改"工具栏上的 （阵列）按钮，或选择"修改"|"阵列"命令，即执行ARRAY 命令，AutoCAD 弹出"阵列"对话框，如图 8-31 所示。

201

图 8-31　矩形阵列

可利用此对话框形象、直观地进行矩形或环形阵列的相关设置，并实施阵列。

（1）矩形阵列

前面的图为矩形阵列对话框（即选中了对话框中的"矩形阵列"单选按钮）。利用其选择阵列对象，并设置阵列行数、列数、行偏移、列偏移等参数后，即可实现阵列。

（2）环形阵列

图 8-32 所示是环形阵列对话框（即选中了对话框中的"环形阵列"单选按钮）。利用其选择阵列对象，并设置了阵列中心点、填充角度等参数后，即可实现阵列。

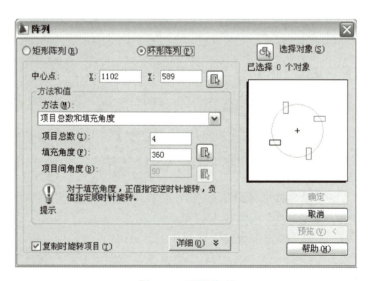

图 8-32　环形阵列

9．拉伸对象

拉伸与移动（MOVE）命令的功能有类似之处，可移动图形，但拉伸通常用于使对象拉长或压缩。命令：STRETCH。

单击"修改"工具栏上的█（拉伸）按钮，或选择"修改"|"拉伸"命令，即执行STRETCH命令，将拉伸窗交窗口部分包围的对象。将移动（而不是拉伸）完全包含在窗交窗口中的对象或单独选定的对象。若干对象（如圆、椭圆和块）无法拉伸。

10．修剪对象

用作为剪切边的对象修剪指定的对象(称后者为被剪边)，即将被修剪对象沿修剪边界(即剪切边)断开，并删除位于剪切边一侧或位于两条剪切边之间的部分。命令：TRIM。

单击"修改"工具栏上的 ✄（修剪）按钮，或选择"修改"|"修剪"命令，即执行TRIM命令，AutoCAD提示：

选择剪切边 ...

选择对象或 < 全部选择 >：（选择作为剪切边的对象，按 Enter 键选择全部对象）

选择对象：↙（还可以继续选择对象）

选择要修剪的对象，或按住 Shift 键选择要延伸的对象，或

[栏选 (F)/ 窗交 (C)/ 投影 (P)/ 边 (E)/ 删除 (R)/ 放弃 (U)]：

（1）选择要修剪的对象，或按住 Shift 键选择要延伸的对象

在上面的提示下选择被修剪对象，AutoCAD 会以剪切边为边界，将被修剪对象上位于拾取点一侧的多余部分或将位于两条剪切边之间的部分剪切掉。如果被修剪对象没有与剪切边相交，在该提示下按下 Shift 键后选择对应的对象，AutoCAD 则会将其延伸到剪切边。

（2）栏选（F） 以栏选方式确定被修剪对象。

（3）窗交（C） 使与选择窗口边界相交的对象作为被修剪对象。

（4）投影（P） 确定执行修剪操作的空间。

（5）边（E） 确定剪切边的隐含延伸模式。

（6）删除（R） 删除指定的对象。

（7）放弃（U） 取消上一次的操作。

11．延伸对象

将指定的对象延伸到指定边界。命令：EXTEND。

单击"修改"工具栏上的 ⫞（延伸）按钮，或选择"修改"|"延伸"命令，即执行EXTEND命令，AutoCAD提示：

选择边界的边 ...

选择对象或 < 全部选择 >：（选择作为边界边的对象，按 Enter 键则选择全部对象）

选择对象：↙（也可以继续选择对象）

选择要延伸的对象，或按住 Shift 键选择要修剪的对象，或

[栏选 (F)/ 窗交 (C)/ 投影 (P)/ 边 (E)/ 放弃 (U)]：

12．打断对象

从指定的点处将对象分成两部分，或删除对象上所指定两点之间的部分。命令：BREAK。

单击"修改"工具栏上的 ⫞（打断）按钮，或选择"修改"|"打断"命令，即执行

BREAK 命令，AutoCAD 提示：

选择对象：（选择要断开的对象。此时只能选择一个对象）

指定第二个打断点或 [第一点 (F)]:

（1）指定第二个打断点

此时 AutoCAD 以用户选择对象时的拾取点作为第一断点，并要求确定第二断点。用户可以有以下选择：

如果直接在对象上的另一点处单击拾取键，AutoCAD 将对象上位于两拾取点之间的对象删除掉。

如果输入符号"@"后按 Enter 键或 Space 键，AutoCAD 在选择对象时的拾取点处将对象一分为二。

如果在对象的一端之外任意拾取一点，AutoCAD 将位于两拾取点之间的那段对象删除掉。

（2）第一点（F）

重新确定第一打断点。执行该选项，AutoCAD 提示：

指定第一个打断点：（重新确定第一断点）

指定第二个打断点：

在此提示下，可以按前面介绍的三种方法确定第二断点。

13．创建倒角

在两条直线之间创建倒角。命令：CHAMFER。

单击"修改"工具栏上的 (倒角) 按钮，或选择"修改"|"倒角"命令，即执行 CHAMFER 命令，AutoCAD 提示：

（"修剪"模式）当前倒角距离 1 = 0.000 0，距离 2 = 0.000 0

选择第一条直线或 [放弃 (U)/ 多段线 (P)/ 距离 (D)/ 角度 (A)/ 修剪 (T)/ 方式 (E)/ 多个 (M)]:

提示的第一行说明当前的倒角操作属于"修剪"模式，且第一、第二倒角距离分别为 1 和 2。

（1）选择第一条直线

选择进行倒角的第一条线段为默认项。选择某一线段，即执行默认项后，AutoCAD 提示：

选择第二条直线，或按住 Shift 键选择要应用角点的直线：

在该提示下选择相邻的另一条线段即可。

（2）多段线（P） 对整条多段线倒角。

（3）距离（D） 设置倒角距离。

（4）角度（A） 根据倒角距离和角度设置倒角尺寸。

（5）修剪（T） 确定倒角后是否对相应的倒角边进行修剪。

（6）方式（E） 确定将以什么方式倒角，即根据已设置的两倒角距离倒角，还是根据距离和角度设置倒角。

14．创建圆角

为对象创建圆角。命令：FILLET。

单击"修改"工具栏上的 (圆角) 按钮，或选择"修改"|"圆角"命令，即执行

FILLET 命令，AutoCAD 提示：

当前设置 : 模式 = 修剪，半径 = 0.000 0

选择第一个对象或 [放弃 (U)/ 多段线 (P)/ 半径 (R)/ 修剪 (T)/ 多个 (M)]:

提示中，第一行说明当前的创建圆角操作采用了"修剪"模式，且圆角半径为 0。第二行的含义如下：

（1）选择第一个对象

此提示要求选择创建圆角的第一个对象为默认项。用户选择后，AutoCAD 提示：

选择第二个对象，或按住 Shift 键选择要应用角点的对象 :

在此提示下选择另一个对象，AutoCAD 按当前的圆角半径设置对它们创建圆角。如果按住 Shift 键选择相邻的另一个对象，则可以使两对象准确相交。

（2）多段线（P） 对二维多段线创建圆角。

（3）半径（R） 设置圆角半径。

（4）修剪（T） 确定创建圆角操作的修剪模式。

（5）多个（M） 执行该选项且用户选择两个对象创建出圆角后，可以继续对其他对象创建圆角，不必重新执行 FILLET 命令。

15．分解

分解是将复合对象分解为其组件对象。命令：EXPLODE。

单击"修改"工具栏上的 🖉 （分解）按钮，或选择"修改"|"分解"命令，即执行 EXPLODE 命令，AutoCAD 提示：

选择对象：左击要分解的对象

选择对象 : ↙

三、绘图实例

绘制图 8-33 所示的平面图形，绘图步骤见表 8-2。

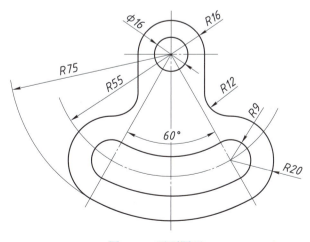

图 8-33　平面图形

表 8–2

步　骤	图　　示	操 作 说 明
创建图层	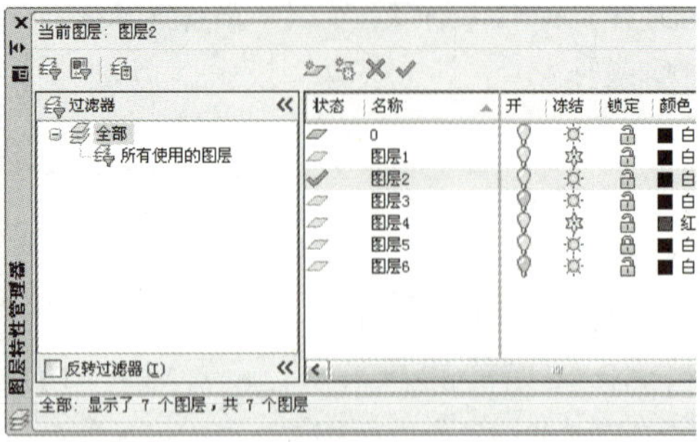	单击【图层】工具栏上的按钮创建以下图层： 名称　　　颜色　　　线型　　　线宽 轮廓线层　白色　Continuous　0.50 中心线层　红色　CENTER　默认
绘制中心线	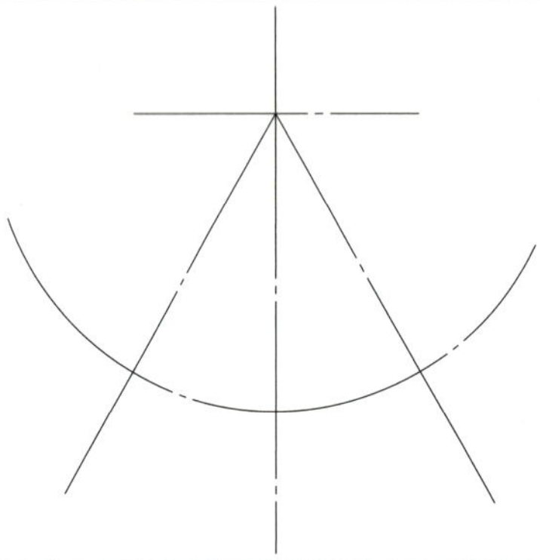	（1）设定绘图区域的大小为 200 mm × 200 mm。 （2）通过【线型】下拉列表打开【线型管理器】对话框，在此对话框中设定线型的全局比例因子为"0.3"。 （3）打开极轴追踪、对象捕捉及捕捉追踪功能。设置极轴追踪角度增量为 90°，设定对象捕捉方式为"端点""交点""圆点"。 （4）切换到中心线层，用直线指令绘制如图所示中心线
绘制圆	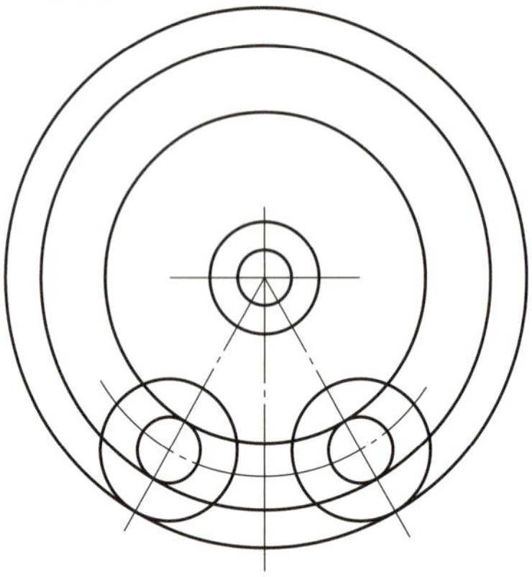	切换到轮廓线层，绘制半径为 8 mm、9 mm、16 mm、20 mm、75 mm 的圆
修剪多余的线段	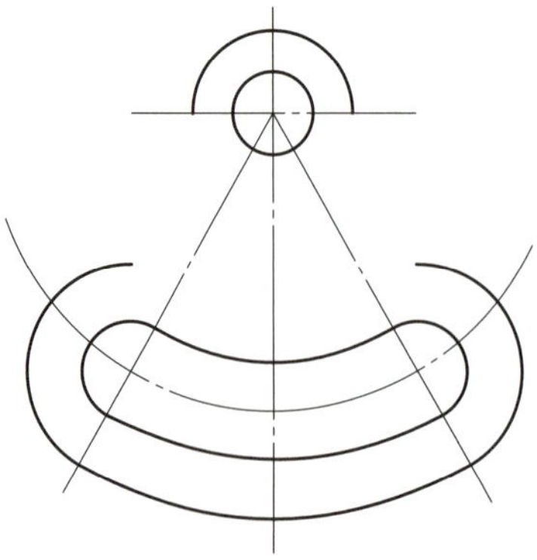	用修剪 TRIM 命令修剪多余线条

206

步　　骤	图　　示	操　作　说　明
绘制直线		绘制两条垂线
倒圆角		用倒角命令倒 R12 的圆角

注：用 TRIM 命令选择边界对象时，可全选后回车，选择要修剪的多余线段即可，如果有线段修剪不掉，可用删除命令

四、课外拓展

1. 应用本项目所学的内容绘制汽车气门间隙调整螺钉，如图 8-34 所示。

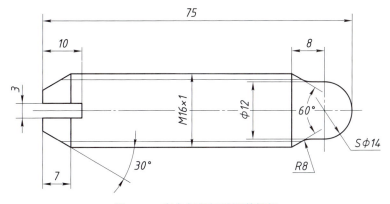

图 8-34　汽车气门间隙调整螺钉

2. 应用本任务所学的内容绘制图 8-35 所示平面图形。

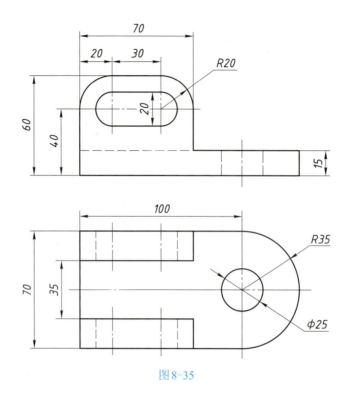

图 8-35

任务五　尺　寸　标　注

任务目标

1. 定义文字样式，掌握文字输入。
2. 理解尺寸基本概念。
3. 定义尺寸标注样式。
4. 能标注尺寸。

知识链接

一、定义文字样式

定义文字样式可以通过：菜单栏：格式→文字样式，或工具栏："文字样式"按钮。命令：STYLE。

执行文字样式命令后，AutoCAD 会弹出"文字样式"对话框，用户可以进行文字样式的设定与修改，如图 8-36 所示。

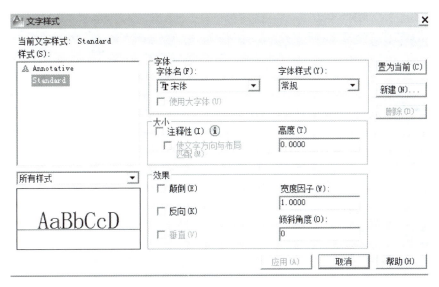

图8-36 "文字样式"对话框

其中，"字体"组可以确定使用的字体及相应的格式；"大小"组可以定义使用文字的高度；"效果"组可以定义文字标注时的效果。"新建"按钮可以定义新的文字样式，如图 8-37 所示，一幅图形中可以定义多个文字样式，但用户只能使用当前文字样式标注文字。

图8-37 定义文字样式名称

机械制图国家标准对图样中的文字有专门的规定：文字中的汉字采用长仿宋体，字母和数字可以写成直体或斜体，斜体字向右倾斜，与水平方向成 75°角。用户可以定义两种文字样式，其中"长仿宋体 1"适用于汉字、字母、数字。

二、尺寸样式标注

AutoCAD 中，一个完整的尺寸一般由尺寸线、延伸线（即尺寸界线）、尺寸文字（即尺寸数字）和尺寸箭头 4 部分组成，如图 8-38 所示。注意：这里的"箭头"是一个广义的概念，也可以用短画线、点或其他标记代替尺寸箭头。

尺寸标注样式，（简称标注样式），用于设置尺寸标注的具体格式，如尺寸文字采用的样式，尺寸线、尺寸界线以及尺寸箭头的标注设置等，以满足不同行业或不同国家的尺寸标注要求。

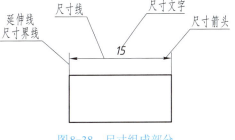

图8-38 尺寸组成部分

选择菜单"格式""标注样式"或输入命令"dimstyle"或点击标注工件栏最右边按钮，

弹出标注样式管理器对话框，如图8-39所示。

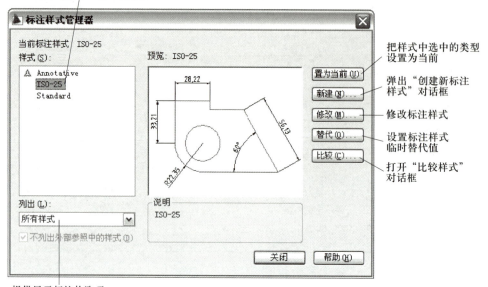

列出当前定义的尺寸类型

把样式中选中的类型设置为当前

弹出"创建新标注样式"对话框

修改标注样式

设置标注样式临时替代值

打开"比较样式"对话框

提供显示标注的选项

图8-39　标注样式管理器

单击"新建（N）"按钮，AutoCAD会弹出创造新标注对话框，如图8-40所示。

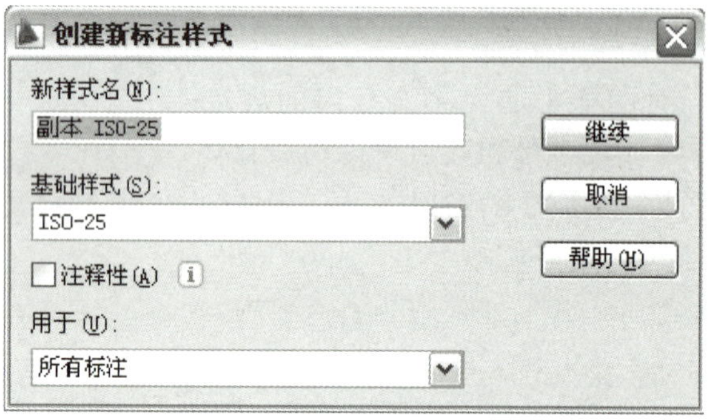

图8-40　创建新标注样式

单击"继续"按钮，AutoCAD弹出新建标注样式对话框，如图8-41所示 。

对其中6个选项卡进行设置，建立所需要的标注样式，各选项卡的作用简要说明如下：

直线和箭头：设置尺寸线、尺寸界限、箭头和圆心标记的样式与属性。

文字：用来设置尺寸文字的外观、位置及对齐方式。

调整：用来控制尺寸文字、尺寸线、尺寸箭头等位置。

主单位：用来设置主要单位格式与精度，以及尺寸文字的前缀与后缀。

换算单位：用来确定换算单位的格式。

公差用来确定是否标注公差，若标注公差，以何种方式进行标准。

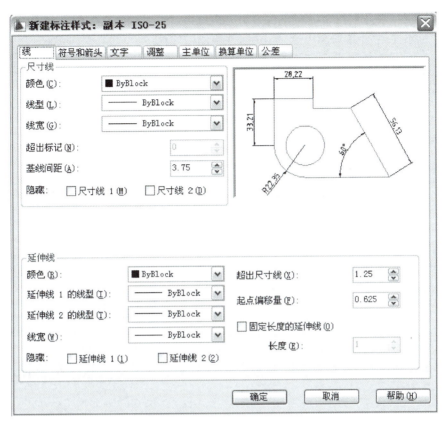

图 8-41　新样式标注

三、标注工具栏

AutoCAD 所有的尺寸标注命令有菜单和工具条两种形式，分别集中在"标注"下拉式菜单和工具条中。"标注"工具条在缺省状态下是不显示的，用户可以在任一工具条上单击鼠标右键，从弹出的快捷菜单中选择"标注"命令，即可打开如图 8-42 所示的"标注"工具条。

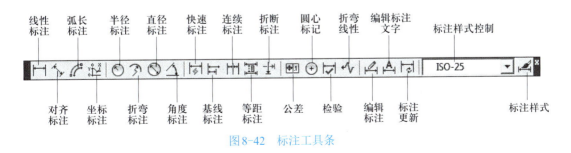

图 8-42　标注工具条

1．线性标注

线性标注用于水平或垂直尺寸的标注，如图 8-43 所示。

单击"线性标注"⊢按钮，命令行给出"指定第一条尺寸界线起点或＜选择对象＞"提示，按下"对象捕捉"，拾取图中 A 点，命令行给出"指定第二条尺寸界线起点"提示，再拾取 B 点。移动光标将跟随光标的尺寸线放置在合适的位置，最后单击鼠标左键，即完成一个线性尺寸的标注。

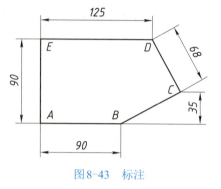

图 8-43　标注

2．对齐标注

对齐标注用于创建尺寸线与图形中的轮廓线相互平行的尺寸标注，如图 8-43 中的长度尺寸 68。

单击"对齐标注"⬉按钮，按提示拾取 D、C 两点，或先单击鼠标右键，再拾取 DC 线段，移动光标单击定位，即可完成对齐尺寸的标注。

3．弧长标注

弧长标注用于测量圆弧或多段线圆弧上的距离。弧长标注的尺寸界线可以正交或径向。在标注文字的"上方或前面将显示圆弧符号。

单击"弧长标注"⌒按钮，按提示单击所需标注的圆弧，如图 8-44 所示。

4．坐标标注

坐标标注用于标注相对于用户坐标原点的坐标。

单击"坐标标注"⬚按钮，利用"对象捕捉"功能拾取一个圆心，指定引线的端点位置后，系统讲在该点标注指定点的坐标，如图 8-45 所示。

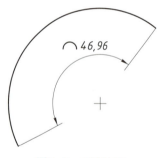

图 8-44　弧长标注

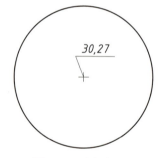

图 8-45　坐标标注

5．半径标注

半径标注测量选定圆或圆弧的半径，并显示前面带有半径符号的标注文字。单击"半径标注"⊘按钮。可以标注圆和圆弧的半径，如图 8-46 所示。

6．折弯标注

单击"折弯标注"⤳按钮，可以折弯标注圆和圆弧的半径，并显示前面带有一个半径符号的标注文字。可以在任意合适的位置指定尺寸线的原点，如图 8-47 所示。

7．直径标注

单击"直径标注"◌按钮，可以标注圆和圆弧的直径，并显示前面带有直径符号的标注文字。可以使用夹点轻松地重新定位生成的直径标注，如图 8-46 所示。

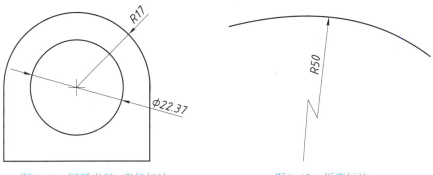

图 8-46　圆弧半径、直径标注　　　　　　　图 8-47　折弯标注

8．连续标注

连续标注用于尺寸线串联排列的一系列尺寸标注，如图 8-48 所示。

连续标注与基线标注一样，必须以线性、坐标或角度标注作为创建基础。在完成基础标注后，单击"连续标注" ⊞ 按钮，系统在命令行给出与基线标注一样的提示。用户按照与创建基线标注相同的步骤进行操作，即可完成连续标注。

9．角度标注

单击"角度标注" △ 按钮，可以测量圆和圆弧的角度、两条直线之间的角度，以及 3 个点之间的角度，如图 8-49 所示。

图 8-48　连续标注

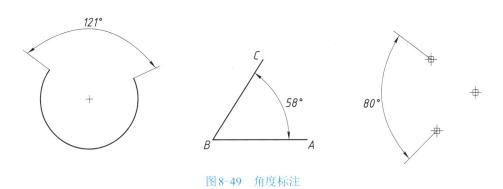

图 8-49　角度标注

10．圆心标记

本命令操作十分简单，单击"圆心标记" ⊙ 按钮后，拾取需要标记的圆即完成。

四、标注形位公差

在快速访问工具栏选择"显示菜单栏"命令，在弹出的菜单中选择"标注" | "公差"命令，或在"功能区"选项板中选择"注释"选项卡，在"标注"面板中单击"公差"按钮，打开"形位公差"对话框，可以设置公差的符号、值及基准等参数，如图 8-50 所示。

213

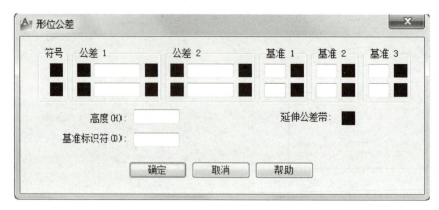

图8-50 "形位公差"对话框

（1）"符号"选项：单击该列的■框，将打开"特征符号"对话框，可以为第1个或者第2个公差选择几何特征符号，如图8-51所示。

（2）"公差1"和"公差2"选项区域：单击该列前面的■框，将插入一个直接符号，在中间的文本框中可以输入公差值，单击该列后面的■框，将打开"附加符号"对话框可以为公差选择包容条件符号，如图8-52所示。

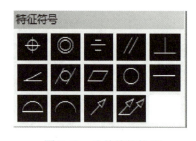

图8-51 公差特征符号

图8-52 选择包容条件

（3）"基准1""基准2"和"基准3"选择区域：设置公差基准和相应的包容条件。

（4）"高度"文本框：设置投影公差带的值。投影公差带控制固定垂直部分延伸区的高度变化，并以位置公差控制公差精度。

（5）"延伸公差带"选项：单击该■框，可延伸公差带值的后面插入延伸公差带符号。

（6）"基准标识符"文本框：创建由参照字母组成的基准标识符号。

五、填充图案

图案填充是指定的图案填充指定的绘图区域。命令 :BHATCH

单击"绘图"工具栏上的图案填充按钮█，或选择"绘图"|"图案填充"命令，即执行BHATCH命令，AutoCAD弹出图8-53所示的"图案填充和渐变色"对话框。

"图案填充"选项卡用于设置填充图案以及相关的填充参数。

（1）"类型和图案"选项组用于设置填充图案以及相关的填充参数。可通过图8-54所示"图案填充选项板"确定填充图案。

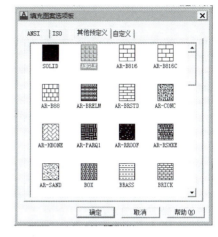

图8-53 "图案填充和渐变色"对话框　　　　　　图8-54 "图案填充选项板"对话框

（2）"角度和比例"选项组设置填充图案时的图案旋转角度和缩放比例。

（3）"图案填充原点"选项组控制生成填充图案时的起始位置。

（4）"添加：拾取点"按钮和"添加：选择对象"用于确定填充区域。

六、标注实例

用"标注"工具条上的标注按钮给图 8-55 标注尺寸。

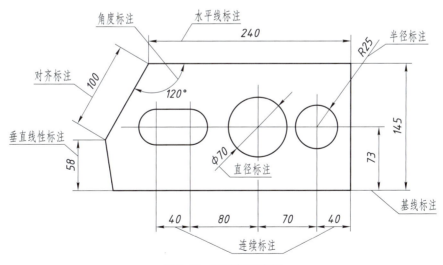

图8-55 尺寸标注实例

尺寸标注的步骤

对图形标注尺寸时，通常遵循以下步骤：

（1）调用"图层特性管理器"对话框，创建一个独立的图层，用于尺寸标注。

（2）调用"文字样式"对话框，创建一个文字样式，用于尺寸标注。

（3）调用"标注样式管理器"对话框，设置标注样式。

（4）调用标注尺寸命令，使用对象捕捉功能，对图形进行尺寸标注。

七、课外拓展

1. 绘制图 8-56 所示的图形，并对其进行尺寸标注。

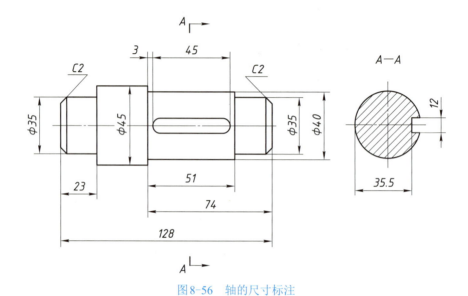

图 8-56　轴的尺寸标注

2. 绘制图 8-57 所示的图形，并对其进行尺寸标注。

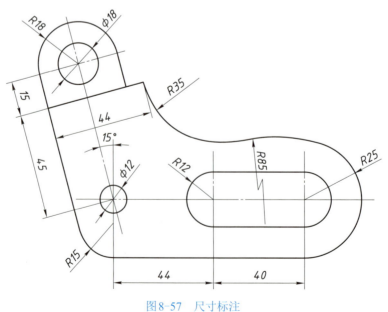

图 8-57　尺寸标注

 **项目小结**

本项目主要讲解了应用 Auto CAD 绘图软件绘制汽车零件图。主要内容如下：

1. AutoCAD 基本操作

介绍了 AutoCAD 2013 的启动和工作界面，讲解了图形的新建、打开、保存与退出及绘图基本设置与操作。

2. AutoCAD 基本设置

作图前对 AutoCAD 进行基本的设置，对象捕捉、图层、线型及颜色等。

3. 基本绘图命令的应用

学习绘图基本命令，如直线、圆弧、多边形、曲线等在绘图实例中的应用。

4. 图形编辑

学习利用图形编辑命令对图形进行编辑，使原本复杂的处理变简单了。

5. 文本及尺寸标注

（1）设定文本标注。

（2）通过了解尺寸的基本概念，学习定义尺寸标注样式，利用实例讲解掌握图形的尺寸标注。

项目九
汽车电路识图

项目导入

汽车电路图是由各种特定符号和线条构成的线路图，是汽车电气设备生产与维修的重要依据。图9-1所示为雷克萨斯LS400的1UZ—FE电路图，该图清楚地表达了电路中各组成元件、电气零件的安装位置、连接器的形式及接线情况等。

本项目主要介绍汽车电路图的特征、汽车电路图的类型、汽车电路图识图示例。

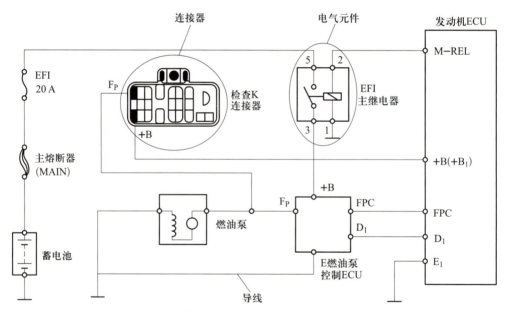

图 9-1　使用燃油泵 ECU 的燃油泵控制电路

任务一　汽车电路图的特征

任务目标

1. 了解汽车电路的常用图形符号和文字符号。

2．掌握汽车电路基础元件中不同车系导线的颜色和代号。

3．熟识插接器的类型。

一、电路图的表示方法

汽车电路图是利用图形符号和文字符号，表示汽车电路构成、连接关系和工作原理，而不考虑其实际安装位置的一种简图。为了使电路图具有通用性，便于进行技术交流，构成电路图的图形符号和文字符号不是随意的，它有统一的国家标准和国际标准。要看懂电路图，必须了解图形符号和文字符号的含义、标注原则和使用方法。

1．图形符号

图形符号是用于电气图或其他文件中的表示项目或概念的一种图形、标记或字符，是电气技术领域中最基本的工程语言。因此，为了看懂汽车电路图，要掌握和熟练地运用它。常用的图形符号见附表6-1。

图形符号一般分为基本符号和一般符号。

（1）基本符号

基本符号不能单独使用，不表示独立的电气元件，只说明电路的某些特征，见表9-1。

表9-1　常用基本符号

序　　号	名　　称	图 形 符 号	序　　号	名　　称	图 形 符 号
1	直流	——	6	中性点	N
2	交流	∼	7	磁场	F
3	交直流	∼ (over —)	8	搭铁	⊥
4	正极	+	9	交流发电机输出接柱	B
5	负极	—	10	磁场二极管输出端	D+

（2）一般符号（附表6-1）

一般符号广义上代表各类元器件，如图9-2所示一般电阻、电容等。

(a) 电阻器　　　　　　(b) 电容器

图9-2　一般符号

一 般 符 号	说 明	派 生 符 号	说 明
（天线符号图形）	天线的一般符号	（电动天线符号图形）	电动机天线的派生符号
Ⓜ（直流电动机符号图形）	直流电动机的一般符号		

  2. 文字符号

  文字符号由电气设备、装置和元器件的种类（名称）字母代码和功能（与状态、特征）字母代码组成。

  文字符号分为基本文字符号和辅助文字符号两大类，基本文字符号又分为单字母符号和双字母符号。

  （1）基本文字符号

  ① 单字母符号

  单字母符号是按拉丁字母将各种电气设备、装置和元器件划分为二十三大类，每大类用一个专用单字母符号表示，如"C"表示电容器类，"R"表示电阻类等。

  ② 双字母符号

  双字母符号由一个表示种类的单字母符号与另一字母组成，其组合形式应以单字母符号在前而另一字母在后的次序列出，如："R"表示电阻，"RP"表示电位器，"RT"表示热敏电阻；"G"表示电源、发电机、发生器，"GB"表示蓄电池，"GS"表示同步发电机、发生器，"GA"表示异步发电机。

  常用的基本文字符号见附表6-2。

  （2）辅助文字符号

  辅助文字符号表示电气设备、装置和元器件以及线路的功能、状态和特征。如"SYN"表示同步，"L"表示限制左或低，"RD"表示红色，"ON"表示闭合，"OFF"表示断开等。

  常用辅助文字符号见附表6-3。

  3. 图形符号、文字符号的识读

  对于基本的元器件，其图形符号、文字符号都是相同的，如电阻、电容、照明灯、蓄电池等。

  由于目前国际上还没有汽车电气设备图形符号、文字符号的统一标准，各个汽车生产厂家对某些汽车电器所采用的图形符号、文字符号有所不同，与标准规定有一些差异，这给识读电路图造成一定困难，但图形符号基本结构的组成是相似的，只要了解它们的区别，就能避免识读错误。

下面通过具体示例来说明不同车型电路中，表示同一元器件图形符号时的差异。

例 9-1　图 9-3 所示为导线连接的两种形式。

(a) 上海桑塔纳车型　　　　(b) 天津夏利车型

图 9-3　导线连接的两种形式

例 9-2　很多车上都装有三挡四接柱的点火开关，其表示方法采用方框符号，表示接线柱和挡位的符号有两种，如图 9-4a 所示；上海桑塔纳则采用与前两者截然不同的另一种符号，如图 9-4b 所示。

	1	2	3	4
Ⅲ	○		○	
0				
Ⅰ	○	○	○	
Ⅱ	○	○		○

	AM	ACC	IG	ST
LOCK	○		○	
ACC				
ON	○	○		
START	○	○		○

(a) 常见表示法

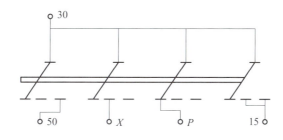

(b) 上海桑塔纳车型

图 9-4　点火开关图形符号

二、插接器的表示方法

为了汽车导线安装和拆卸方便，常用导线焊片接头和插接器将汽车导线与各电气设备相连。现在普遍采用插接式连接器。插接器由阴阳两部分组成，分别称为插座和插头。连接器有不同的规格型号外形和颜色，要注意区分。其连接方式大致可以分为：

① 线束和电气元件的连接（图 9-5）；

② 线束与线束的连接（图 9-6）；

③ 线束与车身的连接（图 9-7）；

④ 过渡连接，将连接器中需要连接的导线用短接端子连接起来（图 9-8）。

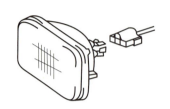

图9-5　线束与电气元件的连接

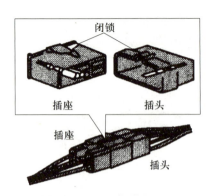

图9-6　线束与线束的连接

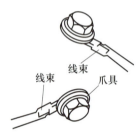

图9-7　线束与车身的连接

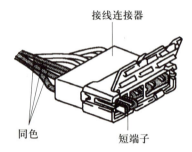

图9-8　过渡连接

1．导线接头（图9-9）

汽车导线端头经常使用的接头有片状快速接头、插塞接头、眼孔式和叉形接头，导线接头形式如图所示。

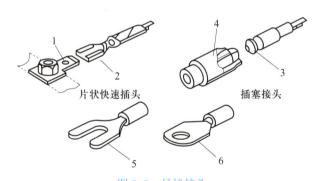

图9-9　导线接头

1—固定在设备上的插入式接头；2—压接导线的凹入式接头；
3—导线焊接在接头上；4—橡胶绝缘套；5—叉形插接片；6—孔眼式插接片

2．插接器

插接器用于汽车电气设备与线路及线路之间的连接。

（1）插接器的形式（图9-10）。

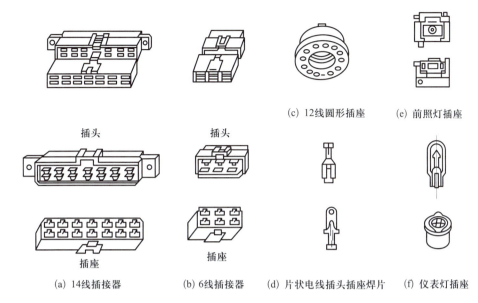

(c) 12线圆形插座

(e) 前照灯插座

插头　　　　　　　　插头

(a) 14线插接器　　(b) 6线插接器　　(d) 片状电线插头、插座焊片　　(f) 仪表灯插座

图 9-10　几种插接器的形式

（2）插接器的结构及识别（图 9-11、图 9-12、图 9-13、图 9-14）。

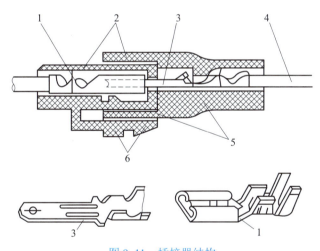

图 9-11　插接器结构

1—插座；2—护套；3—插头；4—导线；5—倒刺；6—锁止机构

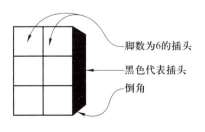

脚数为6的插头

黑色代表插头

倒角

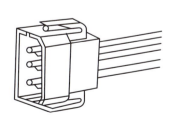

(a)

223

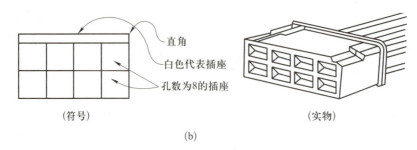

（符号）   （实物）

(b)

图 9-12 连接器的图形符号和实物对照

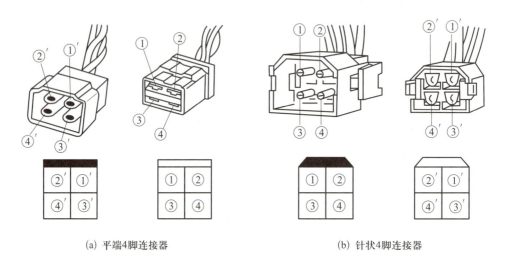

（a）平端4脚连接器   （b）针状4脚连接器

图 9-13 一般用途连接器的图形符号和实物对照

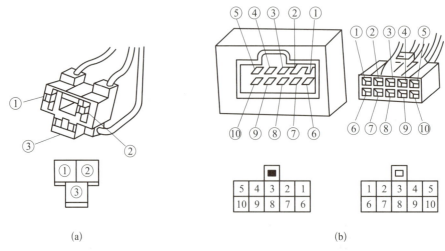

(a)   (b)

图 9-14 特殊用途连接器的图形符号和实物对照

三、导线的表示方法

为便于在线束中查找导线，在电路原理图中，一般要对导线的线径、颜色甚至所属的电气系统作出标注。

1. 导线的分类

汽车导线是连接汽车电气设备必不可少的基本元件。根据承受电压的高低，汽车导线可分为低压导线、高压导线和屏蔽线三种，如图9-15所示，它们均采用铜质多芯软线。铜质多芯软线承受反复弯曲的能力好，不易折断，制成线束后的柔性仍然较好，安装方便。

（1）低压导线（分为普通低压导线和低压电缆线）。

（2）高压导线。

（3）屏蔽线。

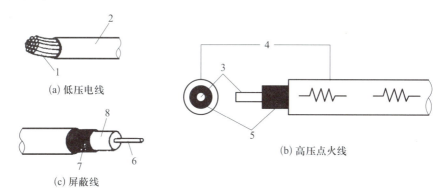

(a) 低压电线

(b) 高压点火线

(c) 屏蔽线

图9-15　各种导线结构

1、3、6—线芯；2、4、8—绝缘外皮；5—橡胶绝缘体；7—外导体(屏蔽装置)

2. 导线的颜色和颜色代号

由于汽车电气设备的增加，导线数目也在不断增多，为便于识别和检修，汽车各条线路的导线均采用不同的颜色，对汽车导线的颜色各国有不同的规定。截面积在 4 mm^2 以上的导线采用单色，而 4 mm^2 以下的导线采用双色。导线颜色一般用字母作代码，见表9-2。

由于日久、高温会使导线绝缘层老化、褪色，此时，黄、白、粉、灰不易分辨，蓝、绿也易混淆，所以某些车会在导线绝缘层上印刷出颜色代码，以便查找导线，见表9-3。

表9-2　主要汽车制造公司导线颜色代码

颜色 \ 车型	全称	丰田	本田	通用	福特	克莱斯勒	宝马	奔驰	三菱	米切尔	米切尔选用
黑色	Black	B	BLK	BLK	BK	BK	BK	BW	B	BLK	BK
棕色	Brow	BR	BRN	BRN	BR	BR	BR	BR	BR	BRN	BN
红色	Red	R	RED	RED	R	RD	RD	RT	R	RED	RD
黄色	Yellow	Y	YEL	YEL	Y	YL	YL	GE	Y	YEL	YL
绿色	Green	G	GRN	GRN	GN		GN	GN	G	GRN	GN
蓝色	Blue	L	BLU	BLU	BL		BU	BL	L	BLU	BU
紫罗兰色	Voilet	V				VT	VI	VI	V	VIO	VI
灰色	Grey	GR	GRY	GRY	GY	GY	GY	GR	GR	GRY	GY
白色	White	W	WHT	WHT	W	WT	WT	WS	W	WHT	WT

225

车型 颜色	全称	丰田	本田	通用	福特	克莱斯勒	宝马	奔驰	三菱	米切尔	米切尔选用
粉红色	Pink	P	PNK	PNK	PK	PK	PK		P	PNK	PK
橙色	Orange	O	ORN	ORN	O	OR	OR		O	ORN	OG
褐色	Tan			TAN	T	TN	TN			TAN	TN
本色	Natural				N						
紫红色	Purple			PPL	P					PPL	PL
深蓝色	DarkBlue			DKBLU		DB				DKBLU	DKBU
深绿色	Dark Green			DKGRN		DG				DKGRN	DKGN
浅蓝色	Light Blue			LTBLU		LB			SB	LTBLU	LTBU
浅绿色	Light Green			LTGRN		LG			LG	LTGRN	LTGN
透明色	Clear			CLR						CLR	CR
象牙色	Ivorv							EI			
玫瑰色	Rose							RS			

注："奔驰"一栏中的代码为奔驰、大众等德国车系导线颜色代码。

表 9-3 我国汽车电气各系统导线的主色及代号

系 统 名 称	导 线 颜 色	颜 色 代 号
电源系统	红	R
点火系统和起动系统	白	W
前照灯、雾灯等车外照明系统	蓝	Bl
灯光信号系统	绿	G
车内照明系统	黄	Y
仪表、警报系统、电喇叭	棕	Br
收音机、电子钟、点烟器等辅助电器	紫	V
各种辅助点攻击及电气操纵系统	灰	Gr
接地（搭铁）线	黑	B

课堂互动

作图题：请参考附录表 9-1 画出元件名称对应的图形符号			
元 件 名 称	符 号	元 件 名 称	符 号
可变电阻器		熔断器	
滑线式电位器		动断（常闭）触点	
带铁心的电感器		PNP 型三极管	
稳压二极管		触点常开的继电器	

1. 图形符号是指用于图样或其他文件中表示一个设备或概念的一种 _____、_____ 或 _____。

2. 基本文字符号是用来表示电气设备、装备、元器件的 _____ 和 _____ 的一种文字符号，它又分为 _____ 字母符号和 _____ 字母符号。

3. 我国汽车电气各系统导线颜色对照

导线颜色	黑	白	红	绿	黄	棕	蓝	灰	紫
代号									

4. 根据连接器的实物对照图，完成图形符号的管脚编号。

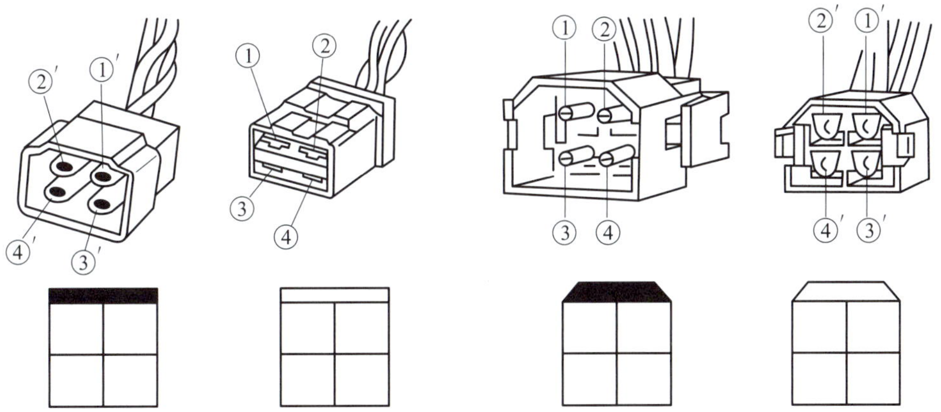

(a) 平端4脚连接器　　　　　　(b) 针状4脚连接器

任务二　汽车电路图的类型

任务目标

1. 了解汽车电路图的种类和表达方法。
2. 掌握汽车线束图、原理图和线路图的特点。
3. 熟悉不同类型的电路图的功用，并会作简单分析。

知识链接

汽车电路图主要用于表达各电气系统的工作原理及电器间的连接关系，同时还标出各电器、线束等在车上的具体位置，尽管不同厂家车型的电路图设计风格各异，但归纳起来汽车电路图主要有电路线束布线图、电路原理图、电气线路图和电路电器定位图。

一、电路线束布线图

电路线束布线图用于表达某个电路系统的线束及所连接电气部件的分布情况，如图 9-16 所示。

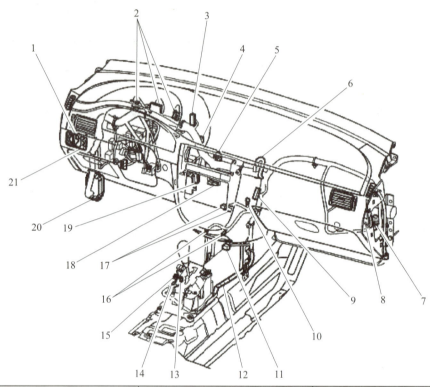

1—前照灯高度调节开关	8—C208	15—保持开关
2—仪表组	9—S204	16—点烟器和烟灰盒
3—S202	10—G204	17—空调控制开关
4—C207	11—附加电源插座	18—收音机
5—危险警告灯开关	12—C201	19—S203
6—时钟	13—PRNDL 照明	20—C202
7—车外后视镜	14—BTSI 电磁阀	21—变光器控制单元

图 9-16 别克凯越仪表线束布线图

1. 电路线束布线图的特点

布线图是专门用来标记电气设备的安装位置、外形、线路走向等的指示图。它按照全车电气设备安装的实际方位绘制，部件与部件之间的连线按实际关系绘出，并将线束中同路的导线尽量画在一起。

（1）电路线束布线图的优点

全车的电器（即电气设备）数量明显且准确，电线的走向清楚，有始有终，便于循线跟踪，查找起来比较方便。它按线束编制将电线分配到各条线束中去与各个插件的位置严格对号。在各开关附近用表格法表示开关的接线与挡位控制关系，表示熔断器与电线的连接关系，表明电线的颜色与截面积。

（2）电路线束布线图的缺点

图上电线纵横交错，若印制版面过小，则不易分辨；若版面过大，则印装受限制。读图、画图费时费力，不易抓住电路重点、难点。不易表达电路内部结构与工作原理。

2．电路线束布线图的识读

（1）电路线束布线图中的元器件、部件、组件和设备等项目，采用其简化外形来表示，必要时也用图形符号表示。

（2）在布线图中，接线端子用端子代号表示。

（3）导线用连续线或中断线来表示。连续线是用连续的实线来表示端子之间实际存在的导线，中断线是用中断的实线来表示端子之间实际存在的导线，并在中断处标明去向。

二、电路原理图

汽车电路原理图注重表达各电气系统电路的工作原理，它既可以是整车电路原理图，也可以是各系统的电路原理图，图9-17所示为通用汽车接地电路图，图9-18所示为丰田花冠汽车前照灯电路图。尽管各汽车制造集团厂家的表达方式不一，但一般都具备如下特点：

（1）在大多数图中，电源线在图上方，接地线在图下方，电流方向自上而下。这样电路较少迂回曲折，电路图中电器串、并联关系十分清楚，电路图易于识读。

（2）通过电器符号表达各电器。一般通过这些符号可了解该电器的基本结构和作用。

（3）电路原理图中所有开关及电器均处于不工作的状态，如点火开关是断开的、发动机不工作、车灯关闭等。

（4）各电器不再按电器在车上的安装位置布局，而是依据其工作原理，在图中合理布局，使各系统处于相对独立的位置，从而易于对各用电设备进行单独的电路分析。

（5）各电器旁边通常标注电器名称及代码（如控制器件、继电器、过载保护器件、用电器、交接点及接地点等）。

（6）导线一般标注颜色和规格代码，有的车型还标注该导线所属电器系统的代码。根据以上标注，易于对照定位图找到该电器或导线在车上的位置。

总之，电路原理图是分析电气系统工作原理以及维修电气系统的最基本、最实用的资料。

> **提示：**
> 1．汽车整车电路通常由电源电路、起动电路、点火电路、照明与灯光信号装置电路、仪表信息系统电路、辅助装置电路和电子控制系统电路组成。
> 2．汽车整车电路原理图描述的连接关系仅仅是功能关系，而不是实际的连接导线。

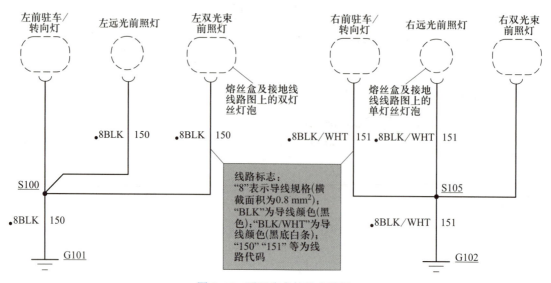

图 9-17　通用汽车接地电路图

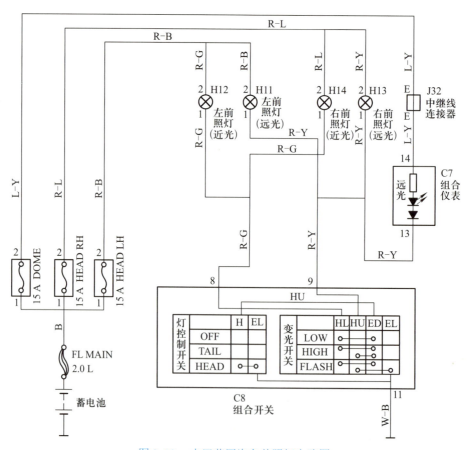

图 9-18　丰田花冠汽车前照灯电路图

三、电气线路图

汽车电气线路图用于表达各电器与电源的实际连接关系，但各电器的位置和线路的分布都作了简化，图 9-19 为大众奥迪汽车发动机控制单元电路线路图。

电气线路图通常被用作汽车电路原理图使用，但分析电路原理不如原理图简单明了。线路图的优点主要是对故障排查的帮助要比原理图的作用大得多，比电路线束布线图则要简明的多，因此，现代汽车电路图中线路图应用较为广泛。

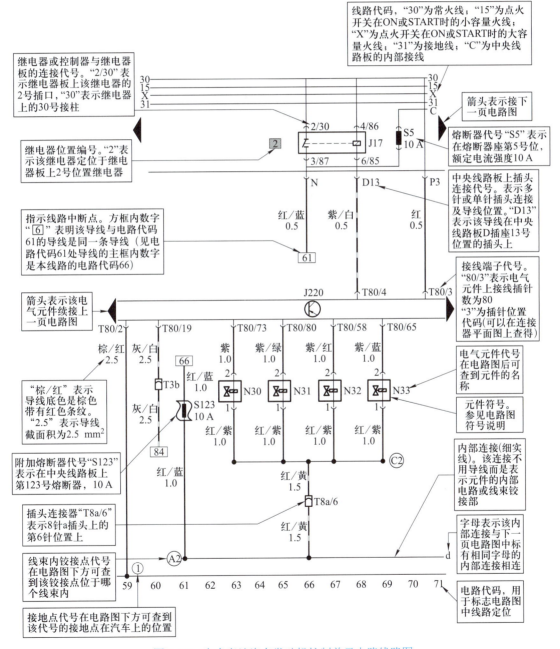

图 9-19　大众奥迪汽车发动机控制单元电路线路图

231

①—接地点，在发动机控制单元旁的车身上；

A2—正极接线，在发动机线束内；

T8a—发动机线束与发动机右线束插头连接，8针，在发动机中间支架上；

C2—在发动机右线束内；

S123—喷嘴、空气计量计、AKF阀、氧传感器加热元件熔断器；

N30—第一缸喷油器；

N31—第二缸喷油器；

N32—第三缸喷油器；

N33—第四缸喷油器；

T80—发动机线束，发动机右线束与发动机控制单元插头连接，80针，在发动机控制单元上；

J220—Motroic 发动机控制单元；

S5—燃油泵熔

四、电路电器定位图

显示用电器、控制器件（包括传感器、电控单元、开关、继电器等）、连接器、接线盒、熔断器盒、继电器盒等在车上的具体位置（图9-20），可以帮助人们迅速准确地找到各电气元件在车上的安装位置。

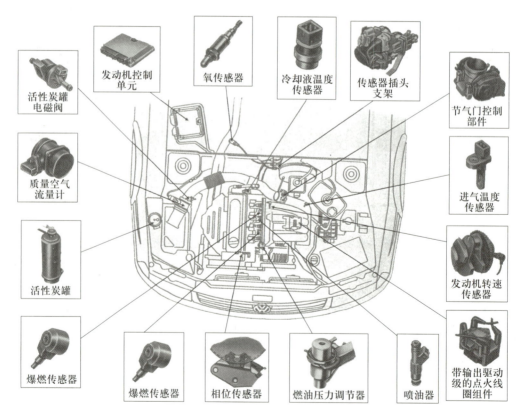

图 9-20 桑塔纳 Gsi 发动机管理系统各组件的安装位置图

任务三　识读汽车电路图

任务目标

1. 掌握汽车电路图识读的一般要点。
2. 了解汽车公司电路图的特点和表达方法。
3. 能初步识读典型汽车的电路图。

知识链接

一、识读汽车电路图的一般要点

（1）纵观"全车"，眼盯"局部"——由"集中"到"分散"。

全车电路一般都由各个局部电路所构成，它表达了各个局部电路之间的连接和控制关系。要把局部电路从全车总图中分割出来，就必须掌握各个单元电路的基本情况和接线规律。

汽车电路的基本特点是单线制、负极搭铁、各用电器互相并联。各单元（局部）电路，例如电源系统、起动系统、点火系统、照明系统、信号系统、仪表系统等，都有其自身的一些特点，看电路要以其自身的特点为指导，去分解并研究全车电路，这样做会少一些盲目性，能较快速、准确地识读汽车电路图。开始必须认真地读几遍图注，对照线路图查看电器在车上的大概位置及数量、电器的用途、有没有新颖独特的电器，如有应加倍注意。

（2）抓住"开关"的作用－所控制的"对象"。开关是控制电路通断的关键，特别注意继电器不但是控制开关也是被控制对象。

（3）寻找电流的"回路"－控制对象的"通路"。

回路是最简单的电气学概念。无论什么电器，要想正常工作（将电能转换为其他形式的能），必须与电源（发电机或蓄电池）的正负两极构成通路。即：从电源的正极出发→通过用电器→回到同一电源的负极。这个简单而重要的原则无论在读什么电路图时都必须用到，在实际中却往往被忽略，理不出头绪来。

二、大众汽车电路识图（欧洲）

1. 大众汽车电路图中图形符号的含义（表9-4）

表 9-4 大众汽车电路图中各种符号的含义

符　号	含　义	符　号	含　义
	熔断器		化油器自动阻风门
	蓄电池	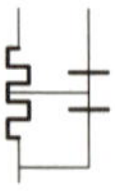	热敏时控阀
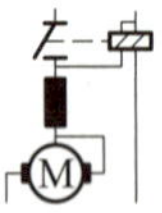	启动机		暖风调节器附加空气阀
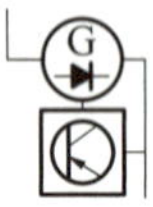	发电机		电阻
			二极管
	点火线圈		稳压二极管
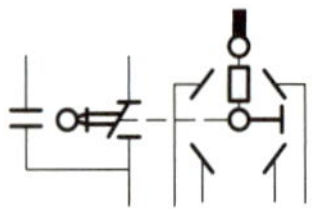	分电器（机械式）		发光二极管
			指针式仪表
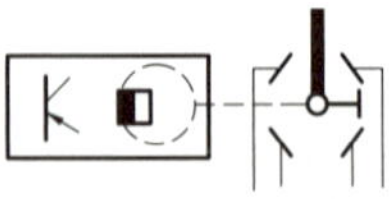	分电器（电子式）		电子控制器
			指针式时钟
	火花塞插头及火花塞		数字式时钟
	加热器加热电阻		多功能显示器
	电磁阀		热敏电阻
	电动机	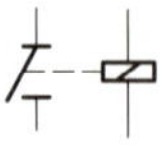	断电器
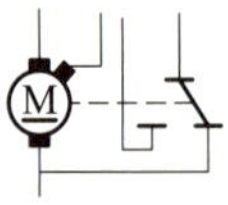	两挡刮水器电机	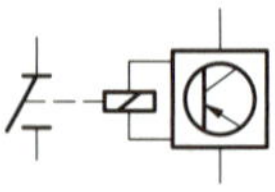	继电器（电子控制器）

符　号	含　义	符　号	含　义
	手动开关		速度传感器
	热敏开关		白炽灯
	手动按钮开关		上止点传感器（感应式传感器）
	机械控制开关		
	压力开关		内饰灯
	手动多极开关		点烟器
	可变电阻		后风窗加热装置
	蜂鸣器		喇叭
	燃油指示器		插接
	多孔插接		电阻导线
	线路分配器		灯光调节电动机
	可拆卸式线路连接		双灯丝白炽灯
	不可拆卸线路连接		滑动触点
	在元件内部的连接		

235

2. 导线

（1）导线标示规则

导线在图上以粗实线画出，集中在图的中间部分，每条线上都有导线的颜色和导线的截面积的标注，导线的颜色以字母标记表示，对应关系见表4-2。如果导线是双色的，则以两种颜色的字母共同标记，例如 ro/li、li/gn 等。导线的截面积以数字标示在导线颜色下方，单位是 mm^2，例如 1.0、2.5 表示 1.0 mm^2、2.5 mm^2。

（2）导线颜色代码（表9-5）

表9-5　大众汽车电路图中导线颜色代号的含义

代　号	颜　色	代　号	颜　色	代　号	颜　色
ws	白色	gr	灰色	br	棕色
ro	红色	ge	黄色	bl	蓝色
gn	绿色	sw	黑色	li	紫色

3. 大众汽车电路图的识图要点

（1）电路采用纵向排列、垂直布置

电源线为上"+"下"-"，从左到右同一系统的电路归纳到一起，按电源电路、启动电路、点火电路、进气预热电路、仪表电路、灯光照明电路、信号与报警装置电路、刮水和洗涤装置电路、电动后视镜控制电路、电动车窗升降控制电路、集控门锁控制电路、空调控制电路、双音喇叭控制电路的顺序排列。

（2）采用断线代号法解决交叉问题

有些比较复杂的电气设备（如前照灯），工作时要涉及点火开关、灯光开关和变光开关等配电设备，而这三个开关不在同一条垂直线上，如按传统画法，要画一些横线把它们连接起来，使图面上出现较多的横线，增加读图难度。目前，在电路图中，采用"断线代号法"解决这个问题，即用导线连接端方框内的数字表明电路中与其连接导线的电路编号。

（3）全车电路图分为三部分

最上面部分为中央配电盒电路，其中标明了熔断器的位置及容量和继电器位置编号及接线端子号等，中间部分是车上的电气元件及连线，最下面的横线是搭铁线。

（4）整车电气系统正极电源分为三路

标有"0"字样的电源线为常火线。直接与蓄电池相连接，中间不经过任何开关，无论汽车处于停车还是发动机处于熄火状态均有电，其电压都等于电源电压（12～14 V）。"0"电源线的电源专门供给发动机熄火时也需要用电的电器用，如停车灯、报警灯、制动灯、顶灯、冷却风扇电动机等。标有"15"字样的电源线为小容量用电设备的电源正极。"5"表示电源线的电源受点火开关控制，只有在点火开关接通后，用电设备才能通电使用。标有"X"的为车辆起步运行中才接通的大容量电器用火线，即只有在点火开关接通、卸荷继电器触点闭合时，标号"X"电源线才有电。

（5）许多重要电器的搭铁线都直接与蓄电池的负极连接

标有①的为仪表线束搭铁线的搭铁点，在中央线路板的支架上；标有②③④的为发动机线束搭铁线的搭铁点，在蓄电池支架上；标有⑦的为后灯线束搭铁线的搭铁点，在中央线路板的支架上，31为中央继电器盒的搭铁线，在电路图中①②③④⑦与31都为搭铁线。

（6）中央配电盒的布置

汽车电气线路以中央配电盒为中心进行控制，大部分继电器和熔断器安装在中央配电盒的正面，接插器和插座安装在中央配电盒的背面。

4．大众汽车电路图范例

大众汽车电路图的范例如图9-21所示。其说明如下：

1—继电器或控制器与继电器板的接线端子代号。"2/30"表示继电器板上该继电器插座的2号插孔，"30"表示继电器上的30号接线端子。

2—继电器位置编号。"2"表示该继电器定位于主要配电盒上2号位置继电器。

3—指示线路中断点。方框内数字表明该导线与电路代码61的导线是同一条导线（见电路代码61处导线的方框内数字是本线路的电路代码66）。

4—箭头表示该电气元件续接上一页电路图。

5—导线的颜色。"棕/红"表示导线底色是棕色带有红色条纹。"2.5"表示导线截面积为2.5 mm^2。

6—熔断器的代号。"S123"表示在中央配电盒上第123号熔断器，其允许通过的最大电流强度为10 A。

7—插接器。插接器T8a用于发动机线束与发动机右线束的连接，"T8a/6"表示8针的插接器a插头上的第6针接线端子。

8—线束内铰接点代号，在电路图下方可查到该铰接点位于哪个线束内。图中A2表示正极接线，在发动机线束内。

9—搭铁点代号，在电路图下方可查到该代号的搭铁点在汽车上的位置。

10—线路代码。"30"为常火线，"15"为点火开关接通时的小容量火线，"X"为在点火开关接通、卸荷继电器触点闭合时的大容量火线；"31"为搭铁线；"C"为中央配电盒的内部接线。

11—箭头表示接下一页电路图。

12—熔断器代号。"S5"表示在中央配电盒熔断器座第5号位，额定电流强度为10 A。

13—表示导线在中央配电盒上的连接位置代号。"D13"表示该导线在中央配电盒D插座13号位置的接线端子上。

14—接线端子代号。"80/3"表示电气元件上插接器的接线端子数为80，"3"为接线端子的位置代码（可以在插接器平面图上查得）。

15—电气元件代号，在电路图后可查到元件的名称。N30：第一缸喷油器；N31：第二缸喷油器；N32：第三缸喷油器；N33：第四缸喷油器。

16—元件符号参见电路图符号说明。

17—内部连接（细实线）。该连接不用导线，只表示元件的内部电路或线束铰接部分。

18—字母表示该内部连接与下一页电路图中标有相同字母的内部连接相连。

19—电路接续号，用以标示电路图中线路定位。

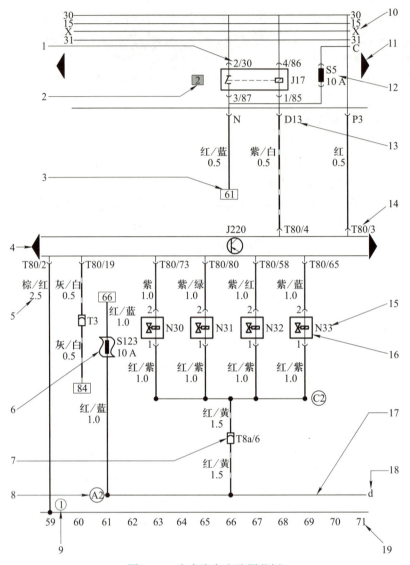

图 9-21　大众汽车电路图范例

![图标] **项目小结**

　　汽车电路图是由各种特定符号和线条构成的线路图，是汽车电气设备生产与维修的重要技术文件。本项目主要介绍汽车电路图的特征、类型和识读三个任务。

　　1. 汽车电路图的特征

　　（1）电路图的表示方法：了解汽车电路的常用图形符号和文字符号。

　　（2）插接器的表示方法：熟悉插接器的类型和插拔方法。

　　（3）导线的表示方法：掌握汽车电路基础元件中不同车系导线的颜色和代号。

　　2. 汽车电路图的类型

　　了解汽车电路图的种类和表达方法，掌握汽车线束图、原理图和线路图的特点。

（1）电路线束布线图。

（2）电路原理图。

（3）电气线路图。

（4）电路电器定位图。

3. 汽车电路图识读示例

掌握汽车电路图识读的一般要点，了解以大众（欧洲）汽车公司电路图为例的特点和表达方法，能初步识读典型汽车的电路图。

附录一
常用螺纹

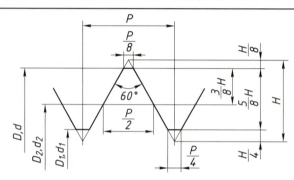

标记示例

粗牙普通螺纹，公称直径 d=10 mm，中径公差代号 5 g，顶径公差代号 6 g，标记 M10-5g6g；
细牙普通螺纹 d=10 mm，螺距 P=1，中径、顶径公差代号 7H，标记：M10×1-7H。

mm

公称直径 D, d		螺距 P		螺纹小径 D_1, d_1
第一系列	第二系列	粗牙	细牙	粗牙
3		0.5	0.35	2.459
	3.5	0.6		2.850
4		0.7	0.5	3.242
	4.5	0.75		3.688
5		0.8		4.134
6		1	0.75	4.917
8		1.25	1,0.75	6.647
10		1.5	1.25,1,0.75	8.376
12		1.75	1.25,1	10.106
	14	2	1.5,1.25,1	11.835
16		2	1.5,1	13.835
	18	2.5	2,1.5,1	15.294
20		2.5		17.294
	22	2.5	2,1.5,1	19.294

公称直径 D, d		螺径 P		螺纹小径 D_1, d_1
第一系列	第二系列	粗牙	细牙	粗牙
24		3	2,1.5,1	20.752
	27	3	2,1.5,1	23.752
30		3.5	(3),2,1.5,1	26.211
	33	3.5	(3),2,1.5	29.211
36		4	3,2,1.5	31.670

注：螺纹公称直径应优先选用第一系列，尽可能地避免选用括号内的螺距。

附录二

螺纹紧固件

附表 2-1　六角头螺栓—C 级（GB/T 5780—2000）、六角螺栓—A 级和 B 级（GB/T 5782—2000）

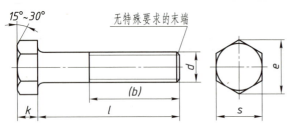

GB/T 5780—2000
六角头螺栓 -C 级

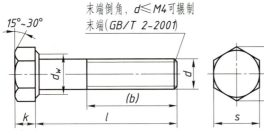

GB/T 5782—2000
六角头螺栓 -A 级和 B 级

标记识例

螺纹规格 d=M12、公称直径 l=80 mm、性能等级为 8.8 级、表面氧化。
A 级的六角头螺栓标记：GB/T 5780M12×80

mm

螺文规格 d			M3	M4	M5	M6	M8	M10	M12	M16	M20	M24	M30
b 参考	l≤125		12	14	16	18	22	26	30	38	46	54	66
	125<l≤200		18	20	22	24	28	32	36	44	52	60	72
	l>200		31	33	35	37	41	45	49	57	65	73	85
c（max）			0.4	0.4	0.5	0.5	0.6	0.6	0.6	0.8	0.8	0.8	0.8
d_w	产品等级	A	4.57	5.88	6.88	8.88	11.63	14.63	16.63	22.49	28.19	33.61	—
		B	4.45	5.74	6.74	8.74	11.47	14.47	16.47	22	27.7	33.25	42.75
e	产品等级	A	6.01	7.66	8.79	11.05	14.38	17.77	20.03	26.75	33.53	39.98	—
		B	5.88	7.50	8.63	10.89	14.2	17.59	19.85	26.17	32.95	39.55	50.85
k 公称			2	2.8	3.5	4	5.3	6.4	7.5	10	12.5	15	18.7

螺文规格 d	M3	M4	M5	M6	M8	M10	M12	M16	M20	M24	M30
r	0.1	0.2	0.2	0.25	0.4	0.4	0.6	0.6	0.8	0.8	1
s 公称	5.5	7	8	10	13	16	18	24	30	36	46
l（商品规格范围）	20～30	25～40	25～50	30～60	40～80	45～100	50～120	65～160	85～200	90～240	110～300
l 系列	12,16,20,25,30,45,40,45,50,55,60,65,70,80,90,100,120,130,140,150,160,180,200,220,240,260, 280,300,320,340,360										

注：A 级用于 $d \leqslant 24$ mm 和 $\leqslant 10d$ 或 $\leqslant 150$ mm 的螺栓；B 级用于 $d > 24$ mm 和 $l > 10d$ 或 > 150 mm 的螺栓。
螺纹规格 d 范围：GB/T 5780 为 M5～M 64；CB/T 5782 为 M1.6～M64。
公称长度 l 范围：GB/T 5780 为 25～500 mm；GB/T 5782 为 12～500 mm。

附表 2-2　双头螺柱 $b_m=d$（GB/T 897—1988）、$b_m=1.25d$（GB/T 898—1988）、$b_m=1.5d$（GB/T 899—1988）、$b_m=2d$（GB/T 900—1988）

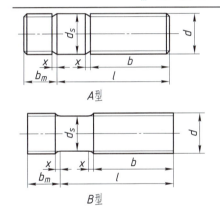

A 型

B 型

标记示例
1. 两端均为粗牙普通螺纹，d=10 mm，l=15 mm 性能等级为 4.8 级，不经表面处理，B 型、$b_m=d$ 的双头螺柱标记：螺柱 GB/T 897—1988 M10×50。
2. 旋入机体一端为粗牙普通螺纹，旋螺母一端螺距 P=1 mm 的细牙普通螺纹，d=10 mm，l=15 mm，性能等级为 4.8 级，不经表面处理，A 型、$b_m=d$ 的双头螺柱标记：螺柱 GB/T897—1998—AM10-M10×1×50。
3. 旋入机体一端为过渡配合螺纹的第一种配合，旋螺母一端为粗牙普通螺纹，d=10 mm，l=15 mm，性能等级为 8.8 级，镀锌钝化，B 型、$b_m=d$ 的双头螺柱标记：螺柱 GB/T897—1998 GM10-M10×50-8.8-Zn・D

mm

螺纹规格 d	b_m				l/b
	GB/T 899—1988	GB/T 898—1988	GB/T 899—1988	GB/T 900—1988	
M2			3	4	(12~16)/6，(18~25)/10
M2.5			3.5	5	(14~18)/8，(20~30)/11
M3			4.5	6	(16~20)/6,(22~40)/12
M4			6	8	(16~22)/8,(25~40)/14
M5	5	6	8	10	(16~22)/10,(25~50)/16
M6	6	8	10	12	(20~22)/10,(25~30)/14,(32~75)/18
M8	8	10	12	16	(20~22)/12,(25~30)/16,(32~90)/22
M10	10	12	15	20	(25~28)/14,(30~38)/16,(40~120)/26,130/32
M12	12	15	18	24	(25~30)/16,(32~40)/20,(45~120)/30,(130~180)/36

螺纹规格 d	b_m				l/b
	GB/T 899—1988	GB/T 898—1988	GB/T 899—1988	GB/T 900—1988	
(M14)	14	18	21	28	(30~35)/18,(38~45)/25,(50~120)/34,(130~180)/40
M16	16	20	24	32	(30~38)/20,(40~55)/30,(60~120)/38,(130~200)/44
(M18)	18	22	27	36	(35~40)/22,(45~60)/35,(65~120)/42,(130~200)/48
M20	20	25	30	40	(35~40)/25,(45~65)/35,(70~120)/46,(130~200)/52
M22	22	28	33	44	(40~45)/30,(50~70)/40,(75~120)/50,(130~120)/56
M24	24	30	36	48	(45~50)/30,(55~75)/45,(80~120)/54,(130~200)/60
(M27)	27	35	40	54	(50~60)/35,(65~85)/50,(90~120)/60,(130~200)/66
M30	30	38	45	60	(60~65)/40,(70~90)/50,(95~120)/60,(130~200)/72,(210~250)/85
M36	36	45	54	72	(65~75)/45,(80~110)/60,120/78,(130~200)/84,(210~300)/97
M42	42	52	63	84	(70~80)/50,(85~110)/70,120/90,(130~200)/96,(210~300)/109
M48	48	60	72	96	(80~90)/60,(95~110)/80,120/102,(130~200)/108 (210~300)/121
l 系列	12,（14），16,（18），20,（22），25,（28），30,（32），35,（38），40，45,50,55,60, 65, 70, 75, 80, 85, 90, 95, 100, 110, 120, 130, 140, 150, 160, 170 , 180,190, 200 , 210 , 220 , 230,240 , 250, 260, 280, 300				

注：1. $b_m=d$ 一般用于旋入机体为钢的场合；$b_m=$（1.25～1.5）d 一般用于旋入机体为铸铁的场合，$b_m=2d$ 一般用于旋入机体为铝的场合。

2. 不带括号的为优先系列，仅 GB/T 898—1988 为优先系列。

3. b 不包括螺尾。

4. $d_g \approx$ 螺纹中径。

$x_{max}=1.5P$（螺距）。

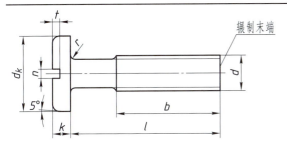

标记示例
螺纹规格 d=M5、公称长度 l=20 mm、性能等级为 4.8 级、不经表面处理的 A 级开槽圆柱头螺钉标记：螺钉 GB/T 65　M5×20

mm

螺纹规格 d	M4	M5	M6	M8	M10
螺距 P	0.7	0.8	1	1.25	1.5
b	38	38	38	38	38
d_k	7	8.5	10	13	16
k	2.6	3.3	3.9	5	6
n	1.2	1.2	1.6	2	2.5
r	0.2	0.2	0.25	0.4	0.4
t	1.1	1.3	1.6	2	2.4
公称长度 l	5～40	6～50	8～60	10～80	12～80
L 系列					

注：1. 公称长度 l≤40 mm 的螺钉，制出全螺纹。

2. 螺纹规格 d=M1.6～M10；公称长度 l=2～80 mm。

3. 括号内规格尽可能不采用。

附表 2-4　开槽盘头螺钉（GB/T 67—2008）

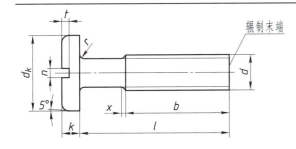

标记示例
螺纹规格 d=M5、公称长度 l=20 mm、性能等级为 4.8 级、不经表面处理的 A 级开槽盘头螺钉标记：螺钉 GB/T 67　M5×20

mm

螺纹规格的 d	M1.6	M2	M2.5	M3	M4	M5	M6	M8	M10
螺距 P	0.35	0.4	0.45	0.5	0.7	0.8	1	1.25	1.5
b	25	25	25	25	38	38	38	38	38
d_k	3.2	4	5	5.6	8	9.5	12	16	20
k	1	1.3	1.5	1.8	2.4	3	3.6	4.8	6

螺纹规格的 d	M1.6	M2	M2.5	M3	M4	M5	M6	M8	M10
n	0.4	0.5	0.6	0.8	1.2	1.2	1.6	2	2.5
r	0.1	0.1	0.1	0.1	0.2	0.2	0.25	0.4	0.4
t	0.35	0.5	0.6	0.7	1	1.2	1.4	1.9	2.4
公称长度 l	2～16	2.5～20	3～25	4～30	5～40	6～50	8～60	10～80	12～80
l 系列	2, 2.5, 3, 5, 6, 8, 10, 12,（14），16, 20, 25, 30, 35, 40, 45, 50,（55），60,（65），70,（75），80								

注：1. M1.6-M3 的螺钉，公称长度 $l \leqslant 30$mm 的螺钉，制出全螺纹；M4～M10 的螺钉，公称长度 $l \leqslant 40$mm 的螺钉制出全螺纹。

2. 括号内的规格尽可能不采用。

附表 2-5　开槽沉头螺钉（GB/T 68—2000）

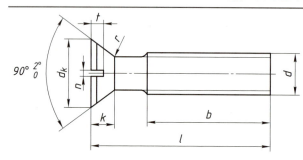

标记示例

螺纹规格 d=M5、公称长度 l=20 mm、性能等级为 4.8 级、不经表面处理的 A 级开槽沉头螺钉标记：螺钉 GB/T68 M5×20

mm

螺纹规格 d	M1.6	M2	M2.5	M3	M4	M5	M6	M8	M10
螺距 P	0.35	0.4	0.45	0.5	0.7	0.8	1	1.25	1.5
b	25	2.5	25	25	38	38	38	38	38
d_k	3.6	4.4	5.5	6.3	9.4	10.4	12.6	17.3	20
k	1	1.2	1.5	1.65	2.7	2.7	3.3	4.65	5
n	0.4	0.5	0.6	0.8	1.2	1.2	1.6	2	2.5
r	0.4	0.5	0.6	0.8	1	1.3	1.5	2	2.5
t	0.5	0.6	0.75	0.85	1.3	1.4	1.6	2.3	2.6
公称长度 l	2.5～16	3～20	4～25	5～30	6～40	8～50	8～60	10～80	12～80
l 系列	2.5, 3, 4, 5, 6, 8, 10, 12,（14），16, 20, 25, 30, 35, 40, 45, 50,（55），60,（65），70(75), 80								

注：1. M1.6～M3 的螺钉，公称长度 $l \leqslant 30$ mm 的螺钉，制出全螺纹；M4～M10 的螺钉，公称长度 $l \leqslant 45$ mm 的螺钉制出全螺纹。

2. 括号内的规格尽可能不采用。

附表 2-6　内六角圆柱头螺钉（GB/T 70.1—2008）

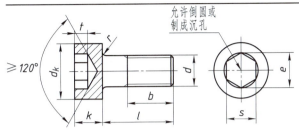

标记示例

螺纹规格 *d*=M5、公称长度 *l*=20 mm、性能等级为 8.8 级、表面氧化的内六角圆柱头螺钉标记：螺钉 GB/T68 M5×20

mm

螺纹规格 *d*	M1.6	M2	M2.5	M3	M4	M5	M6	M8	M10	M12	（M14）	M16	M20	M24	M30	M36
d_k	3	3.8	4.5	5.5	7	8.5	10	13	16	18	21	24	30	36	45	54
k	1.6	2	2.5	3	4	5	6	8	10	12	14	16	20	24	30	36
t	0.7	1	1.1	1.3	2	2.5	3	4	5	6	7	8	10	12	15.5	19
r	0.1	0.1	0.1	0.1	0.2	0.2	0.25	0.4	0.4	0.6	0.6	0.6	0.8	0.8	1	1
s	1.5	1.5	2	2.5	3	4	5	6	8	10	12	14	17	19	22	27
e	1.73	1.73	2.3	2.9	3.4	4.6	5.7	6.9	9.2	11.4	13.7	16	19	21.7	25.2	30.9
b（参考）	15	16	17	18	20	22	24	28	32	36	40	44	52	60	72	84
t	2.5～16	3～20	4～25	5～30	6～40	8～50	10～60	12～80	16～100	20～120	25～140	25～160	30～200	40～200	45～200	55～200
全螺纹时最大长度	16	16	20	20	25	25	30	35	40	45	55	55	65	80	90	110

l 系列	2.5，3，4，5，6，8，10，12，（14），（16），20，25，30，35，40，45，50，（55），60，（65），70，80，90，100，110，120，130，140，150，160，180，200

注：1. 尽可能不采用括号内的规格。

2. *b* 不包括螺尾。

附表 2-7　六角螺母—C 级（GB/T 41—2000）、1 型六角螺母—A 级和 B 级（GB/T 6170—2000）、六角薄螺母—A 和 B 级的倒角（GB/T 6172.1—2000）

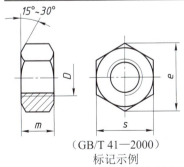

（GB/T 41—2000）
标记示例

螺纹规格 *D*=M12，性能等级为 5 级，不经表面处理，产品等级为 C 级的六角螺母标记：螺母 GB/T14 M12

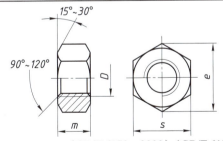

（GB/T 6170—2000）（GB/T 6172.1—2000）
标记示例

螺纹规格 *D*=M12，性能等级为 10 级，不经表面处理，A 级的 1 型六角螺母标记：

螺母 GB/T6170 M12

螺纹规格 *D*=M12，性能等级为 04 级，不经表面处理，A 级的六角薄螺母标记：

螺母 GB/T6170 M12

螺纹规格 D		M3	M4	M5	M6	M8	M10	M12	(M14)	M16	(M18)	M20	(M22)	M24	(M27)	M30	M36	M42	M48	M56	M64
e		6	7.7	8.8	11	14.4	17.8	20	23.4	26.8	29.6	35	37.3	39.6	45.2	50.9	60.8	72	82.6	93.6	105
s		5.5	7	8	10	13	16	18	21	24	27	30	34	36	41	46	55	65	75	85	95
m	GB/T 6170	2.4	3.2	4.7	5.2	6.8	8.4	10.8	12.8	14.8	15.8	18	19.4	21.5	23.8	25.6	31	34	38	45	51
	GB/T 6172	1.8	2.2	2.7	3.2	4	5	6	7	8	9	10	11	12	13.5	15	18	21	24	28	32
	GB/T 41			5.6	6.1	7.9	9.5	12.2	13.9	15.9	16.9	18.7	20.2	22.3	24.7	26.4	31.5	34.9	38.9	45.9	52

注：1．表中 e 为圆整近似值。

2．不带括号的为优先系列。

3．A 级用于 $D \leqslant 16\,mm$ 的螺母；B 级用于 $D > 16\,mm$ 的螺母。

附表 2-8　平垫圈—C 级（GB/T 95—2002）、大垫圈—A 级（GB/T 96.2—2002）

和 C 级（GB/T 96.1—2002）、平垫圈—A 级（GB/T 97.1—2002）、

平垫圈倒角型—A 级（GB/T 97.2—2002）、小垫圈—A 级（GB/T 848—2002）

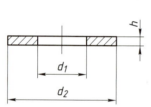

（GB/T 95—2002）、（GB/T 96—2002）、

（GB/T 97.1—2002）、（GB/T 848—2002）

垫圈两端面无表面结构符号

标记示例

标准系列，公称尺寸 d=8 mm，性能

等级为 100 HV 级，不经表面处理的平垫

圈标记：垫圈 GB/T 95　8

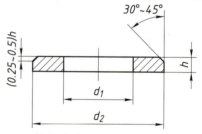

倒角型（GB/T 97.2—2002）

标记示例

标准系列，公称尺寸 d=8 mm，性能

为 140 HV 级，倒角型不经表面处理的平垫圈

标记：垫圈 GB/T 97.2　8

mm

公称尺寸（螺纹规格）d	标准系列 GB/T 95—2002、GB/T 97.1—2002、GB/T 97.2—2002				大系列 GB/T 96—2002			小系列 GB/T 848—2002		
	d_2	H	d_1 (GB/T 95)	d_1 (GB/T 97.1、GB/T 97.2)	d_1	d_2	h	d_1	d_2	h
1.6	4	0.3		1.7	—	—	—	1.7	3.5	0.3
2	5			2.2	—	—	—	2.2	4.5	
2.5	6	0.5		2.7	—	—	—	2.7	5	0.5
3	7			3.2	3.2	9	0.8	3.2	6	
4	9	0.8		4.3	4.3	12	1	4.3	8	
5	10	1	5.5	5.3	5.3	15	1.2	5.3	9	1

公称尺寸（螺纹规格）d	标准系列 GB/T 95—2002、GB/T 97.1—2002、GB/T 97.2—2002				大 系 列 GB/T 96—2002			小 系 列 GB/T 848—2002		
	d_2	H	d_1（GB/T 95）	d_1（GB/T 97.1、GB/T 97.2）	d_1	d_2	h	d_1	d_2	h
6	12	1.6	6.6	6.4	6.4	18	1.6	6.4	11	1.6
8	16	1.6	9	8.4	8.4	24	2	8.4	15	1.6
10	20	2	11	10.5	10.5	30	2.5	10.5	18	
12	24	2.5	13.5	13	13	37	3	13	20	2
14	28	2.5	15.5	15	15	44	3	15	24	2.5
16	30	3	17.5	17	17	50	3	17	28	
20	37	3	22	21	22	60	4	21	34	3
24	44	4	26	25	26	72	5	25	39	4
30	56	4	33	31	33	92	6	31	50	
36	66	5	39	37	39	110	8	37	60	5

注：1. GB/T 95、GB/T 97.2 中，d 的范围为 5～36 mm；GB/T 96 中，d 的范围为 3～36 mm；GB/T 848、GB/T 97.1 中，d 的范围为 1.6~36 mm。

2. 表列 d、d_2、h 均为公称值。

3. C 级垫圈表面结构要求为 ✓ 。

4. GB/T 848—2002 主要用于带圆柱头的螺钉，其他用于标准六角螺栓、螺钉和螺母。

5. 精装配系列用 A 级垫圈，中等精度装配系列用 C 级垫圈。

附表 2-9　标准型弹簧垫圈（GB/T 93—1987）、轻型弹簧垫圈（GB/T 859—1987)

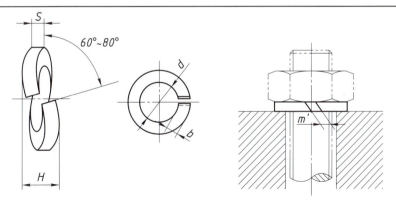

标记示例

规格 16 mm，材料为 65 Mn，表面氧化的标准型弹簧垫圈标记：垫圈 GB/T 93—1987　16

规格 （螺纹大径）	d	GB/T 93—1987		GB/T 859—1987		
		S=b	m'≤	S	b	0＜m'≤
2	2.1	0.5	0.25	0.5	0.8	
2.5	2.6	0.65	0.33	0.65	0.8	
3	3.1	0.8	0.4	0.8	1	0.3
4	4.1	1.1	0.55	0.8	1.2	0.4
5	5.1	1.3	0.65	1	1.2	0.55
6	6.2	1.6	0.8	1.2	1.6	0.65
8	8.2	2.1	1.05	1.6	2.1	0.8
10	10.2	2.6	1.3	2	2.5	1
12	12.3	3.1	1.55	2.5	3.5	1.25
（14）	14.3	3.6	1.8	3	4	1.5
16	16.3	4.1	2.05	3.2	4.5	1.6
（18）	18.3	4.5	2.25	3.5	5	1.8
20	20.5	5	2.5	4	5.5	2
（22）	22.5	5.5	2.75	4.5	6	2.25
24	24.5	6	3	4.8	6.5	2.5
（27）	27.5	6.8	3.4	5.5	7	2.75
30	30.5	7.5	3.75	6	8	3
36	36.6	9	4.5	—	—	—
42	42.6	10.5	5.25	—	—	—
48	49	12	6	—	—	—

注：1. 括号内的规格尽可能不采用。

2. m' 应大于零。

附录三
键、销

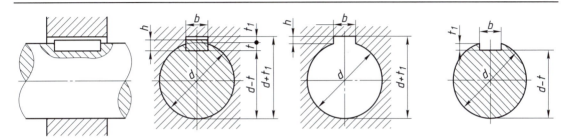

注：在工作图中，轴槽深用 t 或（$d-t$）标注，轮毂槽深用（$d+t_1$）标注。

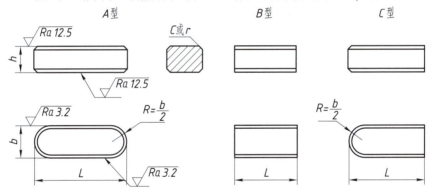

圆头普通平键（A 型）$b=16$ mm、$h=10$ mm、$L=100$ mm 键 GB/T 1096—2003 16×100
平头普通平键（B 型）$b=16$ mm、$h=10$ mm、$L=100$ mm 键 GB/T 1096—2003 B16×100
单圆头普通平键（C 型）$b=16$ mm、$h=10$ mm、$L=100$ mm 键 GB/T 1096—2003 C16×100

mm

轴	键		键　槽										
			宽度 b					深度				半径 r	
			公称长度 b	极限偏差				轴 t		毂 t_1			
公称直径 d	公称尺寸 $b×h$	长度 L		较松键连接		一般键连接		较紧键连接					
				轴 H9	毂 D10	轴 N9	毂 JS9	轴和毂 P9	公称尺寸	极限偏差	公称尺寸	极限偏差	最小	最大
自 6～8	2×2	6~20	2	+0.025 0	+0.060 +0.020	−0.004 −0.029	±0.0125	−0.006 −0.031	1.2	+0.1 0	1	+0.1 0	0.08	0.16
＞8～10	3×3	6~36	3						1.8		1.4			

轴	键		键槽												
				宽度 b					深度				半径 r		
					极限偏差				轴 t		毂 t₁				
公称直径 d	公称尺寸 b×h	长度 L	公称长度 b		较松键连接		一般键连接		较紧键连接	轴 t		毂 t₁		半径 r	
				轴 H9	毂 D10	轴 N9	毂 JS9	轴和毂 P9	公称尺寸	极限偏差	公称尺寸	极限偏差	最小	最大
>10~12	4×4	8~45	4	+0.030 0	+0.078 +0.030	0 −0.030	±0.015	−0.012 −0.042	2.5	+0.1 0	1.8	+0.1 0	0.08	0.16
>12~17	5×5	10~56	5						3.0		2.3			
>17~22	6×6	14~70	6						3.5		2.8			
>22~30	8×7	18~90	8	+0.036 0	+0.098 +0.040	0 −0.036	±0.018	−0.018 −0.061	4.0	+0.2 0	3.3	+0.2 0	0.16	0.25
>30~38	10×8	22~110	10						5.0		3.3			
>38~44	12×8	28~140	12	+0.043 0	+0.120 +0.050	0 −0.043	±0.0215	−0.018 −0.061	5.0		3.3			
>44~50	14×9	36~160	14						5.5		3.8		0.25	0.40
>50~58	16×10	45~180	16						6.0		4.3			
>58~65	18×11	50~200	18						7.0		4.4			
>65~75	20×12	56~220	20	+0.052 0	+0.149 +0.065	0 −0.052	±0.026	−0.022 −0.074	7.5	+0.2 0	4.9	+0.2 0	0.25	0.40
>75~85	22×14	63~250	22						9.0		5.4		0.40	0.60
>85~95	25×14	70~280	25						9.0		5.4			
>95~110	28×16	80~320	28						10.0		6.4			
>110~130	32×18	80~360	32	+0.062 0	+0.180 +0.080	0 −0.062	±0.031	−0.026 −0.088	11.0	+0.2 0	7.4	+0.3 0	0.70	1.0
>130~150	36×20	100~400	36						12.0		8.4			
>150~170	40×22	100~400	40						13.0		9.4			
>170~200	45×25	110~450	45						15.0		10.4			

注：1. $(d-t)$ 和 $(d+t_1)$ 两组组合尺寸的极限偏差按相应的 t 和 t_1 极限偏差选取，但 $(d-t)$ 极限偏差应取负号（−）。

2. L 系列：6，8，10，12，14，16，18，20，22，25，28，32，36，40，45，50，56，63，70，80，90，100，110，125，140，160，180，200，220，250，280，320，330，400，450。

附表 3-2 半圆键 键和键槽的剖面尺寸（GB/T 1098—2003）、普通型半圆键（GB/T 1099.1—2003）

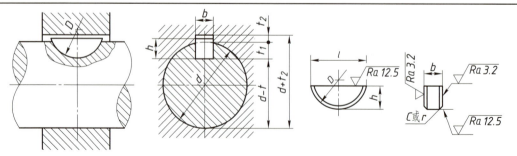

注：在工作图中，轴槽深用 t 或 $(d-t)$ 轮毂槽深 用 $(d+t_2)$ 标注。

标记示例

半圆键 b=6 mm、h=10 mm、D=25 mm 键 6×25 GB/T 1099.1—2003

轴径 d		键		键槽									
键传递扭矩	键定位用	公称尺寸 b×h×D	长度 L≈	宽度 b			深度				半径 r	
				公称长度	极限偏差		轴 t1		毂 t2			
					一般键连接	较紧键连接	公称尺寸	极限偏差	公称尺寸	极限偏差	最小	最大
					轴 N9 / 毂 JS9	轴和毂 P9						
自 3～4	自 3～4	1.0×1.4×4	3.9	1.0			1.0		0.6			
>4～5	>4～6	1.5×2.6×7	6.8	1.5			2.0		0.8			
>5～6	>6～8	2.0×2.6×7	6.8	2.0			1.8	+0.10	1.0			
>6～7	>8～10	2.0×3.7×10	9.7	2.0	−0.04 −0.29 / ±0.012	−0.006 −0.031	2.9		1.0		0.08	0.16
>7～8	>10～12	2.5×3.7×10	9.7	2.5			2.7		1.2			
>8～10	>12～15	3.0×5.0×13	12.7	3.0			3.8		1.4	+0.10		
>10～12	>15～18	3.0×6.5×15	15.7	3.0			5.3		1.4			
>12～14	>18～20	4.0×6.5×16	15.7	4.0			5.0	+0.20	1.8			
>14～16	>20～22	4.0×7.5×19	18.6	4.0			6.0		1.8			
>16～18	>22～25	5.0×6.5×16	15.7	5.0			4.5		2.3		0.16	0.25
>18～20	>25～28	5.0×7.5×19	18.6	5.0	0 −0.030 / ±0.015	−0.012 −0.042	5.5		2.3			
>20～22	>28～32	5.0×9.0×22	21.6	5.0			7.0		2.3			
>22～25	>32～36	6.0×9.0×22	21.6	6.0			6.5		2.8			
>25～28	>36～40	6.0×10.0×25	24.5	6.0			7.5	+0.30	2.8	+0.20	0.25	0.40
>28～32	40	8.0×11.0×28	27.4	8.0	0 −0.036 / ±0.018	−0.015 −0.051	8.0		3.3			
>32～38	—	10.0×13.0×3	31.4	10.0			10.0		3.3			

附表 3-3　圆柱销（GB/T 119.1—2000）

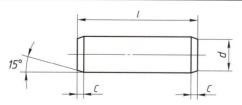

标记示例

公称直径 d=8 mm，长度 l=30 mm，材料为 35 钢，热处理硬度 28～38HRC，表面氧化处理的 A 型圆柱销标记：
销 GB/T 119.1 A8×30

d（公称直径）	2.5	3	4	5	6	8	10	12	16	20	25	30
$c \approx$	0.4	0.5	0.63	0.08	1.2	1.6	2.0	2.5	3.0	3.5	4.0	5.0
l	6～24	8～30	8～40	10～50	12～60	14～80	18～95	22～140	16～180	35～200	50～200	60～200
l 系列	6，8，10，12，14，16，18，20，22，24，26，28，30，32，35，40，45，50，55，60，65，70，75，80，85，90，95，100，120，140，160，180，200											

附表 3–4　圆锥销（GB/T 117—2000）

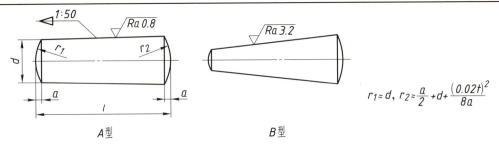

$$r_1 \approx d, \quad r_2 \approx \frac{a}{2} + d + \frac{(0.02t)^2}{8a}$$

A型　　　　　　　　B型

标记示例

公称直径 d=10 mm，公称长度 l=60 mm，材料为 35 钢，热处理硬度 28～38HRC，表面氧化处理的 A 型圆柱销标记：销 GB/T 117　A10×60

mm

d（公称直径）	2.5	3	4	5	6	8	10	12	16	20	25	30
$c \approx$	0.3	0.4	0.5	0.63	0.80	1.0	1.2	1.6	2	2.5	3.0	4.0
l	10～35	12～45	14～55	18～60	22～90	22～120	26～160	32～180	10～200	45～200	50～200	55～200
l 系列	10，12，14，16，18，20，22，24，26，28，30，32，35，40，45，50，55，60，65，70，75，80，85，90，95，100，120，140，160，180，200											

附录四
常用滚动轴承

深沟球轴承
（GB/T 276—1994）

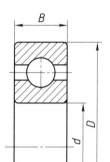

标记示例
滚动轴承 6212—276—1994

推力球轴承
（GB/T 28697—2012）

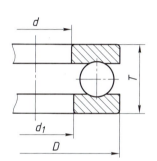

标记示例
滚动轴承 51304—28697—2012

圆锥滚子轴承
（GB/T 297—1994）

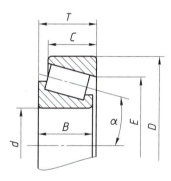

标记示例
滚动轴承 30302—297—1994

mm

轴承型号	尺寸 /mm			轴承型号	尺寸 /mm				轴承型号	尺寸 /mm				
	d	D	B		d	D	T	d_1		d	D	B	C	T
尺寸系列（02 省略为 2）				尺寸系列（12）					尺寸系列（02）					
6202	15	35	11	51202	15	32	12	17	30203	17	40	12	11	13.25
6203	17	40	12	51203	17	35	12	19	30204	20	47	14	12	15.25
6204	20	47	14	51204	20	40	14	22	30205	25	52	15	13	16.25
6205	25	52	15	51205	25	47	15	27	30206	30	62	16	14	17.25
6206	30	62	16	51206	30	52	16	32	30207	35	72	17	15	18.25
6207	35	72	17	51207	35	62	18	37	30208	40	80	18	16	19.75
6208	40	80	18	51208	40	68	19	42	30209	45	85	19	16	20.75
6209	45	85	19	51209	45	73	20	47	30210	50	90	20	17	21.75
6210	50	90	20	51210	50	78	22	52	30211	55	100	21	18	22.75
6211	55	100	21	51211	55	90	25	57	30212	60	110	22	19	23.75
6212	60	110	22	51212	60	95	26	62	30213	65	120	23	20	24.75

轴承型号	尺寸/mm			轴承型号	尺寸/mm				轴承型号	尺寸/mm				
	d	D	B		d	D	T	d_1		d	D	B	C	T
尺寸系列（03 省略为 3）				尺寸系列（13）					尺寸系列（03）					
6302	15	42	13	51304	20	47	18	22	30302	15	42	13	11	14.25
6303	17	47	14	51305	25	52	18	27	30303	17	47	14	12	15.25
6304	20	52	15	51306	30	60	21	32	30304	20	52	15	13	16.25
6305	25	62	17	51307	35	68	24	37	30305	25	62	17	15	18.25
6306	30	72	19	51308	40	78	26	42	30306	30	72	19	16	20.75
6307	35	80	21	51309	45	85	28	47	30307	35	80	21	18	22.75
6308	40	90	23	51310	50	95	31	52	30308	40	90	23	20	25.25
6309	45	100	25	51311	55	105	35	57	30309	45	100	25	22	27.25
6310	50	110	27	51312	60	110	35	62	30310	50	110	27	23	29.25
6311	55	120	29	51313	65	115	36	67	30311	55	120	29	25	31.5
6312	60	130	31	51314	70	125	40	72	30312	60	130	31	26	33.5

附录五
极限与配合

附表 5-1　公称尺寸≤3 150 mm 的标准公差数值（GB/T 1800.1—2009）

公称尺寸 /mm		公 差 等 级																	
		IT1	IT2	IT3	IT4	IT5	IT6	IT7	IT8	IT9	IT10	IT11	IT12	IT13	IT14	IT15	IT16	IT17	IT18
大于	至	μm											mm						
—	3	0.8	1.2	2	3	4	6	10	14	25	40	60	0.1	0.14	0.25	0.4	0.6	1	1.4
3	6	1	1.2	2.5	4	5	8	12	18	30	48	75	0.12	0.18	0.3	0.48	0.75	1.2	1.8
6	10	1	1.5	2.5	4	6	9	15	22	36	58	90	0.15	0.22	0.36	0.58	0.9	1.5	2.2
10	18	1.2	2.0	3	5	8	11	18	27	43	70	110	0.18	0.27	0.43	0.7	1.1	1.8	2.7
18	30	1.5	2.5	4	6	9	13	21	33	52	84	130	0.21	0.33	0.52	0.84	1.3	2.1	3.3
30	50	1.5	2.5	4	7	11	16	25	39	62	100	160	0.25	0.39	0.62	1	1.6	2.5	3.9
50	80	2	3	5	8	13	19	30	46	74	120	190	0.3	0.46	0.74	1.2	1.9	3	4.6
80	120	2.5	4	6	10	15	22	35	54	87	140	220	0.35	0.54	0.87	1.4	2.2	3.5	5.4
120	180	3.5	5	8	12	18	25	40	63	100	160	250	0.4	0.63	1	1.6	2.5	4	6.3
180	250	4.5	7	10	14	20	29	46	72	115	185	290	0.46	0.72	1.15	1.85	2.9	4.6	7.2
250	315	6	8	12	16	23	32	52	81	130	210	320	0.52	0.81	1.3	2.1	3.2	5.2	8.1
315	400	7	9	13	18	25	36	57	89	140	230	360	0.57	0.89	1.4	2.3	3.6	5.7	8.9
400	500	8	10	15	20	27	40	63	97	155	250	400	0.63	0.97	1.55	2.5	4	6.3	9.7
500	630	9	11	16	22	32	44	70	110	175	280	440	0.7	1.1	1.75	2.8	4.4	7	11
630	800	10	13	18	25	36	50	80	125	200	320	500	0.8	1.25	2	3.2	5	8	12.5
800	1 000	11	15	21	28	40	56	90	140	230	360	560	0.9	1.4	2.3	3.6	5.6	9	14
1 000	1 250	13	18	24	33	47	66	105	165	260	420	660	1.05	1.65	2.6	4.2	6.6	10.5	16.5
1 250	1 600	15	21	29	39	55	78	125	195	310	500	780	1.25	1.95	3.1	5	7.8	12.5	19.5
1 600	2 000	18	25	35	46	65	92	150	230	370	600	920	1.5	2.3	3.7	6	9.2	15	23
2 000	2 500	22	30	41	55	78	110	175	280	440	700	1 100	1.75	2.8	4.4	7	11	17.5	28
2 500	3 150	26	36	50	68	96	135	210	3 130	540	860	1 350	2.1	3.3	5.4	8.6	13.5	21	33

注: 公称尺寸大于200 mm 的 IT1～IT5 的标准公差数值为试行的。

公称尺寸小于或等于1 mm 时，无 IT14～IT18。

附表 5-2 尺寸≤500 mm 常用及优先用途轴的极限偏差

（GB/T 1800.2—2009 和 1801—2009）

公称尺寸/mm		常用及优先公差带（带圈者为优先公差带）/μm											
		a	b		c			d				e		
大于	至	11	11	12	9	10	11	8	9	10	11	7	8	9
—	3	−270 −330	−140 −200	−140 −240	−60 −85	−60 −100	−60 −120	−20 −34	−20 −45	−20 −60	−20 −80	−14 −24	−14 −28	−14 −39
3	6	−270 −345	−140 −215	−140 −260	−70 −100	−70 −118	−70 −145	−30 −48	−30 −60	−30 −78	−30 −115	−20 −32	−20 −38	−20 −50
6	10	−280 −370	−151 −240	−150 −300	−80 −116	−80 −138	−80 −170	−40 −62	−40 −76	−40 −98	−40 −130	−25 −40	−25 −47	−25 −61
10	14	−290 −400	−150 −260	−150 −330	−95 −138	−95 −165	−62 −205	−50 −77	−50 −93	−50 −120	−50 −160	−32 −50	−32 −59	−32 −75
14	18													
18	24	−300 −430	−160 −290	−160 −370	−110 −162	−110 −194	−110 −240	−65 −98	−65 −117	−65 −149	−65 −195	−40 −61	−40 −73	−40 −92
24	30													
30	40	−310 −470	−170 −330	−170 −420	−120 −182	−120 −220	−120 −280	−80 −119	−80 −142	−80 −180	−80 −240	−50 −75	−50 −89	−50 −112
40	50	−320 −480	−180 −340	−180 −430	−130 −192	−130 −230	−130 −290							
50	65	−340 −530	−190 −380	−190 −490	−140 −214	−140 −260	−140 −330	−100 −146	−100 −174	−100 −220	−100 −290	−60 −90	−60 −106	−60 −134
65	80	−360 −550	−200 −390	−200 −500	−150 −224	−150 −270	−150 −340							
80	100	−380 −600	−220 −440	−220 −570	−170 −257	−170 −310	−170 −390	−120 −174	−120 −207	−120 −260	−120 −340	−72 −107	−72 −126	−72 −159
100	120	−410 −630	−240 −460	−240 −590	−180 −267	−180 −320	180 −400							
120	140	−460 −710	−260 −510	−260 −660	−200 −300	−200 −360	−200 −450	−145 −208	−145 −245	−145 −305	−145 −390	−80 −125	−85 −148	−85 −185
140	160	−520 −770	−280 −530	−280 −680	−210 −310	−210 −370	−210 −460							
160	180	−850 −830	−310 −560	−310 −710	−230 −330	−230 −390	−230 −480							

公称尺寸/mm		常用及优先公差带（带圈者为优先公差带）/μm												
		a	b		c			d				e		
大于	至	11	11	12	9	10	11	8	9	10	11	7	8	9
180	200	−660 −950	−340 630	−340 −800	−240 −355	−240 −425	−240 −530							
200	225	−740 −1 030	−380 −670	−380 −840	−260 −375	−260 −445	−260 −550	−170 −242	−170 −285	−170 −355	−170 −460	−100 −146	−100 −172	−100 −215
225	250	−820 −1 110	−420 −710	−420 −880	−280 −395	−280 −465	−280 −570							
250	280	−920 −1 240	−480 −800	−480 −1 000	−300 −430	−300 −510	−300 −620	−190 −271	−190 −320	−190 −400	−190 −510	−110 −162	−110 −191	−110 −240
280	315	−1 050 −1 370	−540 −860	−540 1 060	−330 −460	−330 −540	−330 −650							
315	355	−1 200 −1 560	−600 −960	−600 −1 170	−360 −500	−360 −590	−360 −720	−210 −299	−210 −350	−210 −440	−210 −570	−125 −182	−125 −214	−125 −265
335	400	−1 350 −1 710	−680 −1 040	−680 −1 250	−400 −540	−400 −630	−400 −760							
400	450	−1 500 −1 900	−760 −1 160	−760 −1 390	−440 −595	−440 −690	−440 −840	−230 −327	−230 −385	−230 −480	−230 −630	−135 −198	−135 −232	−135 −200
450	500	−1 650 −2 050	−840 −1 240	−840 −1 470	−480 −635	−480 −730	−480 −880							

公称尺寸/mm		常用及优先公差带（带圈者为优先公差带）/μm															
		f					g			h							
大于	至	5	6	7	8	9	5	6	7	5	6	7	8	9	10	11	12
—	3	−6 −10	−6 −12	−6 −16	−6 −20	−6 −31	−2 −6	−2 −8	0 −10	0 −4	0 −6	0 −10	0 −14	0 −25	0 −40	0 −60	0 −100
3	6	−10 −15	−10 −18	−10 −22	−10 −28	−10 −40	−4 −9	−4 −12	0 −8	0 −5	0 −8	0 −12	0 −18	0 −30	0 −48	0 −75	0 −120
6	10	−13 −19	−13 −22	−13 −28	−13 −35	−13 −43	−5 −11	−5 −14	0 −9	0 −6	0 −9	0 −15	0 −22	0 −36	0 −58	0 −90	0 −150
10	14	−16 −24	−16 −27	−16 −34	−16 −43	−16 −59	−6 −14	−6 −17	0 −11	0 −8	0 −11	0 −18	0 −27	0 −43	0 −70	0 −110	0 −180
14	18																

公称尺寸 /mm		常用及优先公差带（带圈者为优先公差带）/μm															
		f					g			h							
大于	至	5	6	7	8	9	5	6	7	5	6	7	8	9	10	11	12
18	24	−20	−20	−20	−20	−20	−7	−7	0	0	0	0	0	0	0	0	0
24	30	−29	−33	−41	−53	−72	−16	−20	−13	−9	−13	−21	−33	−52	−84	−130	−210
30	40	−25	−25	−25	−25	−25	−9	−9	0	0	0	0	0	0	0	0	0
40	50	−36	−41	−50	−64	−87	−20	−25	−16	−11	−16	−25	−39	−62	−100	−160	−300
50	65	−30	−30	−30	−30	−30	−10	−10	0	0	0	0	0	0	0	0	0
65	80	−43	−49	−60	−76	−104	−23	−29	−19	−13	−19	−30	−46	−74	−120	−190	−300
80	100	−36	−36	−36	−36	−36	−12	−12	0	0	0	0	0	0	0	0	0
100	120	−51	−58	−71	−90	−123	−27	−34	−22	−15	−22	−35	−54	−87	−140	−220	−350
120	140	−43	−43	−43	−43	−43	−14	−14	0	0	0	0	0	0	0	0	0
140	160																
160	180	−61	−68	−83	−106	−143	−32	−39	−25	−18	−25	−40	−63	−100	−160	−250	−400
180	200	−50	−50	−50	−50	−50	−15	−15	0	0	0	0	0	0	0	0	0
200	225																
225	250	−70	−79	−96	−122	−165	−35	−44	−29	−20	−29	−46	−72	−115	−185	−290	−460
250	280	−56	−56	−56	−56	−56	−17	−17	0	0	0	0	0	0	0	0	0
280	315	−79	−88	−108	−137	−186	−40	−49	−32	−23	−32	−52	−81	−130	−210	−320	−520
315	355	−62	−62	−62	−62	−62	−18	−18	0	0	0	0	0	0	0	0	0
355	400	−87	−98	−151	−151	−202	−43	−54	−36	−25	−36	−57	−89	−140	−230	−360	−570
400	450	−68	−68	−68	−68	−68	−20	−20	0	0	0	0	0	0	0	0	0
450	500	−95	−108	−165	−165	−223	−47	−60	−40	−27	−40	−63	−97	−155	−250	−400	−630

公称尺寸 /mm		常用及优先公差带（带圈者为优先公差带）/μm													
		js			k			m			n			p		
大于	至	5	6	7	5	6	7	5	6	7	5	6	7	5	6	7
—	3	±2	±3	±5	+4 0	+6 0	+10 0	+6 +2	+8 +2	+12 +2	+8 +4	+10 +4	+14 +4	+10 +6	+12 +6	+16 +6
3	6	±2.5	±4	±6	+6 +1	+9 +1	+13 +1	+9 +4	+12 +4	+16 +4	+16 +8	+13 +8	+16 +8	+17 +12	+20 +12	+24 +12
6	10	±3	±4.5	±6	+7 +1	+10 +1	+16 +1	+12 +6	+15 +6	+21 +6	+16 +10	+19 +10	+25 +10	+21 +15	+24 +15	+30 +15

公称尺寸 /mm		常用及优先公差带（带圈者为优先公差带）/μm														
		js			k			m			n			p		
大于	至	5	6	7	5	6	7	5	6	7	5	6	7	5	6	7
10	14	±4	±5.5	±9	+9 +1	+12 +1	+12 +1	+15 +7	+18 +7	+25 +7	+20 +12	+23 +12	+30 +12	+26 +18	+29 +18	+36 +18
14	18	±4	±5.5	±9	+9 +1	+12 +1	+12 +1	+15 +7	+18 +7	+25 +7	+20 +12	+23 +12	+30 +12	+26 +18	+29 +18	+36 +18
18	24	±4.5	±6.5	±10	+11 +2	+15 +2	+23 +2	+17 +8	+21 +8	+29 +8	+24 +15	+28 +15	+36 +15	+31 +22	+35 +22	+43 +22
24	30	±4.5	±6.5	±10	+11 +2	+15 +2	+23 +2	+17 +8	+21 +8	+29 +8	+24 +15	+28 +15	+36 +15	+31 +22	+35 +22	+43 +22
30	40	±5.5	±8	±12	+13 +2	+18 +2	+27 +2	+20 +9	+25 +9	+34 +9	+28 +17	+33 +17	+42 +17	+37 +26	+42 +26	+51 +26
40	50	±5.5	±8	±12	+13 +2	+18 +2	+27 +2	+20 +9	+25 +9	+34 +9	+28 +17	+33 +17	+42 +17	+37 +26	+42 +26	+51 +26
50	65	±6.5	±9.5	±15	+15 +2	+21 +2	+32 +2	+24 +11	+30 +11	+41 +11	+33 +20	+39 +20	+50 +20	+45 +32	+51 +32	+62 +32
65	80	±6.5	±9.5	±15	+15 +2	+21 +2	+32 +2	+24 +11	+30 +11	+41 +11	+33 +20	+39 +20	+50 +20	+45 +32	+51 +32	+62 +32
80	100	±7.5	±11	±17	+18 +3	+25 +3	+38 +3	+28 +13	+35 +13	+48 +13	+38 +23	+45 +23	+58 +23	+52 +37	+59 +37	+72 +37
100	120	±7.5	±11	±17	+18 +3	+25 +3	+38 +3	+28 +13	+35 +13	+48 +13	+38 +23	+45 +23	+58 +23	+52 +37	+59 +37	+72 +37
120	140	±9	±12.5	±20	+21 +3	+28 +3	+43 +3	+33 +15	+40 +15	+55 +15	+45 +27	+52 +27	+67 +27	+61 +43	+68 +43	+83 +43
140	160	±9	±12.5	±20	+21 +3	+28 +3	+43 +3	+33 +15	+40 +15	+55 +15	+45 +27	+52 +27	+67 +27	+61 +43	+68 +43	+83 +43
160	180	±9	±12.5	±20	+21 +3	+28 +3	+43 +3	+33 +15	+40 +15	+55 +15	+45 +27	+52 +27	+67 +27	+61 +43	+68 +43	+83 +43
180	200	±10	±14.5	±23	+24 +4	+33 +4	+50 +4	+37 +17	+46 +17	+63 +17	+51 +31	+60 +31	+77 +31	+70 +50	+79 +50	+96 +50
200	225	±10	±14.5	±23	+24 +4	+33 +4	+50 +4	+37 +17	+46 +17	+63 +17	+51 +31	+60 +31	+77 +31	+70 +50	+79 +50	+96 +50
225	250	±10	±14.5	±23	+24 +4	+33 +4	+50 +4	+37 +17	+46 +17	+63 +17	+51 +31	+60 +31	+77 +31	+70 +50	+79 +50	+96 +50
250	280	±11.5	±16	±26	+27 +4	+36 +4	+56 +4	+43 +20	+52 +20	+72 +20	+57 +34	+66 +34	+86 +34	+79 +56	+88 +56	+108 +56
280	315	±11.5	±16	±26	+27 +4	+36 +4	+56 +4	+43 +20	+52 +20	+72 +20	+57 +34	+66 +34	+86 +34	+79 +56	+88 +56	+108 +56
315	355	±12.5	±18	±28	+29 +4	+40 +4	+61 +4	+46 +21	+57 +21	+78 +21	+62 +37	+73 +37	+94 +37	+87 +62	+98 +62	+119 +62
355	400	±12.5	±18	±28	+29 +4	+40 +4	+61 +4	+46 +21	+57 +21	+78 +21	+62 +37	+73 +37	+94 +37	+87 +62	+98 +62	+119 +62
400	450	±13.5	±20	±31	+32 +5	+45 +5	+68 +5	+50 +23	+63 +23	+86 +23	+67 +40	+80 +40	+103 +40	+95 +68	+108 +68	+131 +68
450	500	±13.5	±20	±31	+32 +5	+45 +5	+68 +5	+50 +23	+63 +23	+86 +23	+67 +40	+80 +40	+103 +40	+95 +68	+108 +68	+131 +68

公称尺寸 /mm		常用及优先公差带（带圈者为优先公差带）/μm														
		r			s			t			u		v	x	y	z
大于	至	5	6	7	5	6	7	5	6	7	6	7	6	6	6	6
—	3	+14 +10	+16 +10	+20 +10	+18 +14	+20 +14	+24 +14	—	—	—	+24 +18	+28 +18	—	+26 +20	—	+32 +26
3	6	+20 +15	+23 +15	+27 +15	+24 +19	+27 +19	+31 +19	—	—	—	+31 +23	+35 +23	—	+36 +28	—	+43 +35
6	10	+25 +19	+28 +19	+34 +19	+29 +23	+32 +23	+38 +23	—	—	—	+37 +28	+43 +28	—	+43 +34	—	+51 +42

公称尺寸/mm		常用及优先公差带（带圈者为优先公差带）/μm														
		r			s			t			u		v	x	y	z
大于	至	5	6	7	5	6	7	5	6	7	6	7	6	6	6	6
10	14	+31 +23	+34 +23	+41 +23	+36 +28	+39 +28	+46 +28	—	—	—	+44 +33	+51 +33	—	+51 +40	—	+61 +50
14	18												+50 +39	+56 +45	—	+71 +60
18	24	+37 +28	+41 +28	+49 +28	+44 +35	+48 +35	+56 +35	—	—	—	+54 +41	+62 +41	+60 +47	+67 +54	+76 +63	+86 +73
24	30							+50 +41	+54 +41	+62 +41	+61 +48	+69 +48	+68 +55	+77 +64	+88 +75	+101 +88
30	40	+45 +34	+50 +34	+59 +34	+54 +43	+59 +43	+68 +43	+59 +48	+64 +48	+73 +48	+76 +60	+85 +60	+84 +68	+96 +80	+110 +94	+128 +112
40	50							+65 +54	+70 +54	+79 +54	+86 +70	+95 +70	+97 +81	+113 +97	+130 +114	+152 +136
50	65	+54 +41	+60 +41	+71 +41	+66 +53	+72 +53	+83 +53	+79 +66	+85 +66	+96 +66	+106 +87	+117 +87	+121 +102	+141 +122	+163 +144	+191 +172
65	80	+56 +43	+62 +43	+73 +43	+72 +59	+78 +59	+89 +59	+88 +75	+94 +75	+105 +75	+121 +102	+132 +102	+139 +120	+165 +146	+193 +174	+229 +210
80	100	+66 +51	+73 +51	+86 +51	+86 +71	+93 +71	+106 +91	+106 +91	+133 +91	+126 +91	+146 +124	+159 +124	+168 +146	+200 +178	+236 +214	+280 +258
100	120	+96 +54	+71 +56	+89 +54	+94 +79	+101 +79	+114 +79	+110 +104	+126 +104	+136 +104	+166 +144	+179 +144	+194 +172	+232 +210	+276 +254	+332 +310
120	140	+81 +63	+88 +63	+103 +63	+110 +92	+117 +92	+132 +92	+140 +122	+147 +122	+162 +122	+195 +170	+210 +170	+227 +202	+273 +248	+325 +300	+390 +365
140	160	+83 +65	+90 +65	+150 +65	+118 +100	+125 +100	+140 +100	+152 +134	+159 +134	+174 +134	+215 +190	+230 +190	+253 +228	+305 +280	+365 +340	+440 +415
160	180	+86 +68	+93 +68	+108 +68	+126 +108	+133 +108	+148 +108	+164 +146	+171 +146	+186 +146	+235 +210	+250 +210	+277 +252	+335 +310	+405 +380	+490 +456
180	200	+97 +77	+106 +77	+123 +77	+142 +122	+151 +122	+168 +122	+185 +166	+195 +166	+212 +166	+265 +236	+282 +236	+313 +284	+379 +350	+454 +425	+549 +520
200	225	+100 +80	+109 +80	+126 +80	+150 +130	+159 +130	+176 +130	+200 +180	+209 +180	+226 +180	+287 +258	+304 +258	+339 +310	+414 +385	+499 +470	+604 +575
225	250	+104 +84	+113 +84	+130 +84	+160 +140	+169 +140	+186 +140	+216 +196	+225 +196	+242 +196	+313 +284	+330 +284	+369 +340	+454 +425	+549 +520	+669 +640
250	280	+177 +94	+126 +94	+146 +94	+181 +158	+290 +158	+210 +158	+241 +218	+250 +218	+270 +218	+347 +315	+367 +315	+417 +385	+507 +475	+612 +680	+742 +710

公称尺寸/mm		常用及优先公差带（带圈者为优先公差带）/μm													
		r			s			t			u		v	x	y	z
大于	至	5	6	7	5	6	7	5	6	7	6	7	6	6	6	6
280	315	+121 +98	+130 +98	+150 +98	+193 +170	+202 +170	+222 +170	+263 +240	+272 +240	+292 +240	+382 +350	+402 +350	+457 +425	+557 +525	+682 +650	+822 +790
315	355	+133 +108	+144 +108	+165 +108	+215 +190	+226 +190	+147 +190	+293 +268	+304 +268	+325 +268	+426 +390	+447 +390	+511 +475	+626 +590	+766 +730	+936 +900
355	400	+139 +144	+150 +144	+171 +114	+233 +208	+244 +208	+165 +208	+319 +294	+330 +294	+315 +294	+471 +435	+492 +435	+566 +530	+696 +660	+856 +820	+1 036 +1 000
400	450	+153 +126	+166 +126	+189 +126	+259 +232	+272 +232	+295 +232	+357 +330	+370 +330	+393 +330	+530 +490	+553 +490	+635 +595	+780 +740	+960 +920	+1 140 +1 100
450	500	+159 +132	+172 +132	+195 +132	+279 +252	+292 +252	+315 +252	+387 +360	+400 +360	+423 +360	+580 +540	+603 +540	+700 +660	+860 +820	+1 040 +1 000	+1 290 +1 250

附表 5-3 尺寸≤500 mm 常用及优先用途孔的极限偏差

（GB/T 1800.2—2009 和 1801—2009）

公称尺寸/mm		常用及优先公差带（带圈者为优先公差带）/μm													
		A	B	C	D				E		F				G
大于	至	11	11	12	11	8	9	10	11	8	9	6	7	8	9	6
—	3	+330 +270	+200 +140	+240 +140	+120 +60	+34 +20	+45 +20	+60 +20	+80 +20	+28 +14	+39 +14	+12 +6	+16 +6	+20 +6	+31 +6	+8 +2
3	6	+345 +270	+215 +140	+260 +140	+145 +70	+48 +30	+60 +30	+78 +30	+105 +30	+38 +20	+50 +20	+18 +10	+22 +10	+28 +10	+40 +10	+12 +4
6	10	+370 +280	+240 +150	+300 +150	+170 +80	+62 +40	+76 +40	+98 +40	+170 +40	+47 +25	+61 +25	+22 +13	+28 +13	+35 +13	+49 +13	+14 +5
10	14	+400 +290	+260 +150	+330 +150	+205 +95	+77 +50	+93 +50	+120 +50	+160 +50	+59 +32	+75 +32	+27 +46	+34 +16	+43 +16	+59 +16	+17 +6
14	18															
18	24	+430 +300	+290 +160	+370 +160	+240 +110	+98 +65	+117 +65	+149 +65	+195 +65	+73 +40	+92 +40	+33 +20	+41 +20	+53 +20	+72 +20	+20 +7
24	30															
30	40	+470 +310	+330 +170	+420 +170	+280 +170	+119 +80	+142 +80	+180 +80	+240 +80	+89 +50	+112 +50	+41 +25	+50 +25	+64 +25	+87 +25	+25 +9
40	50	+480 +320	+340 +180	+430 +180	+290 +180											

公称尺寸/mm		A	B		C	D				E		F				G
大于	至	11	11	12	11	8	9	10	11	8	9	6	7	8	9	6
50	65	+530/+340	+380/+190	+490/+190	+330/+140	+146/+100	+174/+100	+220/+100	+290/+100	+106/+60	+134/+60	+49/+30	+60/+30	+76/+30	+104/+30	+29/+10
65	80	+550/+360	+390/+200	+500/+200	+340/+150	+146/+100	+174/+100	+220/+100	+290/+100	+106/+60	+134/+60	+49/+30	+60/+30	+76/+30	+104/+30	+29/+10
80	100	+600/+380	+440/+220	+570/+220	+390/+170	+174/+120	+207/+120	+260/+120	+340/+120	+126/+72	+159/+72	+58/+36	+71/+36	+90/+36	+123/+36	+34/+12
100	120	+630/+410	+460/+240	+590/+240	+400/+180	+174/+120	+207/+120	+260/+120	+340/+120	+126/+72	+159/+72	+58/+36	+71/+36	+90/+36	+123/+36	+34/+12
120	140	+710/+460	+510/+260	+660/+260	+450/+200	+208/+145	+245/+145	+305/+145	+395/+145	+148/+85	+185/+85	+68/+43	+83/+43	+106/+43	+143/+43	+39/+14
140	160	+770/+520	+530/+280	+680/+280	+460/+210	+208/+145	+245/+145	+305/+145	+395/+145	+148/+85	+185/+85	+68/+43	+83/+43	+106/+43	+143/+43	+39/+14
160	180	+830/+580	+560/+310	+710/+310	+480/+230	+208/+145	+245/+145	+305/+145	+395/+145	+148/+85	+185/+85	+68/+43	+83/+43	+106/+43	+143/+43	+39/+14
180	200	+950/+660	+630/+340	+800/+340	+530/+240	+242/+170	+285/+170	+355/+170	+460/+170	+172/+100	+215/+100	+79/+50	+96/+50	+122/+50	+165/+50	+44/+15
200	225	+1 030/+740	+670/+380	+840/+380	+550/+260	+242/+170	+285/+170	+355/+170	+460/+170	+172/+100	+215/+100	+79/+50	+96/+50	+122/+50	+165/+50	+44/+15
225	250	+1 110/+820	+710/+420	+880/+420	+570/+280	+242/+170	+285/+170	+355/+170	+460/+170	+172/+100	+215/+100	+79/+50	+96/+50	+122/+50	+165/+50	+44/+15
250	280	+1 240/+920	+800/+480	+1 000/+480	+620/+300	+271/+190	+320/+190	+400/+190	+510/+190	+191/+110	+240/+110	+88/+56	+108/+56	+137/+56	+186/+56	+49/+17
280	315	+1 370/+1 050	+860/+540	+1 060/+540	+650/+330	+271/+190	+320/+190	+400/+190	+510/+190	+191/+110	+240/+110	+88/+56	+108/+56	+137/+56	+186/+56	+49/+17
315	355	+1 560/+1 200	+960/+600	+1 170/+600	+720/+360	+299/+210	+350/+210	+440/+210	+570/+210	+214/+125	+265/+125	+98/+62	+119/+62	+151/+62	+202/+62	+54/+18
355	400	+1 710/+1 350	+1 040/+680	+1 250/+680	+760/+400	+299/+210	+350/+210	+440/+210	+570/+210	+214/+125	+265/+125	+98/+62	+119/+62	+151/+62	+202/+62	+54/+18
400	450	+1 900/+1 500	+1 160/+760	+1 390/+760	+840/+440	+327/+230	+385/+230	+480/+230	+630/+230	+232/+135	+290/+135	+108/+68	+131/+68	+165/+68	+223/+68	+60/+20
450	500	+2 050/+1 650	+1 240/+840	+1 470/+840	+880/+480	+327/+230	+385/+230	+480/+230	+630/+230	+232/+135	+290/+135	+108/+68	+131/+68	+165/+68	+223/+68	+60/+20

常用及优先公差带（带圈者为优先公差带）/μm

公称尺寸/mm		常用及优先公差带（带圈者为优先公差带）/μm																
		H								JS			K			M		
大于	至	7	6	7	8	9	10	11	12	6	7	8	6	7	8	6	7	8
—	3	+12 +2	+6 0	+10 0	+14 0	+25 0	+40 0	+60 0	+100 0	±3	±6	±9	0 −6	0 −10	0 −11	−2 −8	−2 −12	−2 −16
3	6	−16 −4	+8 0	+12 0	+18 0	+30 0	+48 0	+75 0	+120 0	±4	±7	±11	+2 −6	+3 −9	+5 −13	−1 −9	0 −12	+2 −16
6	10	+20 +5	+9 0	+15 0	+22 0	+36 0	+58 0	+90 0	+150 0	±4.5	±9	±13	+2 −7	+5 −10	+6 −16	−3 −12	0 −15	+1 −21
10	14	+24 +6	+11 0	+18 0	+27 0	+43 0	+70 0	+110 0	+180 0	±5.5	±10	±16	+2 −9	+6 −12	+8 −19	−4 −15	0 −18	+2 −25
14	18	+24 +6	+11 0	+18 0	+27 0	+43 0	+70 0	+110 0	+180 0	±5.5	±10	±16	+2 −9	+6 −12	+8 −19	−4 −15	0 −18	+2 −25
18	24	+28 +7	+13 0	+21 0	+33 0	+52 0	+84 0	+130 0	+210 0	±6.5	±10	±16	+2 −11	+6 −15	−10 22	−4 −17	0 −21	+4 −29
24	30	+28 +7	+13 0	+21 0	+33 0	+52 0	+84 0	+130 0	+210 0	±6.5	±10	±16	+2 −11	+6 −15	−10 22	−4 −17	0 −21	+4 −29
30	40	+34 +9	+16 0	+25 0	+39 0	+62 0	100 0	+160 0	+250 0	±8	±12	±19	+3 −13	+7 −18	+12 −27	−4 −20	0 −25	+5 −34
40	50	+34 +9	+16 0	+25 0	+39 0	+62 0	100 0	+160 0	+250 0	±8	±12	±19	+3 −13	+7 −18	+12 −27	−4 −20	0 −25	+5 −34
50	65	+40 10	+19 0	+30 0	+46 0	+74 0	+120 0	+190 0	+300 0	±9.5	±15	±23	+4 −15	+9 −21	+14 −32	−5 −24	0 +30	+5 −41
65	80	+40 10	+19 0	+30 0	+46 0	+74 0	+120 0	+190 0	+300 0	±9.5	±15	±23	+4 −15	+9 −21	+14 −32	−5 −24	0 +30	+5 −41
80	100	+47 +12	+22 0	+35 0	57 0	+87 0	+140 0	+220 0	+350 0	±11	±17	±21	+4 −18	+10 −25	+16 −33	−6 −28	0 −35	+6 −43
100	120	+47 +12	+22 0	+35 0	57 0	+87 0	+140 0	+220 0	+350 0	±11	±17	±21	+4 −18	+10 −25	+16 −33	−6 −28	0 −35	+6 −43
120	140	+54 +14	+25 0	+40 0	+63	+100 0	+160 0	+250 0	+400 0	±12.5	±20	±31	+4 −21	+12 −28	+20 −43	−8 −33	0 −40	+8 −55
140	160	+54 +14	+25 0	+40 0	+63	+100 0	+160 0	+250 0	+400 0	±12.5	±20	±31	+4 −21	+12 −28	+20 −43	−8 −33	0 −40	+8 −55
160	180	+54 +14	+25 0	+40 0	+63	+100 0	+160 0	+250 0	+400 0	±12.5	±20	±31	+4 −21	+12 −28	+20 −43	−8 −33	0 −40	+8 −55
180	200	+61 +15	+29 0	+46 0	+72 0	+115 0	+185 0	+290 0	+460 0	±14.5	±23	±36	+5 −24	+13 −33	22 −50	−8 −37	0 −46	+9 −63
200	225	+61 +15	+29 0	+46 0	+72 0	+115 0	+185 0	+290 0	+460 0	±14.5	±23	±36	+5 −24	+13 −33	22 −50	−8 −37	0 −46	+9 −63
225	250	+61 +15	+29 0	+46 0	+72 0	+115 0	+185 0	+290 0	+460 0	±14.5	±23	±36	+5 −24	+13 −33	22 −50	−8 −37	0 −46	+9 −63
250	280	+69 0	+32 0	+52 0	+81 0	+130 0	+210 0	+320 0	+520 0	±16	±26	±40	+5 −27	+16 −36	+25 −56	−9 −41	0 −52	+9 −72
280	315	+69 0	+32 0	+52 0	+81 0	+130 0	+210 0	+320 0	+520 0	±16	±26	±40	+5 −27	+16 −36	+25 −56	−9 −41	0 −52	+9 −72
315	355	+75 +18	+36 0	+57 0	+89 0	+140 0	+230 0	+360 0	+570 0	±18	±28	±44	+7 −29	+17 −40	+28 −61	−10 −46	0 −57	+11 −78
355	400	+75 +18	+36 0	+57 0	+89 0	+140 0	+230 0	+360 0	+570 0	±18	±28	±44	+7 −29	+17 −40	+28 −61	−10 −46	0 −57	+11 −78
400	450	+83 +20	+40 0	+63 0	+97 0	+155 0	+250 0	+400 0	+630 0	±20	±31	±48	+8 −32	+18 −45	+29 −68	−10 −50	0 −63	+11 −86
450	500	+83 +20	+40 0	+63 0	+97 0	+155 0	+250 0	+400 0	+630 0	±20	±31	±48	+8 −32	+18 −45	+29 −68	−10 −50	0 −63	+11 −86

公称尺寸 /mm		常用及优先公差带（带圈者为优先公差带）/μm											
		N			P		R		S		T		U
大于	至	6	7	8	6	7	6	7	6	7	6	7	7
—	3	−4 −10	−4 −14	−4 −18	−6 −12	−6 −16	−10 −16	−10 −20	−14 −20	−14 −24	—	—	−18 −28
3	6	−5 −13	−4 −16	−2 −20	−9 −17	−8 −20	−12 −20	−11 −23	−16 −24	−15 −27	—	—	−19 −31
6	10	−7 −16	−4 −19	−3 −25	−12 −21	−9 −24	−16 −25	−13 −28	−20 −29	−17 −32	—	—	−22 −37
10	14	−9 −20	−5 −23	−3 −30	−15 −26	−11 −29	−20 −31	−16 −34	−25 −36	−21 −39	—	—	−26 −44
14	18	−9 −20	−5 −23	−3 −30	−15 −26	−11 −29	−20 −31	−16 −34	−25 −36	−21 −39	—	—	−26 −44
18	24	−11 −24	−7 −28	−3 −36	−18 −31	−14 −35	−24 −37	−20 −41	−31 −44	−27 −48	—	—	−33 −54
24	30	−11 −24	−7 −28	−3 −36	−18 −31	−14 −35	−24 −37	−20 −41	−31 −44	−27 −48	−37 −50	−33 −54	−40 −61
30	40	−12 −28	−8 −33	−3 −42	−21 −37	−17 −42	−29 −45	−25 −50	−38 −54	−34 −59	−43 −59	−39 −64	−51 −76
40	50	−12 −28	−8 −33	−3 −42	−21 −37	−17 −42	−29 −45	−25 −50	−38 −54	−34 −59	−49 −65	−45 −70	−61 −76
50	65	−14 −33	−9 −39	−4 −50	−26 −45	−21 −51	−35 −54	−30 −60	−47 −66	−42 −72	−60 −79	−55 −85	−86 −106
65	80	−14 −33	−9 −39	−4 −50	−26 −45	−21 −51	−37 −56	−32 −62	−53 −72	−48 −78	−69 −88	−64 −94	−91 −121
80	100	−16 −38	−10 −45	−4 −58	−30 −52	−24 −59	−44 −66	−38 −73	−64 −86	−58 −93	−84 −106	−78 −113	−111 −146
100	120	−16 −38	−10 −45	−4 −58	−30 −52	−24 −59	−47 −69	−41 −76	−72 −94	−66 −101	−97 −199	−91 −126	−131 −166
120	140	−20 −45	−12 −52	−4 −67	−36 −61	−28 −68	−56 −81	−48 −88	−85 −110	−77 −117	−115 −140	−107 −147	−155 −195
140	160	−20 −45	−12 −52	−4 −67	−36 −61	−28 −68	−58 −83	−50 −90	−93 −118	−85 −125	−137 −152	−110 −159	−175 −215
160	180	−20 −45	−12 −52	−4 −67	−36 −61	−28 −68	−61 −86	−53 −93	−101 −126	−93 −133	−139 −164	−131 −171	−195 −235
180	200	−22 −51	−14 −60	−5 −77	−41 −70	−33 −79	−68 −97	−60 −106	−113 142	−101 −155	−157 −186	−149 −195	−219 −265
200	225	−22 −51	−14 −60	−5 −77	−41 −70	−33 −79	−71 −100	−63 −109	−121 −150	−113 −159	−171 −200	−163 −209	−241 −287
225	250	−22 −51	−14 −60	−5 −77	−41 −70	−33 −79	−75 −104	−67 −113	−131 −160	−123 −169	−187 −216	−179 −225	−317 −263

公称尺寸/mm		常用及优先公差带（带圈者为优先公差带）/μm											
		N			P		R		S		T		U
大于	至	6	7	8	6	7	6	7	6	7	6	7	7
250	280	−25 −57	−14 −66	−5 −86	−47 −79	−36 −88	−85 −117	−74 −126	−149 −181	−138 −190	−209 −241	−198 −250	−295 −347
280	315						−89 −121	−78 −131	−161 −193	−150 −202	−231 −263	−220 −272	−330 −282
315	355	−26 −62	−16 −73	−5 −94	−51 −87	−41 −98	−97 −133	−87 −144	−179 −215	−169 −226	−257 −293	−247 −304	−369 −426
355	400						−103 −139	−93 −150	−197 −233	−187 −244	−283 −319	−273 −330	−414 −471
400	450	−27 −67	−17 −80	−6 −103	−55 −95	−45 −108	−113 −153	−103 −166	−219 −259	−209 −272	−317 −357	−307 −370	−467 −530
450	500						−119 −159	−109 −172	−239 −279	−229 −292	−347 −387	−337 −400	−517 −580

注：公称尺寸小于1 mm时，各级的A和B均不采用。

附录六

汽车电路常用图形符号和文字符号

附表 6-1　常用图形符号

序号	名　称	图形符号	序号	名　称	图形符号
一、常用基本符号					
1	直流	———	6	中性点	N
2	交流	〜	7	磁场	F
3	交直流	〜	8	搭铁	⊥
4	正极	+	9	交流发电机输出接柱	B
5	负极	—	10	磁场二极管输出端	D+
二、导线端子和导线连接					
11	接点	●	18	插头和插座	
12	端子	○	19	多极插头和插座（示出的为三极）	
13	导线的连接	○—○			
14	导线的分支连接	●			
15	导线的交叉连接	●	20	接通的连接片	
16	插座的一个极		21	断开的连接片	
17	插头的一个极		22	屏蔽导线	
三、触点开关					
23	动合（常开）触点		24	动断（常闭）触点	

三、触点开关

序号	名 称	图 形 符 号	序号	名 称	图 形 符 号
25	先断后合的触点		35	一般机械操作	
26	中间断开的双向触点		36	钥匙操作	
27	双动合触点		37	热执行器操作	
28	双动断触点		38	温度控制	t
29	单动断双动合触点		39	压力控制	P
30	双动断单动合触点		40	制动压力控制	BP
31	一般情况下手动控制		41	液位控制	
32	拉拔操作		42	凸轮控制	
33	旋转操作		43	联动开关	
34	推动操作		44	手动开关的一般符号	

三、触点开关

序号	名　称	图形符号	序号	名　称	图形符号
45	定位开关（非自动复位）		53	热敏开关动断触点	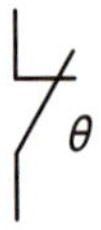
46	按钮开关	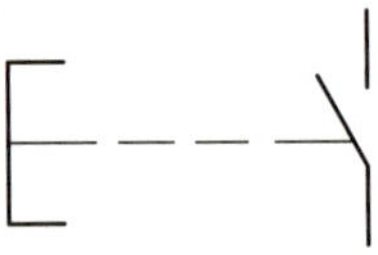	54	热敏自动开关的动断触点	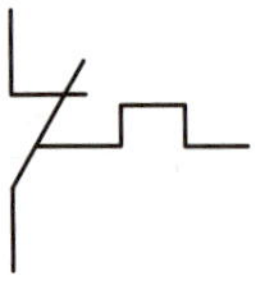
47	能定位的按钮开关		55	热继电器触点	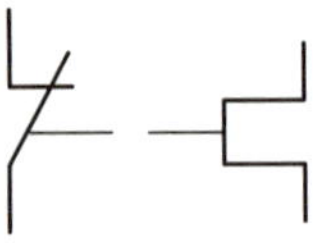
48	拉拔开关	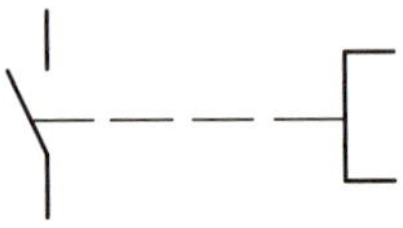	56	旋转多挡开关位置	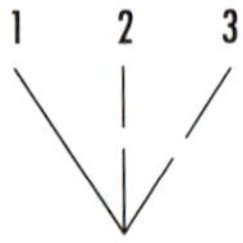
49	旋转、旋钮开关	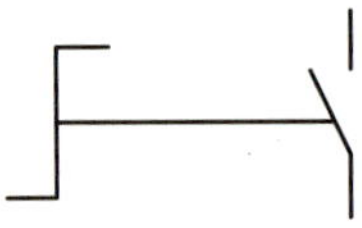	57	推拉多挡开关位置	
50	液位控制开关	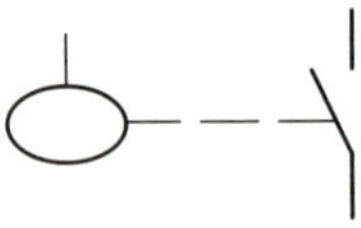	58	钥匙开关（全部定位）	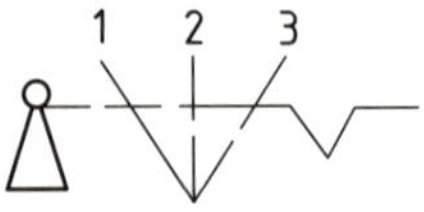
51	机油滤清器报警开关	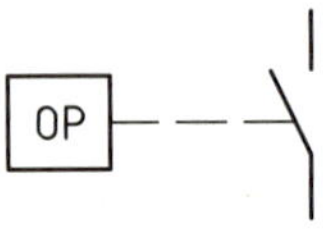 OP	59	多挡开关、点火、起动开关，瞬时位置为 2 能自动返回到 1（即 2 挡不能定位）	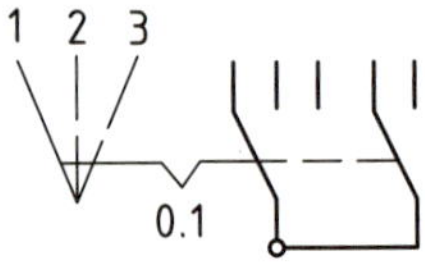
52	热敏开关动合触点	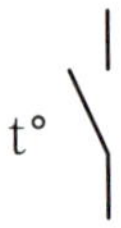 t°	60	节流阀开关	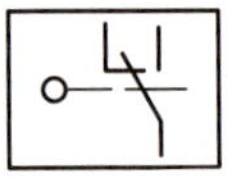

四、电气元件

序号	名称	图形符号	序号	名称	图形符号
61	电阻器	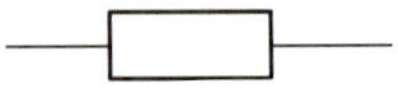	63	压敏电阻器	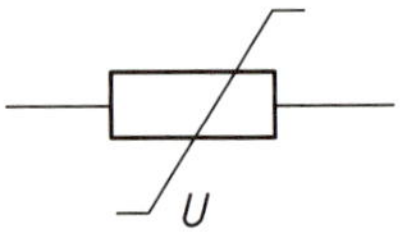 U
62	可变电阻器	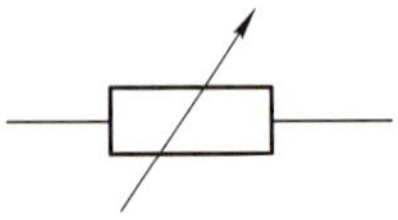	64	热敏电阻器	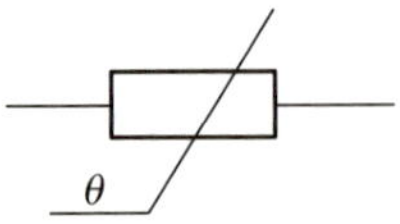 θ

四、电气元件

序号	名　称	图 形 符 号	序号	名　称	图 形 符 号
65	滑线式变阻器		76	稳压二极管	
66	分路器		77	发光二极管	
67	滑动触点电位器		78	双向二极管（变阻二极管）	
68	仪表照明调光电阻器		79	三极晶体闸流管	
69	光敏电阻		80	光电二极管	
70	加热元件、电热塞		81	PNP 型晶体管	
71	电容器		82	集电极接管壳晶体管（NPN）	
72	可变电容器		83	具有两个电极的压电晶体	
73	极性电容器		84	电感器、线圈、绕组、扼流圈	
74	穿心电容器		85	带铁心的电感器	
75	半导体二极管一般符号		86	熔断器	

四、电气元件

序号	名　称	图形符号	序号	名　称	图形符号
87	易熔线		92	两个绕组电磁铁	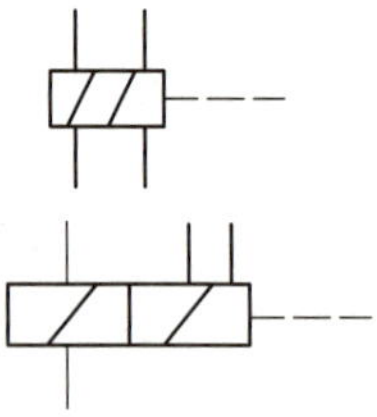
88	电路断电器				
89	永久磁铁		93	不同方向绕组电磁铁	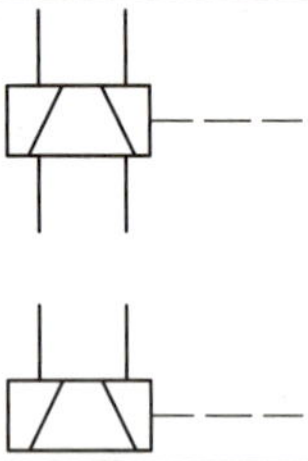
90	操作器件一般符号	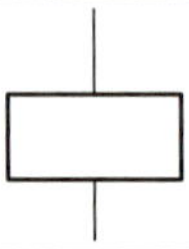	94	带动合触点的继电器	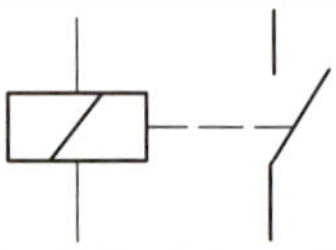
91	一个绕组电磁铁	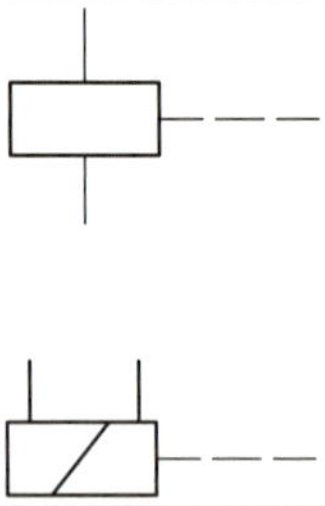	95	带动断触点的继电器	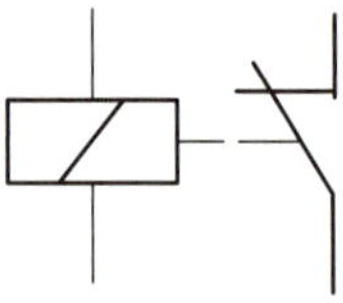

五、仪表

序号	名　称	图形符号	序号	名　称	图形符号
96	指示仪表	 ✳	103	转速表	 n
97	电压表	 V	104	温度表	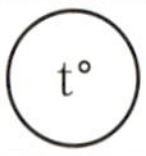 t°
98	电流表	 A	105	燃油表	 Q
99	电压、电流表	 A/V	106	车速里程表	 V
100	电阻表	 Ω	107	电钟	
101	功率表	 W	108	数字式电钟	
102	油压表	 OP			

六、传感器

序号	名　　称	图 形 符 号	序号	名　　称	图 形 符 号
109	传感器的一般符号	 $*$	116	空气流量传感器	 AF
110	温度表传感器	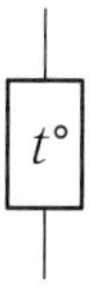 $t°$	117	氧传感器	 λ
111	空气温度传感器	 $t°_n$	118	爆震传感器	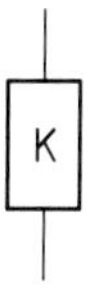 K
112	水温传感器	 $t°_w$	119	转速传感器	 n
113	燃油表传感器	 Q	120	速度传感器	 V
114	油压表传感器	 OP	121	空气压力传感器	 AP
115	空气质量传感器	 m	122	制动压力传感器	 BP

七、电气设备

序号	名　　称	图 形 符 号	序号	名　　称	图 形 符 号
123	照明灯、信号灯、仪表灯、指示灯	 ⊗	125	荧光灯	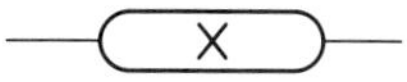 X
124	双丝灯	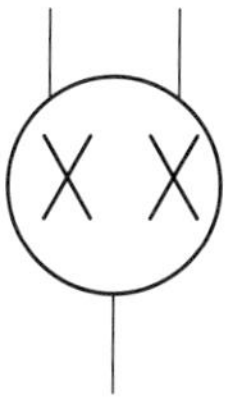 ⊗⊗	126	组合灯	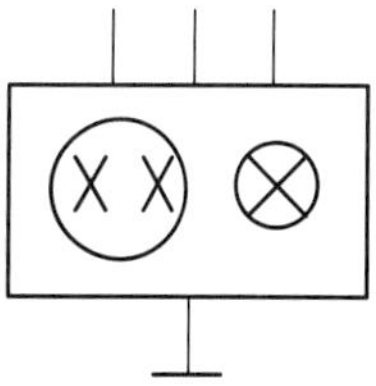 ⊗⊗ ⊗

七、电气设备

序号	名　称	图形符号	序号	名　称	图形符号
127	预热指示器		137	温度补偿器	$t°$ comp
128	电喇叭		138	电磁阀一般符号	
129	扬声器		139	常开电磁阀	
130	蜂鸣器		140	常闭电磁阀	
131	报警器、电警笛		141	电磁离合器	
132	信号发生器	G	142	用电动机操纵的怠速调整装置	M
133	脉冲发生器	G	143	过电压保护装置	$U>$
134	闪光器	G	144	过电流保护装置	$I>$
135	霍尔信号发生器		145	加热器（出霜器）	
136	磁感应信号发生器		146	振荡器	

七、电气设备

序号	名　　称	图　形　符　号	序号	名　　称	图　形　符　号
147	变换器、转换器		157	发射机	
148	光电发生器		158	收放机	
149	空气调节器		159	内部通信联络及音乐系统	
150	滤波器		160	收放机	
151	稳压器		161	天线电话	
152	点烟器		162	收放机	
153	热继电器		163	点火线圈	
154	间歇刮水继电器		164	分电器	
155	防盗报警系统		165	火花塞	
156	天线一般符号		166	电压调节器	

七、电气设备

序号	名　　称	图形符号	序号	名　　称	图形符号
167	转速调节器		178	晶体管电动汽油泵	
168	温度调节器		179	加热定时器	
169	串激绕组		180	点火电子组件	
170	并激或他激绕组		181	风扇电动机	
171	集电环或换向器上的电刷		182	刮水电动机	
172	直流电动机		183	电动天线	
173	串激直流电动机		184	直流伺服电动机	
174	并激直流电动机		185	直流发电机	
175	永磁直流电动机		186	星形连接的三相绕组	
176	起动机（带电磁开头）		187	三角形连接的三相绕组	
177	燃油泵电动机、洗涤电动机		188	定子绕组为星形连接的交流发电机	

七、电气设备

序号	名　　　称	图　形　符　号	序号	名　　　称	图　形　符　号
189	定子绕组为三角形连接的交流发电机		191	整体式交流发电机	
190	外接电压调节器与交流发电机		192	蓄电池	
			193	蓄电池组	

附表 6–2　常用基本文字符号

设备、装置元器件种类	举　　　例	基本文字符号	
		单字母	双字母
组件部件	分离元件放大器调节器	A	
	电桥		AB
	晶体管放大器		AD
	集成电路放大器		AJ
	印制电路板		AP
	抽屉柜		AT
	支架盘		AR
非电量到电量变换器或电量到非电量变换器	送话器 扬声器 晶体换能器	B	
	压力变换器		BP
	温度变换器		BT
电容器	电容器	C	
二进制元件、延迟器件、存储器件	数字集成电路和器件	D	
其他元器件	其他元器件	E	
	发热器件		EH
	照明灯		EL
保护器件	过电压放电器件避雷器	F	
	熔断器		FU
	限压保护器件		FV

277

设备、装置元器件种类	举　　例	基本文字符号	
		单字母	双字母
发生器 发电机 电源	振荡器	G	
	发生器		GS
	同步发电机		GA
	异步发电机		
	蓄电池		GB
信号器件	声响指示	H	HA
	光指示器		HL
	指示灯		HL
继电器 接触器	交流继电器	K	KA
	双稳态继电器		KL
	接触器		KM
	簧片继电器		KR
电感器 电抗器	感应线圈 电抗器	L	
电动机	电动机	M	
	同步电动机		MS
	力矩电动机		MT
模拟元件	运算放大器 混合模拟/数字器件	N	
测量设备 试验设备	指示器件信号发生器	P	
	电流表		PA
	（脉冲）计数器		PC
	电度表		PJ
	电压表		PV
电力电路的开关器件	断路器	Q	QF
	电动机保护开关		QM
	隔离开关		QS
电阻器	电阻器 变阻器	R	
	电位器		RP
	热敏电阻器		RT
	压敏电阻器		RV

设备、装置元器件种类	举　　例	基本文字符号	
		单字母	双字母
控制、记忆、信号电路的开关器件 选择器	控制开关 选择开关	S	SA
	按钮开关		SB
	压力传感器		SP
	位置传感器		SQ
	温度传感器		ST
变压器	电流互感器	T	TA
	控制电路电源用变压器		TC
	电力变压器		TM
	电压互感器		TV
电子管 晶体管	二极管 晶体管 晶闸管	V	
	电子管		VE
传输通道波导天线	导线 母线 波导 天线	W	
端子 插头 插座	连接插头和插座 接线柱焊 接端子板	X	
	连接片		XB
	测试插孔		XJ
	插头		XP
	插座		XS
	端子板		XT
电气操作的机械器件	气阀	Y	
	电磁铁		YA
	电动阀		YM
	电磁阀		YV
终端设备 混合变压器 滤波器 均衡器 限幅器	晶体滤波器	Z	

序号	文字符号	名称	序号	文字符号	名称
1	A	电流	38	M	中
2	A	模拟	39	M	中间线
3	AC	交流	40	M MAN	手动
4	A AUT	自动	41	N	中性线
5	ACC	加速	42	OFF	断开
6	ADD	附加	43	ON	闭合
7	ADJ	可调	44	OUT	输出
8	AUX	辅助	45	P	压力
9	ASY	异步	46	P	保护
10	B BRK	制动	47	PE	保护搭铁
11	BK	黑	48	PEN	保护搭铁与中性线共用
12	BL	蓝			
13	BW	向后	49	PU	不搭铁保护
14	C	控制	50	R	记录
15	CW	顺时针	51	R	右
16	CCW	逆时针	52	R	反
17	D	延时（延迟）	53	RD	红
18	D	差动	54	R RST	复位
19	D	数字			
20	D	降低	55	RES	备用
21	DC	直流	56	RUN	运转
22	DEC	减	57	S	信号
23	E	接地	58	ST	起动
24	EM	紧急	59	S SET	置位，定位
25	F	快速			
26	FB	反馈	60	SAT	饱和
27	FW	正，向前	61	STE	步进
28	GN	绿	62	STP	停止
29	H	高	63	SYN	同步
30	IN	输入	64	T	温度
31	INC	增	65	T	时间
32	IND	感应	66	TE	无噪声（防干扰）搭铁
33	L	左	67	V	真空
34	L	限制	68	V	速度
35	L	低	69	V	电压
36	LA	闭锁	70	WH	白
37	M	主	71	YE	黄

参 考 文 献

[1] 李学京，等. 机械制图和技术制图国家标准学用指南. 北京：中国质检出版社，中国标准出版社，2013.

[2] 霍振生，等. 汽车机械制图. 2 版. 北京：高等教育出版社，2010.

[3] 乌福尧，宰守香，等. 汽车识图. 南京：江苏教育出版社，2010.

[4] 柳阳明，等. 汽车识图. 2 版. 北京：机械工业出版社，2006.

[5] 沈锦，等. 汽车底盘构造与检修. 北京：机械工业出版社，2006.

[6] 仇雅莉，等. 汽车发动机构造与维修. 北京：人民邮电出版社，2010.

[7] 顾欣，等. 汽车机械基础. 2 版. 南京：江苏教育出版社，2011.

[8] 项立明，等. AutoCAD 2013 中文版项目教程. 北京：高等教育出版社，2013.

[9] 陈在良，余战波，等. AutoCAD 2013 项目式教程. 北京：机械工业出版社，2014.

[10] 王鹏，等. 汽车车身识图. 北京：北京理工大学出版社，2005.

[11] 马云贵，谭本忠，等. 汽车钣金教程. 北京：机械工业出版社，2008.

[12] 程美，等. 汽车电路识图. 北京：人民邮电出版社，2011.

[13] 田小农，等. 汽车电路识图. 北京：人民交通出版社，2005.

[14] 刘建民，刘扬，等. 怎样读懂汽车电路图. 北京：机械工业出版社，2011.

郑重声明

高等教育出版社依法对本书享有专有出版权。任何未经许可的复制、销售行为均违反《中华人民共和国著作权法》，其行为人将承担相应的民事责任和行政责任；构成犯罪的，将被依法追究刑事责任。为了维护市场秩序，保护读者的合法权益，避免读者误用盗版书造成不良后果，我社将配合行政执法部门和司法机关对违法犯罪的单位和个人进行严厉打击。社会各界人士如发现上述侵权行为，希望及时举报，本社将奖励举报有功人员。

反盗版举报电话　（010）58581999　58582371　58582488

反盗版举报传真　（010）82086060

反盗版举报邮箱　dd@hep.com.cn

通信地址　北京市西城区德外大街 4 号
　　　　　高等教育出版社法律事务与版权管理部

邮政编码　100120

防伪查询说明

用户购书后刮开封底防伪涂层，利用手机微信等软件扫描二维码，会跳转至防伪查询网页，获得所购图书详细信息。也可将防伪二维码下的 20 位密码按从左到右、从上到下的顺序发送短信至 106695881280，免费查询所购图书真伪。

反盗版短信举报

编辑短信"JB，图书名称，出版社，购买地点"发送至 10669588128

防伪客服电话

（010）58582300

学习卡账号使用说明

一、注册/登录

访问 http://abook.hep.com.cn/sve，点击"注册"，在注册页面输入用户名、密码及常用的邮箱进行注册。已注册的用户直接输入用户名和密码登录即可进入"我的课程"页面。

二、课程绑定

点击"我的课程"页面右上方"绑定课程"，正确输入教材封底防伪标签上的20位密码，点击"确定"完成课程绑定。

三、访问课程

在"正在学习"列表中选择已绑定的课程，点击"进入课程"即可浏览或下载与本书配套的课程资源。刚绑定的课程请在"申请学习"列表中选择相应课程并点击"进入课程"。

如有账号问题，请发邮件至：4a_admin_zz@pub.hep.cn。